天津社会科学院后期资助项目（2018年度）

文化优化论

苗伟 著

人民出版社

目　　录

导　　论

耕作如果自发地进行，而不是有意识地加以控制，接踵而来的就是土地荒芜。

——马克思①

文化上的每一个进步，都是迈向自由的一步。

——恩格斯②

---

① 《马克思恩格斯全集》第 32 卷，人民出版社 1974 年版，第 53 页。
② 《马克思恩格斯选集》第 3 卷，人民出版社 2012 年版，第 492 页。

人类千百万年的文化史，归根结底无非是一部在文化认识与创造、文化生成与发展、文化传播与进化、文化冲突与融合中自觉不自觉地追求文化优化的历史。在人与人的世界相互作用的过程中，人不断通过创造性活动调整自身，优化人的世界，从而把人的本质的规定性按照美的规律对象化地投射到人的世界的建设上。

一、文化优化为文化的全方位进步和提升保驾护航

文化研究一直存在两个基本向度：一个是实证的、经验层面的文化人类学理论向度；一个是思辨的、抽象层面的文化哲学理论向度。纯粹的实证、经验层面的研究，往往不得要领，缺乏批判思维和辩证的眼光，容易陷入文化生态之境；单纯的思辨、形而上层面的文化哲学研究，如卡西尔的符号哲学，抓住了文化的实质，但把活生生的文化变成死寂的符号，最终陷入文化符号之境。因此，文化研究的科学性方法与人文性方法始终处于分离和对峙的状态，文化优化论在借助文化人类学实证、经验层面研究成果的同时，以文化哲学的批判眼光看待文化的存在状态、发展规律、内在机制、动力系统和传播方式，这对于推动文化生产力的解放和发展，文化竞争力的提高和加强，文化秩序的规划和设计，文化取向的矫正和重塑，从而增强人类文化自主能力，提升人类文化境界，优化人类文化环

境，具有十分重要的意义。

文化优化是一个崭新的文化哲学概念，文化优化问题研究是一个新的课题。文化需要优化，应该优化，能够优化，通过优化文化能够实现文化的优化，文化优化问题的研究具有重要的理论和现实意义。

从理论角度看：其一，从文化优化的立场看待文化，不像以往经验层面的人类学理论和抽象思辨层面的符号哲学理论那样，把文化与人的存在和发展割裂开来，要么把文化降低为自然物的水平，要么把文化束之高阁，不利于正确理解文化，而是把文化看作和人的生命内在一致的人之本体存在，文化成为反映人的发展水平的镜子，文化状态与人直接相关，文化的优与劣、进步与落后、繁荣与衰退、僵化与创新直接反映人的存在与发展的状况。由此可见，提出文化优化，有助于文化哲学研究的深入展开，有助于调解文化人类学和文化哲学理论的对立和冲突，从而把文化的经验研究和思辨研究有机地结合起来，实现二者的优势互补和良性互动。其二，文化优化论的提出，凸显了人于文化的主体性地位，改变了以往人们对文化的消极态度。以往的文化理论，无论是进化论，还是以进化论为理论前提的传播论、结构论、功能论，都限于对文化的描述与分析，把文化发展看成文化客体自发的相互作用、自我生成的过程，片面强调文化的自在性，最终导致文化的无政府主义。而文化优化论把文化演化看作是在文化主体设计、干预、引导下的自为过程，主张对文化进行有意识、有目的、有计划地自觉建构，进一步凸显人在文化中的主体地位，把文化研究的对象由盲目的自在进化转向主动的自为优化。在文化优化论的视域下，对待文化必须采取积极进取的优化态度，不断地进行文化的改革与创新，文化的管理和创造，文化的设计与规划。当文化处于积极有利的发展状态时，维护文化发展的良好态势；当文化处于刻板僵化的状态时，积极促进文化的改革与创新；当文化处于劣化恶化的状态时，主动进行文化自救和革命；在整个文化的运行过程中，要不时进行文化管理和预警，以此保证文化的良序运行，推动文化的积极健康发展，进而实现文化的繁荣与进步。

从现实角度看：当今人类面临的文化现实是，生态家园遭到前所未有的破坏，精神家园的空虚更是达到无以复加的地步，人与自然、人与人、文明之间关系高度紧张，文化环境异化为文化困境，人及其文化处在深度的异化和极度的不安全之中，人类随时面临毁灭的危险。这不禁引起从事文化研究的人的慨叹：这是人的世界吗？这是人类为之奋斗和努力的人的家园吗？面对这样的文化困境，人类应持一种什么样的文化态度和文化理念，从而采取一种怎样的文化策略，就成为摆在文化哲学研究工作者面前的课题。对这一问题的回答和解决，就是文化优化研究的出发点。文化优化论强调，对待文化应该持一种优化的理念和态度，通过优化文化，实现文化优化，从而为人类及其文化的全方位进步和提升保驾护航。

人类文化发展史告诉我们，文化产生、存在和发展的条件复杂多样，作为文化主体的人的认识和实践存在着大量失误和盲目，至今远未达到优化的程度。"事实是文化一直在作为下意识的、盲目的、血腥的、残忍的向性过程而进化。它尚未达到理智、自我意识与悟性觉醒的地步。"① 尤其现当代社会，其文明程度无疑越来越高，但毋庸讳言，反文化、非文化、无文化以及文化的恶化、劣化、低俗化、庸俗化现象非常严重。商品生产中的假冒伪劣，政治行为中的贪污腐败，文学作品中的靡靡之音，人际交往中的坑蒙拐骗，公共秩序中的恐怖主义，与程序控制相对的电脑病毒，与学术研究相反的抄袭之风，与科学相悖的伪科学，与宗教相离的邪教等等不一而足。放眼当今社会文化现实就会发现，灯红酒绿、声色犬马、贪

---

① ［美］L.A. 怀特：《文化的科学》，山东人民出版社 1988 年版，第 345 页。

污腐败、纵欲无度现象相当普遍，而远大理想、崇高道德、美好情操、高风亮节却很难得到一致认同。米兰·昆德拉指出："人置身于一个真正的简化的漩涡里，在其中，……'生活世界'宿命式地黯淡了，存在堕入遗忘之中。"① 因此，拷问文化的偏颇与不足，提出并自觉运用文化优化原理，使文化科学化、合理化、人性化、最优化，从而返璞归真、正本清源，这对于文化冲突的化解，文化安全的实现，文化生态的保护，抵御文化霸权，构建和谐世界，意义十分深远。

二、文化优化是亟待进一步提出和破解的文化课题

关于文化优化的概念，马克思主义经典作家虽未明确提出，但对文化优化原理却有过深刻论述。马克思告诫人们，文化如果缺少自觉地管理和优化，必然导致文化沙漠，马克思写道："耕作如果自发地进行，而不是有意识地加以控制，接踵而来的就是土地荒芜。"② 在谈及人的文化创造活动尺度时，马克思说："动物只是按照它所属的那个种的尺度和需要来构造，而人却懂得按照任何一个种的尺度来进行生产，并且懂得处处都把固有的尺度运用于对象；因此，人也按照美的规律来构造。"③ 这里马克思讲了文化活动的三个尺度：求真、向善、达美，深刻地揭示了文化活动的根本特质。求真，即合规律性，人可以按照"任何一个种的尺度"进行文化的生产，把文化创造活动与外在的客观规律协调起来，这就超越了动物生产的单向度性；向善，即合目的性，人能够以"内在尺度"去认识、创造、

---

① ［捷］米兰·昆德拉：《小说的艺术》，上海译文出版社 2019 年版，第 24 页。

② 《马克思恩格斯全集》第 32 卷，人民出版社 1974 年版，第 53 页。

③ 《马克思恩格斯选集》第 1 卷，人民出版社 2012 年版，第 57 页。

规划和设计外在事物，把自然界中自在的存在转化为合乎人的主体性意愿的为我存在；达美，即合规律性与合目的性的统一，人应该把"外在的尺度"和"内在的尺度"凝结成"美的规律"，以此作为文化世界创建与管理的最高尺度。在追求人的自由和解放过程中，马克思高度评价物质文化对人的解放的基础性作用，"只有在现实的世界中并使用现实的手段才能实现真正的解放"①。但马克思同时强调与反文化、非文化趋势作斗争的重要性，他说："要根据它们的不同发展阶段，清除实体、主体、自我意识和纯批判等无稽之谈，正如同清除宗教的和神学的无稽之谈一样，而且在它们有了更充分的发展以后再次清除这些无稽之谈。……必须同它们进行斗争。"②然而，马克思更多地是从人与文化的逻辑相关性来论述文化管理与优化的，他指出文化创造与优化的目的就是："使每一个社会成员都能够完全自由地发展和发挥他的全部力量和才能"③，"把人的世界和人的关系还给人自己"④，"通过人并且为了人而对人的本质的真正占有；因此，它是人向自身、也就是向社会的即合乎人性的人的复归"⑤。

文化是人类进步的阶梯，只有在文化的世界中，通过文化的创造和对文化的优化，才能使人类逐步摆脱自发的无意识状态，摆脱自然世界和旧的文化世界对人的束缚，走向文化自觉与自由，针对这一点，恩格斯在《反杜林论》中还作出了一个著名论断："文化上的每一个进步，都是迈向自由的一步。"⑥这是对文化优化的人学价值的最高概括，要实现人的自由全面发展的最终目标，必须积极进行文化的建设，推动文化的发展和繁

---

① 《马克思恩格斯选集》第1卷，人民出版社2012年版，第154页。
② 《马克思恩格斯选集》第1卷，人民出版社2012年版，第154页。
③ 《马克思恩格斯选集》第1卷，人民出版社2012年版，第302页。
④ 《马克思恩格斯全集》第1卷，人民出版社1956年版，第443页。
⑤ 《马克思恩格斯文集》第1卷，人民出版社2009年版，第185页。
⑥ 《马克思恩格斯选集》第3卷，人民出版社2012年版，第492页。

荣。绝不能把文化仅仅看作是自在的进化过程，不能脱离人的主体性来空谈文化世界的发展，因此，列宁说："世界不会满足人，人决心以自己的行动来改变世界。"① 这个"世界"既指自然世界，也指人的世界，也就是人所面对的现有的不完满、不合理、非人性的既存世界，人要通过文化认识和文化创造活动去改变旧世界的不合理性，创造符合人的主体性意愿的新世界。在回答什么是马克思主义使命的问题时，列宁把创造和实现人的幸福的最大化和人的生活的最优化看作这一问题的答案，他说："只有社会主义才可能广泛推行和真正支配根据科学原则进行的产品的社会生产和分配，以便使所有劳动者过最美好的、最幸福的生活。只有社会主义才能实现这一点。而且我们知道，社会主义一定会实现这一点，而马克思主义的全部困难和它的全部力量也就在于了解这个真理。"② 可见，追求文化优化是马克思主义的题中之义，是马克思主义者的应有价值取向。

从马克思主义哲学经典作家有关文化优化的论述中，可以看出，人是文化哲学研究的必然归宿，文化是人学研究的永恒母题，马克思主义文化哲学也就是马克思主义人学，人与文化是辩证统一的关系，人离不开文化本体的支撑，文化也不能脱离人而存在。如果具有本体意义的文化是破裂的、狭隘的和异化的，那么与文化体系同构的人的存在与发展也必然是畸形的、扭曲的和片面的。文化本应是人类赖以生存和发展的本体依据，然而现代人却发现文化是不可靠的，文化环境异化为文化困境，文化成了人的异己力量，人受到文化的束缚、压迫和摆布，人沦为文化的奴隶。因此，如何拯救文化本体，拯救精神家园，从而拯救人类自己，使文化符合人之存在和发展的目标与理想指向，就成为文化哲学和人学必须回答的现

---

① 《列宁全集》第55卷，人民出版社2017年版，第183页。
② 《列宁全集》第34卷，人民出版社2017年版，第356页。

代性问题。

文化优化问题的专门研究较少。中国社会科学院的李鹏程研究员在《当代文化哲学的沉思》一书中，从历时态和共时态两个角度，对文化及人的生命存在状态的优化进行了论述，阐明了文化优化和进步的机制。文化进步起源于对现状的批判性思考，即一种优化人自身的意向的产生。起初，这种进步和优化依赖于偶然性事件，伴随人类文化的进步和人的主体性意识的增强，文化的进步越来越成为一种有计划、有组织、有程序的文化自觉行为。在谈及文化进步的尺度时，他指出："人的文化进步与否，应该从大多数人以至绝大多数人的生命存在状况的文化水平的变动上来加以衡量。也就是说，要把人们的总付出与总获得加以比较，要把人们在文化变动过程中'每个个体'的付出与获得都进行比较，全面地加以统计，才能得到正确的结论。"① 中国人民大学李燕教授在《文化释义》一书中，提出对文化环境的优化问题，指出要充分发挥人的主体性，使人与文化环境的相互作用达到优化的程度和状态。人的真正的存在，是作为主体的真实的存在者。在创造性的活动中，人对自我和文化环境都了如指掌，并通过努力而作用于文化环境、自我和他人，从而把人的本质规定性以及控制—编码系统对象化地投射到文化环境的建设上，使个体有限的生命得以超越达到永恒性和无限性的存在方式。概言之，人与文化环境的相互作用的过程和结果，表现在：人通过活动而创造环境客体；人在对环境的适应时调整自己；人在对环境的控制中把"美的规律"施之其上。② 中国人民大学郭湛教授也提出："文化在本质上是人为的程序和为人的取向的统一体。因此，文化的发展也就是人为的程序的发展和为人的取向的发展的

---

① 李鹏程：《当代文化哲学沉思》，人民出版社 1994 年版，第 391 页。
② 参见李燕：《文化释义》，人民出版社 1996 年版，第 143 页。

统一，文化的优化即人为的程序的优化和为人的取向的优化。"①"人是有生命的存在，又是意识到这种生命的存在，更是意识到和能够实现这种生命意义的存在，因而是一种文化的存在。生命在基因的规定下尚且没有导致完全规范的、僵化的生存状态，人作为文化的存在更需要能动性、主动性，以及由之带来的生存的灵活性和丰富性。"② 文化主体应通过优化文化程序和文化取向来优化文化。

　　总之，关于文化优化问题，学者们进行了初步的论述，但没有深入地研究和分析，对于何谓文化优化，认识比较局限，对于文化优化何为，认识比较片面。事实上，文化优化包括文化目标的设计、文化冲突的消解、文化异化的克服、文化发展的自觉、文化方向的选择、文化程序的设计、文化关系的调节等多方面内容。此外，学者们对文化进化和优化的区别，以及文化优化如何可能，文化优化的实现途径，文化优化的意义等问题也没有进一步地研究和论证。

三、文化优化是基于文化哲学视野的文化研究和探索

　　文化优化论以文化哲学为视野，以马克思主义经典作家关于文化优化原理的相关表述为始基，以国内外有关文化优化的基础性研究为铺垫，基于对文化研究中文化进化论、文化传播论等经验层面研究和符号哲学、哲学文化学等逻辑思辨层面研究的扬弃和整合，针对全球化时代的文化安全

---

　　① 郭湛：《关于文化与非文化的断想——哲学家》，载冯俊主编：《哲学家2006》，人民出版社2006年版，第33页。
　　② 郭湛：《关于文化与非文化的断想——哲学家》，载冯俊主编：《哲学家2006》，人民出版社2006年版，第38页。

问题的凸显，文化冲突与文化危机的困境，反文化的盛行，文化异化、劣化、恶化、固化、退化、庸俗化、商品化等迫切需要思考和解决的文化现象和问题，紧扣构建和谐世界与建设和谐文化的时代主题，开拓性地提出文化优化的理念、方法和策略。文化优化论通过对文化优化的精神实质、合法依据、运作机制、人学意蕴、现实表征等几个方面的系统论述和阐释，指出文化优化的实质与内容、机制与途径、效应与意义。除导论外，本书共分五章进行阐述：

第一章着重阐发文化优化的精神实质。文化是人类最大的创造和发明，是人类得以傲视于宇宙的根本，但文化不是什么神秘的东西，它无非是人的行为，是人的实践，其实质是人类特有的创造性活动。文化优化主要指高度自觉的文化主体，按照"合规律性与合目的性相统一"原则，对文化本体的自主控制、设计、管理和调节。文化优化实质是直面文化本体的文化创造，是基于文化自觉之上的文化自为，是人之本体存在的主体性建构，是文化发展的合规律性与合目的性的统一，是一种不可低估的文化力量。

第二章主要分析文化优化的合法依据。文化优化以文化进化论为理论起点，以文化哲学为理论视野，顺应了文化全面凸显的时代诉求。但文化优化不是既成的自然状态，不是不证自明的。只有对人及文化本身进行客观考察，才能挖掘文化优化成其可能的客观条件，找到文化优化真正的动力源泉。文化是一个矛盾体，文化内部充满矛盾和悖论，文化发展也不是一帆风顺，而是充满曲折和偏谬，在文化的历时性演进和共时性延展过程中，文化会出现各种各样的问题和危机，发生形形色色的异化和变态，从而不利于人类的存在和发展，消解文化正向的价值和意义。文化优化的合法性就是建立在承认文化矛盾和人在文化中的主体性地位，理性地分析文化矛盾，从而正确地处理和解决文化矛盾基础之上的。当然，文化优化具有十分重要的理论和现实意义，文化优化是维护人之文化主体地位，发挥文化特性，畅通文化交往，顺应文化环境变化，实现文化可持续发展的需要。

第三章全面阐释文化优化的基本内容。文化蕴含不同层面的文化关系，这些关系协调与否，决定着文化的走向和人的命运，文化优化必须首先从关系谈起，以此来阐释和把握文化优化的内容和意义。文化优化通过文化释义机制、文化批判机制、文化选择机制、文化管理机制、文化创新机制进一步确立人在文化面前的主体性地位，在人与文化环境相互作用的过程中，实现文化和人的共同进步。但文化优化不是空穴来风、无中生有，文化优化必须符合文化发展的内在规律，同时最大限度地反映人的主体性意愿，评判文化优化与否有赖于文化自身的尺度、主体的尺度和实践的尺度。由于受人与文化存在和发展状态以及人之文化自觉程度影响，文化优化没有成为人类社会显性的文化实践，而往往以片面的、极端的、盲目的、无意识的方式，存在于人类以往的文化活动中，因而文化优化也呈现出阶级性和时代性、人为性和为人性、相对性和绝对性的特征与属性。

第四章旨在揭示文化优化的人学意义。人及文化的问题古老而常新，人与文化高度相关、紧密相连，其中任何一方的改变都必然对另一方产生重要影响。文化优化作为一种自觉的文化创造活动，直接关涉到人的存在和发展，具有重要的人学意义。文化本体是人之存在和发展的依据，以人为本是文化优化的原则，文化优化就是一种依靠人、批判人、改造人、为了人的特殊的文化实践。文化优化通过对文化进行优化和用文化去优化，确保文化发展与人的发展趋向一致，以此促进文化的和谐、进步与繁荣以及人的自由全面发展。

第五章着意解决文化环境优化问题。文化环境是人的存在和社会发展赖以依托的各种文化条件的总和，是由人创造的、与人发生效应的人的境遇。就现实性而言，文化优化直接体现为文化环境优化。文化时间和文化空间构成文化环境的本体论维度，离开文化时间和文化空间，文化环境就无从谈起。文化环境对人有积极和消极双重效应，良好的文化环境是社会持续健康发展的前提和条件，恶劣的文化环境是社会走向衰亡的土壤和基础。通过人与文化环境相互作用的优化，创建人与文化环境之间良性互动关系，是实现文化环境优化的根本路径。

世界千变万化，文化永不停息。文化优化论主张不断对文化进行优化，从而使文化顺应世界的变化，使世界的变化按照人的意愿发展。实际上，只有确立文化优化的理念、态度、取向，在文化的认识与创造过程中惩恶扬善、去伪存真、存优汰劣、转逆为顺、化险为夷，才能保持文化特有的根性，推动世界向人性化、理想化的趋向发展。文化优化的提出有利于当代人形成文化优化理念，确立文化优化意识，树立文化优化理想，采取文化优化战略，进而提高人类文化水平，改善人类文化境遇，实现文化大发展与大繁荣，推动人及其社会的全方位跃升。

第一章 文化优化的哲学释义：理解文化与文化优化

世界的文化面貌正在发生深刻的变化，……在所有的一切变化中，没有一种变化能比从被动地对待文化向积极地对待文化的转变更为重要。

——D. 保罗·谢弗 [1]

文化不再是一种外在于人的、在历史中自动发生作用的非人格力量。现代人开始领悟到人性正在走向一种包罗万象的世界文化；这种文化不是自动出现的，而是必须不断地由人自己来指导和驾驭；比起以往任何时候来，今日的文化更是一种人的战略。

——冯·皮尔森 [2]

---

[1] [加] D. 保罗·谢弗：《文化引导未来》，社会科学文献出版社 2008 年版，第 1 页。
[2] [荷] 冯·皮尔森：《文化战略》，中国社会科学出版社 1992 年版，第 23 页。

　　人的世界日新月异，文化的问题层出不穷。伴随文化全球化的走势，文化逐渐从边缘走向中心，文化问题日益成为人们关注的焦点。以往人们被动地对待文化，而且极大地忽视文化。今天，文化不再仅仅被看作是人类活动的结果，而更多地被看作是人类实践的原因。有基于此，越来越多的文化共同体开始采取主动的文化策略，去有意地、自觉地、系统地对待文化，人们也逐渐意识到文化不是无法控制的，而是一种人类必须大力控制的活动，人在文化面前不是无能为力、束手无策，而是大有可为、大有作为。于是，一个崭新的文化哲学命题——文化优化，呼之欲出。

一、理解文化

　　文化界定历来是文化研究的难题，因为文化这一特定术语是如此含糊不清，以至于理论家们很容易将先入之见填充其内。美国语言学家蒙德·威廉斯认为，文化是英语中最复杂的单词之一。美国学者萨默瓦等也明确表示："文化是无处不在的、复杂的、无孔不入的，最关键的是，它是难以定义的。"[①] 法国学者埃德加·莫兰在《迷失的范式：人性研究》一

---

① ［美］拉里·A.萨默瓦等：《跨文化传播》，中国人民大学出版社 2013 年版，第 15 页。

书中不无感触地谈道："'文化'，对它的定义不是太基本（作为'自然'的对立概念），就是太尖端（被看作上层建筑）。"① 特瑞·伊格尔顿指出："'文化'这个词既过于宽泛又过于狭窄因此没有多大用处，这是一个很难拒绝的结论。……我们现在被困在无效而宽泛与难堪而严格的关于文化的概念之间。"② 解释学大师伽达默尔这样说："也许我们知道文化和自己息息相关，然而倾自己之所知也不见得足以讲出文化是什么。"③ 谈到文化界定所面临的处境，有的文化人类学家甚至发出这样无奈的慨叹："我被托付一项困难的工作，就是谈文化。但是，在这个世界上，没有别的东西比文化更难捉摸。我们不能分析它，因为它的成分无穷无尽，我们不能叙述它，因为它没有固定形状。我们想用字来范围它的意义，这正像要把空气抓在手里似的：当我们去寻找文化时，它除了不在我们手里之外，它无所不在。"④ 对于谈到文化的感觉，诗人约斯特还有一个形象的比喻："当我听到文化这个词时，我就想伸手去拿枪。"⑤ 使文化界定更困难的情况是，在当代文化日益凸显为人类的独特的生存方式，文化概念被不同的人以不同的方式和方法所使用，文化逐渐成为人文社会科学研究中最引人注目和最难以捉摸的概念之一，这更加大了文化研究的复杂性和不确定性。罗伊·丹德雷德说："在当今世界上研究文化就好比在雪崩时研究雪。"⑥ 尽管文化界定困难重重，但人类从未终止过对文化的研究和探索，也没有因此而减少一丝一毫的研究热情，实际上，人类正是在"明知不可为而为之"

---

① [法] 埃德加·莫兰：《迷失的范式：人性研究》，北京大学出版社 1999 年版，第 62 页。

② [英] 特瑞·伊格尔顿：《文化的观念》，南京大学出版社 2006 年版，第 27 页。

③ [德] 伽达默尔：《赞美理论——伽达默尔选集》，上海三联书店 1988 年版，第 1 页。

④ 转引自殷海光：《中国文化的展望》，商务印书馆 2011 年版，第 25 页。

⑤ 转引自舒扬：《当代文化的生成机制》，中央编译出版社 2007 年版，第 3 页。

⑥ 转引自 [英] 麦克尔·卡里瑟斯：《我们为什么有文化》，辽宁教育出版社 1998 年版，第 23 页。

的努力下，实现文化研究突破的。

（一）多维视野下的文化

对文化本质规定性的把握，是一切文化研究的前提和基础，它决定着人们对文化功能和地位的理解。文化研究者都把对文化作出合理的界定和解释作为进行深入文化分析和研究的必要性前提。因此人们从不同理论视野、不同角度对文化进行界定和梳理，形成了形形色色、数量庞大的文化定义和解释：

从词源学意义上追溯，文化乃"人文教化"之义。在中国，"文化"一词古已有之。"文"与"化"连用最早见于《周易·贲卦·彖传》："观乎天文，以察时变；观乎人文，以化成天下。"大意是通过对自然天象的认识，来考察季节气候等的变化规律；通过对人伦礼仪、道德秩序的认识，来教化民众、治平天下。这里，文化乃"以文教化"之义。汉代刘向所著《说苑·指武》曰："圣人之治天下也，先文德而后武力。凡武之兴为不服也，文化不改，然后加诛。"这里，"文化"与"武力"相互对称，取"文治教化"之义。近代以来，文化的含义受到外来语尤其是英语中"culture"一词的影响，主要指个人的素养、整个社会的知识、思想方面的成就、艺术和学术作品的汇集，以及一定时代、一定地区、一定民族的全部社会生活内容等含义。① 但无论文化含义怎样嬗变，都没偏离人文教化的本义。

从实体论角度分析，人类学家对文化进行了描述性的界定。最早从实体论角度给"文化"下定义的是英国的"人类学之父"泰勒，他在《原始文化》

① 参见王国炎：《"文化"概念界说新论》，《南昌大学学报》2003 年第 2 期。

一书中说："文化，或文明，就其广泛的民族学意义来说，是包括全部的知识、信仰、艺术、道德、法律、风俗以及作为社会成员的人所掌握和接受的任何其他的才能和习惯的复合体。"[①] 这一定义长期被视为"文化"的经典性定义。在这里，泰勒实际上强调文化的三个特征，分别是后天习得性、社会性以及有机性。"后天习得性"是指，文化不属于生物学遗传，不属于人的先天本能，而是后天习得的；"社会性"是指，文化不是个人的所有物，而是属于一定的社会群体；"有机性"是指，文化不是若干孤立要素的机械相加、简单堆砌，而是具有结构性、整体性。尽管迄今为止学术界对于文化尚且未能作出统一的精确定义，但泰勒的描述性定义所表达的关于文化具有这三点特征的观点，实际上已为后人所普遍接受。[②]

从功能论立场出发，文化被看作是维持人之生存和发展需要的手段。马凌诺夫斯基认为："文化根本是一种'手段性的现实'，为满足人类需要而存在，其所取的方式却远胜于一切对于环境的直接适应。"[③] 文化的功能就是满足社会成员的需要，在功能论者看来，文化的意义在于其功能，在不了解文化的功能的情况下，对文化实体的任何阐释都无意义。从文化功能角度阐释文化的重要作用，文化的意义就不是外在于人生活的文化记载，而是内蕴于人们活生生的活动之中。在这种功能主义视野下，各种各样的文化形式无不是基于人的文化需要，无不为满足和实现人的需要而形成。对文化进行功能主义阐释，摆脱了实体论的困扰，把文化的功能和人的需要紧密地联系起来，拓展了文化的视野，揭示了人与文化的内在相关性。

---

① ［英］爱德华·泰勒：《原始文化》，广西师范大学出版社 2005 年版，第 1 页。
② 参见魏光奇：《天人之际：中西文化观念比较》，首都师范大学出版社 2000 年版，第 2 页。
③ ［英］马凌诺夫斯基：《文化论》，华夏出版社 2002 年版，第 99 页。

从存在论视野审视，文化被看作是人类特有的存在方式。文化人类学家威斯勒在其代表作《人与文化》中指出："在历史和社会科学中，我们认为这个或那个民族的生活方式才是他们的文化。"① 文化不仅仅是实体性概念、功能性概念，而更是一个本体性概念。文化特指人的存在方式，这里主要包括两层含义：其一，文化将人和自然区别开来，文化是对自然的持续改造，是人的社会遗传方式，是反映人区别于动物的特有的存在方式。其二，文化也是将民族与民族、国家与国家、人与人区别开来的根本标志，有源于此，文化也成为民族之间、国家之间、人与人之间相互认同的共同基础。

从符号学层面探究，文化被看成是符号的系统。"由于运用这种符号的能力，人类已经使一类实际上是超生物或超有机体的现象得以存在。这就是语言、信仰、习俗、工具、居所和艺术作品等，我们将它们总称为文化。"② 使用符号的能力使文化之发端和成长成为可能，人类的非符号行为是人作为动物而具有的行为，人类的符号行为则是人之为人的行为。正是符号使人变成人类。人创造符号，使世界有了人的意义；符号也创造人，使人得以按人的意义去生存和发展。人离不开符号，符号也离不开人。没有符号就没有语言，没有语言就没有交流，没有交流就没有传播，没有传播就没有保存，没有保存就没有进步，没有进步就没有文明。文明因符号而产生，借符号而延续，符号是打开文明世界大门的钥匙和通向文化世界的桥梁。

从关系论角度考察，文化被看作是关系适应的方式、过程和结果。如有的学者从人与自然的关系角度，把文化的规定性和本质理解为"人与自

① 〔美〕克拉克·威斯勒：《人与文化》，商务印书馆 2004 年版，第 5 页。
② 〔美〕L.A. 怀特：《文化的科学》，山东人民出版社 1988 年版，第 120 页。

然界之间以人为本的双向适应"。"文化是植根于由人的生存发展需要所决
定的人与自然界之间双向适应的关系，植根于人为了满足生存发展需要所
必需的实现人与自然界之间双向适应的能力，并表现为指向自然而对象性
地发挥这种能力的多种活动及其结果，即为了实现人与自然界之间的双向
适应而对自然进行的加工改造。"① 在这种观点看来，文化是人依赖和掌握
自然界，实现人与自然之间双向适应的根本方式，文化的历史就是人与自
然之间不断实现双向适应，不断完成本质统一的过程。文化一方面是人对
自然界性质、规律的遵循，表现出的人对自然的适应；另一方面是人对自
然界的改造，使自然界按照人的方式适应人，因而是一种双向的适应，以
此区别于动物对自然的单向度的生物性适应。

　　从程序论与价值论双重视角探析，文化被概括为"人为的程序和为人
的取向相统一"②。有的学者指出，文化是人为的程序和为人的取向相统一
的有机体，文化给社会以秩序，给人类以目的，从而规范人的存在结构，
引领人的存在方向，把人的存在变成一种真正的意义存在。文化是"人为
的程序和为人的取向的统一"，这是文化程序论和文化价值论有机结合而
形成的具有创新特质的对文化的理解和释义。只讲程序，文化就没有灵魂
和方向，人就变成机械和符码；只讲取向，文化就没有实体和根基，人就
变成孤魂野鬼，只有将二者结合起来，才能形成合力，提高对文化的解
释力。

　　从解释学与释义学的论域出发，有的学者提出对文化进行理解与解释
的六个命题。文化是人类掌握世界的独特方式，是人类社会存在的复合条
件，是人类自我相关的中介系统，是人类文明进步的动力源泉，是人类生

---

① 夏甄陶：《自然与文化》，《中国社会科学》1999 年第 5 期。
② 参见郭湛：《文化：人为的程序和为人的取向》，《中国人民大学学报》2005 年第 4 期。

活实践的总体性尺度，是一个日新月异的价值和意义的世界。① 这样，就从文化与人的相关性的角度，对文化内涵和实质进行了全方位地释义，从而使文化的丰富性和深刻性得到真正的阐发和表达。

文化如此令人难以捉摸，考察文化的维度又是如此丰富多样。因此，学术界也不乏对文化进行综合性、概括性的论述，从而对文化的丰富性和深刻性进行诸多阐释。中国学者殷海光先生在其所著的《中国文化的展望》中，列举分析了47个关于文化的定义，将对文化的理解概括为：第一，在文化全部实有之中，我们不可有意或无意把我们认为"好的"或"要得的"看作是文化，而把我们认为"不好的"或"要不得的"看作不是文化，而只是"历史中的偶然"。第二，文化包括层进中的各层。所谓"物质"和"精神"这样简单而又粗疏的二分法不足以相应地特指文化的内容。如果文化是人适应环境与创造活动及其成果的总称，那么没有文化不是含有"精神"成分的。依此，所谓"精神文明"和"物质文明"的截然划分，根本是不可能的事。而俗见所谓"东方的文明是精神文明""西方的文明是物质文明"的说法，简直不知所指为何。第三，文化之所指不限于所谓的"文明人"的，所谓"野蛮人"同样有文化。基于文明和野蛮之上的文化观，是文化的价值观。文化的价值观，常投射于我族中心主义。所以，这种文化观毫无科学意义可言。在事实上，文化是地球表面的一种普遍现象。凡有人的地方就有一定的文化，完全没有文化的人是无法生存的。第四，文化并非一成不变的化石，而是在变动之中。有的文化变动较快，有的文化变动较慢。第五，价值观念是文化构成的必要条件，我们简直不能设想没有价值含在其中的任何文化。价值是支配行为的要素。第六，文化与文化价值都是相对的，虽然也有普同的部分。在世界文化典型尚未出现以前，我

---

① 参见李燕：《文化释义》前言，人民出版社1996年版，第2—3页。

们很难笼统地说某一文化优秀或某一文化不优秀。①

除此之外，人们还从发生论、心理学、现象学、结构主义等视角对文化作出诸多解释和理解。可见，文化是一个众说纷纭、悬而未决的概念。

（二）关于理解文化的要义

从以上关于文化的阐释中，可以形成以下几方面的共识或要义：

第一，要确立一种广义文化观。广义的文化概念将人类社会所有非自然性质的因素，或者说所有社会性的因素都包括在内，也就是人类一切创造性活动及其结果都是文化。文化是人通过对自然加工而创造的世界的总称。人要生存，就要改造世界，而要改造世界，就必定以群体的、社会的方式来进行，就有人的相互关系与自我的塑造。当人们面对要观察的人类社会时，会越来越深刻地认识到，广义文化概念有助于我们有机地、整体地、综合地、发展地看待人类社会的方方面面。应该将人类创造的世界的总和都纳入文化概念中，这样，人的视野扩展到了整个人的世界。从广义的文化概念出发，使对文化问题的分析，上升到文化哲学的高度。在文化哲学视野下，任何进步和落后都是整体性的，都是整个文化的进步或落后。用这种整体性认识和眼光看待整个社会，就不致一叶障目，同时，通过文化内部各种划分来界定社会不同领域、不同部分，并概括其相互关系，以免陷于宏大叙事的泥沼。"人类是个整体，人性中的同情不允许一位成员对其他成员无动于衷，或者脱离他人，独享完美之乐；正因为如此，必须普泛地发扬光大人性，才合乎文化所构想的完美理念。文化心目中的完美，不可能是独善其身。个人必须携带他人共同走向完美，必须

---

① 参见殷海光：《中国文化的展望》，商务印书馆 2017 年版，第 39—41 页。

坚持不懈、竭其所能，使奔向完美的队伍不断发展壮大。"① 大文化观的确立，也使文化变成一切人的事，而不是某个人或某一群人的专利，只有每一个文化个体或者说人的类主体对文化整体占有、自觉和主动提升时，人类才能进行真正意义上的文化创造。

第二，文化释义是通向文化实质与核心的合理途径。文化是人之为人的标志，这一点已经得到广泛认同，但什么谓之"文化"，却是仁者见仁，智者见智，歧义丛生，莫衷一是。有鉴于此，有的学者认为，"像'文化'这样涵盖广泛的词，我们不能指望单单通过仔细的界定就可以把握其真谛。定义'文化'，并由此将其变为一种与世界上各种文化的精妙之物不同的'东西'是错误的，我们应当摒弃将文化'具体化'的那种方法"②。尤其是文化的动态性发展具有不可逆性，每一个特定的时代都有其独特的文化特征，时代不同，文化的内涵就会有所不同，这就不可避免地加深了对文化下一个一劳永逸的定义的难度。不可能为文化寻找一个凝固不变的，适用于所有时代、所有地区和所有民族的定义。随着文化世界的跃迁和发展以及人的本质力量的开掘和拓展，文化的内涵和外延将不断发生新的变化。因此，对待文化，合理策略是采取释义学的方法，通过诠释、解释，达到意义的揭示和对文化的理解及其存在的把握。美国学者克利福德·格尔茨指出："所谓文化就是这样一些由人自己编织的意义之网，因此对文化的分析不是一种寻求规律的实验科学，而是一种探求意义的解释科学。"③

第三，文化不仅是一个名词，而且更是一个动词。"如果我们要考察

---

① [英] 马修·阿德诺：《文化与无政府状态》，三联书店 2002 年版，第 10 页。

② [美] 约翰·R.霍尔、玛丽·乔·尼兹：《文化：社会学的视野》，商务印书馆 2002 年版，第 18 页。

③ [美] 克利福德·格尔茨：《文化的解释》，译林出版社 1999 年版，第 5 页。

人的真正本体，那么我们就必须不再把他看作是一个孤立的存在，并开始分析人是怎样在他的世界中，也就是他的文化中发挥功能的。许多不同性质的探索——社会的和文化的人类学、宗教现象学、符号研究、信息论和人类行为学——都集中在这个方面。这样，文化就不再被看作是实体性的，即不再被看作是实体，而是被看作为一个动词，看作为人表现他自身的方式。"① 文化既是名词又是动词。文化是名词，是从静态角度来考察文化，强调的是文化的状态和结果；文化是动词，是从动态角度来考察文化，强调的是文化的过程和趋势。只看到静止的一面，是对文化的形而上学的理解，这样的文化是僵死的；只看到运动的一面，就会对文化作出不可知性的解读，这样的文化是无法捉摸的。只有将二者结合起来，才能在动态平衡中掌握文化的真谛。

第四，文化研究不能脱离人学的维度。我们必须把文化和人联系起来考察，一方面，不能脱离文化来谈人，因为一旦剥离了文化，人就变成一无所有的躯壳，他要么被降低为动物，要么被抽象为精灵。动物生活的基础是自然的安排，人类生活的基础是文化的模式，因而一切被称为人的人都生存于文化之中，文化是人类生活的基础。同时，文化是人发展的尺度，文化就是人类不断发展自身、解放自身、优化自身的过程，是人类存在与发展的方式和内容，文化的存在状况，即文化是否丰富、繁荣、健康、和谐，是衡量人的存在与发展状态的根本尺度。文化是理解人、认识人的本体性视域，只有站在文化的高度，才能对人及其发展进行全面地、彻底地认识和衡量。此外，从人本身拥有的文化力量或文化实现的程度看，人的教养及发展程度、水平，往往体现在人所拥有的文化力量之中，文化于人的实现程度越高，人拥有的文化力量越大，人

---

① [荷] 冯·皮尔森：《文化战略》，中国社会科学出版社 1992 年版，第 104—105 页。

的发展水平也就越高；反之，人的文化水平越低，人拥有的文化力量越低，人的素质也就越差，人的发展水平也就越低。另一方面，更不能在人之外来谈文化，文化只能从人的本质的高度来理解。"文化并不是自然而然的现象。所谓文化，完完全全是人类的产物。"①谈文化不能脱离人的存在、人的发展。文化走向中心与人的主体性的提升直接相关。文化的凸显根源于人的自觉，伴随人的创造力和认识力的提高，人的主体性的日益彰显，人们开始摆脱用与人关系处于无机状态的东西来定义人。当从人的创造物来定义人，从人的活动过程来定义人，从人的存在方式来定义人时，文化的应有地位和作用、功能与价值逐渐凸显出来。

人与文化互相创造，不可离缺。研究文化，不能脱离人学的思考，否则就会目中无"人"，把文化世界等同于自然世界；研究人，也不能离开文化的考量，不然就会默默无"文"，把人贬低为动物。正如米切尔·兰德曼所说："如果没有人去充实理想，文化将不存在；但是，没有文化，人也就什么都不是。"②文化的问题来源于人，人的问题来源于文化，人与文化之间相互矫正，当人背离文化的轨道，走向非人时，文化对人进行控诉、惩罚、制约、限制；当文化偏离人的轨道，即背离人的发展、自由时，人对文化进行批判、反省、控制、管理。人与文化相互规定、相互关联，人不断地文化化，文化不断地人化、人文互化、人文互创，共同创生着人的世界。因此，应当从人的本质高度来理解文化，建立人本的文化概念。人是文化的创造者，人是文化的主体，文化作为人所创造的存在物，同其他物质客体相比，与人有着更密切、更本质的联系。对于文化概念，不能仅仅作客位的理解，还应该作主位的理解。只有这样，才能真正揭示

---

① [英] 汤林森：《文化帝国主义》，上海人民出版社 1999 年版，第 47 页。
② [德] 米切尔·兰德曼：《哲学人类学》，贵州人民出版社 2006 年版，第 208 页。

文化的深刻本质，建构对人类文化前途和命运高度负责并指导其健康发展的文化理论。

第五，文化于人具有须臾不可离缺的本体意义。文化创造具有无比广阔和深刻的内涵，文化既是与人类活动相伴的历史概念，又是与社会发展同行的现实概念，内涵丰富，外延宽广。由于文化概念的复杂性、多歧性、变化性，于是出现了对文化界定的争端和混乱。但无论各种理论学派在定义文化问题上存在怎样的分歧，有一点是共同的，那就是人们不约而同地看到文化于人的重要意义。文化是人的本体存在，是人表现自身的方式，经济、政治、道德、艺术、宗教都是文化的不同面向，是基于人的发展的不同侧面的文化形式，单独片面强调和夸大其中的某一方面，人就会被经济、政治、道德、宗教的偏狭所遮蔽，必然出现人的异化，造成人的整体不在场。作为文化存在的人，超越了"经济人""政治人""道德人"的狭隘存在境遇，以整个文化为本体，实现了向类意识与类生命的回归，立在文化本体上的人，不再被视为政治动物、经济动物、道德动物，而彻彻底底地成为文化人。文化本身就是一种意义模式，是人类获得意义、追求意义、实现意义的方式和途径。文化概念"表示的是从历史上留下来的存在于符号中的意义模式，是以符号形式表达的前后相袭的概念系统，借此人们交流、保存和发展对生命的知识和态度"①。人们依靠文化进行交流、交往，正是文化使人获得存在和发展的理由和意义，没有文化，人类就成了没有根基、没有方向的浮萍，正如伊格尔顿所言："文化不仅是我们赖以生活的一切，在很大程度上，它还是我们为之生活的一切。"② 生活在文化中的人们，经历一种感情和记忆，遵循一种关系和地位，获得一种

---

① ［德］克利福德·格尔茨：《文化的解释》，译林出版社 1999 年版，第 109 页。

② ［英］特瑞·伊格尔顿：《文化的观念》，南京大学出版社 2006 年版，第 108 页。

亲情和归属，感受一种情感满足，体会一种智力享乐，追求一种终极意义，所有这些都是文化带给人的福祉。

文化的兴衰成败，直接决定着国家、民族和个人的命运。在人类社会发展史上，任何国家的兴衰成败，无不与文化力量直接相关。文化背景和文化底蕴对社会发展起着深层推动和制约作用，要么赐予其创造灵感和精神动力，要么施加种种惰性与锁定效应。伯纳德·奥斯特利指出："文化，无论我们怎样给它下定义，都是我们所做的和所想的每件事物的中心。文化是我们所做的事以及我们为什么做这件事的理由，是我们希冀的结果和我们为什么这样想象它，是我们所感知的东西和我们如何表达它，是我们怎样生活和我们以什么方式面对死亡。文化是我们的环境和我们适应环境的方式，文化是我们已经创造的世界和仍在创造的世界，文化是我们看待世界的方式和促使我们改变世界的动力。文化是我们了解自己和相互了解的方式，文化是我们的个人关系网，文化是使我们能在社会和国家内生活在一起的图像和抽象。文化是我们生活的要素。"① 此外，文化对于个体生成具有先在性和决定性，人总是生活在一定文化之中，文化是人类在场的方式，伴随人类个体的一生，"如果有一天我们失去了文化的指引，我们该怎么办。从如何赚钱谋生，到建立系统化的经济体系；从如何待人接物，到对疾病的解释，再到寻找自己的伴侣，文化都提供了基本框架"②。一个人的文化背景、文化经验、文化经历，以及接受文化的自觉程度和文化实现的水平，从根本上决定其在世的方式和这个世界呈现在其面前的样式。

以上几点理解文化的要义，有助于提升我们对文化的理解和界定，从

---

① Bernard Ostry: *The Cultural Connection*, Toronto: McCelland and Stewart, 1978, p1.

② [美] 拉里·A. 萨默瓦等：《跨文化传播》，中国人民大学出版社 2013 年版，第 13 页。

而改变以往对文化的片面看法和狭隘理解，使文化重新获得其应有的地位和作用。以往人们对文化的理解存在以下几个方面的弊端：用静止眼光看待文化，从而仅仅把文化理解为某种静态的结果或感性的直观的存在；对文化作片面的狭义的理解，把文化仅仅视为某种精神或观念的存在；试图仅通过知性描述而达到文化的全面性，不能把文化概念真正作为一个有机整体来理解；远离作为文化主体的人，仅仅从客体方面来界定文化。这样，囿于视野、角度的局限，往往难以抓住文化的本质或精髓，使文化的理解陷入片面化、狭隘化、极端化、非人化的窘境。因此，必须确立一种大文化观，一种动态的文化视野，一种人本的文化理念，通过对文化的全面理解与解释，揭示文化于人的重要意义和价值。

（三）文化：人类特有的创造性活动

文化是人类最大的创造和发明，是人类得以傲视于宇宙的根本，但文化不是什么神秘的东西，它无非是人的行为，是人的实践。文化实质是人类的创造性活动，是自由自觉的、有意识的、能够用语言交流传播的行为。苏联的许多文化学家指出："文化就是人的一种创造性的、建设性的活动"，"文化价值也只有在创造性的活动的进程中才能建立起来"，"文化是人的活动的一种表现，亦正是它的创造性的改造活动的表现。"① 这种创造性的文化活动，用马克思的话说就是"人的本质力量的对象化"。在人的本质外化过程中，人类创造了一个形式多样、内容丰富的文化体系。但文化一经形成，就有其独立性，它就会成为塑造、教化和规约人的根基和前提，对人的生成和发展起到一个本体支撑的作用。因此，一方面人

---

① ［苏］E.A.瓦维林等：《马克思主义文化范畴论》，上海人民出版社 1992 年版，第18 页。

创造、生成文化，促进文化的进步；另一方面文化也创造、生成人，促进人的发展，人文互创互生、协同共进，共同演绎了一幅壮丽多彩的人文图景。

文化实质是人类的创造性活动，是从人的本质高度对文化的理解，使文化涵括了人的行为、人的生活、人的智慧、人的价值、人的理想等等人的生存和发展的一切方面。以往对文化的理解，无非是从不同的角度和立场对人的创造性活动的方式、过程、结果、意义、功能、结构、内容、形式等不同面向的阐释和解读，如从实体论、存在论、功能论、关系论、符号论等角度对文化的理解和解释。这些众说纷纭的文化理解，虽然有助于对文化某一方面进行深入认识，但不能充分认识文化全貌。文化实质是人类的创造性活动，这里的创造性是相对于动物的非创造性而言的，是动物所不具备的，是人的发明。文化哲学意义上的文化与自然相对称，强调文化是人的存在方式，是人自我创造、自我完善的过程及结果。在此意义上，文化是人的本质的规定性，是人之为人的标志。这种创造性活动内蕴着：其一人类掌握世界的方式；其二人类创造世界的过程及结果；其三涵括全部物质文化、制度文化、精神文化在内的内容丰富、形式多样、层次分明的系统；其四人类生存和发展的客观环境。

文化活动就是人类的行为，是人类社会生存与发展的必然产物。它是人区别于动物的标志，是不同人群、组织、民族、国家乃至个人之间区别开来的标志，也是不同时代、不同领域、不同环境之间的人区别开来的标志。文化产生于人类对周围世界的体验、探索和理解之中，它的发展和延续与人类所处的生存环境、生活方式以及民族心理、习俗、信仰和观念密切相关。人是在与自然的斗争中，在利用自然、征服自然的过程中，创造文化的。生态环境的差异，造成了多样性的文化样态，如草原文化、高山文化、海洋文化等，但造成文化间差异的重要原因，在于历史发展过程的不同，人是历史性的存在，即使是在同样生态环境下的人群，在独特的历史发展过程中，往往积累不同的文化经验，传递不同的文化信息，从而演变成不同的文化类型和模式，而这种文化模式又不断地建构着生活在其中的人的文化心理和价值观念以及这个民族的社会结构和制度形式。

把文化看作是人的创造性活动，充分彰显了文化的整体性、实践性、过程性、人为性、意义性的特质。首先，把文化看作是人的创造性活动，是对文化的广义性理解。作为人的创造性活动的文化与人的世界完全契合，它把文化看作人的创造世界的活动，从而将文化和人的世界的生成直接联系起来。其次，把文化看作人的创造性活动，将文化的实践性表达得淋漓尽致。文化在本质上是实践的，脱离开人的社会实践活动谈文化，文化就成了无源之水、无本之木。文化是人类实践活动的结晶，是人类改造世界的过程中所获得的一切能力以及精神创造物，它贯穿于人类的全部社会生活之中，是人类文明得以存续和绵延的内在动力。从语言萌芽到部落初建，从土地之制到礼乐之兴，从刀耕火种到信息革命，人类告别蒙昧落后到走向开化文明的每一个环节，都清晰地镌刻着文化进步的烙印。再次，把文化看作是人的一种自我创造的活动，充分体现了文化的人为性，文化不是天然的、从来就有的，它有赖于人的实践创造，正是人的创造发明、延续、拓展、传播、弘扬了文化，文化就在人的实践中发生、发展。人类文化的产生和发展，都是以人类现实的实践活动为基础的。只有通过实践，人才能创造文化，同时也只有在创造文化的现实实践过程中，人才能成为真正的、文化的人。实践作为人类特有的活动方式，决定了文化乃是人类独有的生活方式。"文化是人的存在方式。人类创造了把握世界的各种各样的文化方式，诸如经验的、常识的、神话的、宗教的、艺术的、伦理的、科学的、哲学的和实践的文化方式。人类以文化的方式去把握世界，就形成了丰富多彩的、生生不已的人的文化世界，诸如宗教的世界、艺术的世界、伦理的世界、科学的世界等等。文化是人的生活世界。"①
最后，把文化理解为一种创造性的活动，坚持文化的动态性特征，从而把
文化看作是一个由过去走向现在、从现在走向未来的过程。离开对人类已
经取得的文化成果的学习和再创造，个体便不会有文化上的创新，离开人
们对整个文化史的继承和重复，人类文化便没有发展和进化。我们可以截
取任何一个横断面静态地研究文化，但实际上，真正意义上的文化永远不
会静态存在，而是处在永不间断的创造与发展过程中。文化是一条奔流不
息的河流，它不是僵死的、不变的，而是处在永恒的流动之中。

作为人的创造性活动的文化，是人化与化人的统一。文化一方面是人
化的过程，也就是人的文化创造过程，是人的本质力量的外化过程，是人
的创造性行为及其结果。另一方面文化也是化人的过程，即人的文化生成
过程，是外在文化内化的过程。可见，文化是人化与化人的统一，也即人
文互创的过程，"人所创造的文化并不是先前客观文化所能包含或预见的，
但人又必然是在一定的文化背景中创造。这样，人就处在双重的创造中，
一方面人创造了文化世界，另一方面人又成为文化的产物"②。文化是人类
在自然界生存和发展的一种独特方式，是人在社会实践基础上的创造，文
化既是动词又是名词，作为动词的文化，它是人活动的过程，是人的本质
的展示，是作为主体客体化的"人化"和作为客体主体化的"化人"的双
向互动过程。作为名词的文化，它特指人活动的结果，是"人化"的产物
和作品，又是"化人"的工具和手段。人以文化的方式存在和发展，人创
造了文化，但同时也受到文化的影响和制约。从人的文化本性角度看，这
一过程也就是人的文化创造性的获得和实现过程。

---

① 孙正聿：《孙正聿哲学文集》第二卷，吉林人民出版社 2007 年版，第 9 页。
② 何萍：《马克思主义哲学与文化哲学》，武汉大学出版社 2002 年版，第 101 页。

作为人的创造性活动的文化，其发展是自在与自为的统一。这里我们要强调的是：文化既有独立性，又是人的行为。文化发展一方面是系统的惯势演进，也就是文化的自在演进的一面，文化虽然是人的创造，但不是人的主观臆想，人的创造必须依赖于物质性的前提，"在文化积累为新的综合提供出种种物质与观念的必要因素之前，任何发明和发现都不可能产生，以及当必需的素材由于文化成长或文化传播而成为可能，并出现给定文化互动的标准条件时，发明与发现就必然会产生"①。另一方面，文化发展也是人的理性建构的过程，也就是文化自为建构的一面，作为文化主体人，对文化进行有目的有意识的设计、创造和管理，使文化按照人的意愿发展，文化活动本质上是人的有目的有意识的自觉活动，即进行自我反思、自我调适、自我创造，从而达到自由自觉境界的过程。

就其存在状态而言，文化是过程和结果的统一。作为过程的文化，是指文化是一个探索性、生成性、创造性、超越性、解释性的自我塑造过程。文化的发生、积淀、发展、传播，是由人来催生、创造和管理的，有着内在的稳定和动力机制，有着自在的协调和创新程序，以此规约和推动文化不断生成和发展、拓展和升华。因而，文化是不断地自我建构的历史过程，是进行时，而不是完成时。作为结果的文化，是人类体力和智力劳动付出的结果，是人类通过千百万年持续不断地文化创造实现的，没有包括物质生产、精神生产和人自身生产在内的全面的文化生产活动，就没有今天的物质文明、精神文明和政治文明，从文化的发生、存在到文化拓展、传承，无不需要人类的努力，需要人的自觉性、主动性和创造性的发挥，需要人们对文化存在状态和创造活动的自觉，需要对人的生命存在意义的体悟和把握。

---

① ［美］L.A. 怀特：《文化的科学》，山东人民出版社 1988 年版，第 196 页。

作为人的创造性活动的文化，其演进是因果循环与意义累积的统一。一方面，文化演进是通过因果循环实现的。文化是人的创造性的活动，人及人的活动是文化的因，活动导致的状态和结果是文化的果，文化的因导致果，果又引起新的因，因果相互承接、互动循环，推动文化的演化。另一方面，文化演进更是意义累积的过程。贝格尔在《神圣的帷幕》一书中写道："人类存在从本质上说是不可避免的外在化活动，在外在化的过程中，人向实在倾注了意义。每一个人类社会都是外在化了的，客观化了的意义大厦，它总是力图成为一个有意义的整体。"① 文化是一种意义的存在，文化创造产生属人的文化意义，而每一种意义的生成，都改变着文化的结构和功能，这种意义随着文化的拓展和延续，不断地积淀到文化的传统和人的本质力量中。因此，文化不是自然发生的，而是人为创造的，人的每一次的创造行为和过程都引起文化程序和取向的改变，而新生成的文化结果也不是僵化、静止的，它必然成为人新的文化创造的逻辑起点。不过，过程和结果只是人类前行中的一个文化场景，随着人的文化活动的结束而结束，但作为附属物的意义，不会随着过程和结果的完结而消失，它会毫不保留地积淀到文化中，成为永不退场的人的存在，这是人类文化经济性的表征。

可见，文化是人的一种自觉的实践，是人的本质在自然界、制度典章、精神世界的扩大和再生，是人的形象的对象化表达，是作为主体的人的感性延伸。因而，文化是人的本质力量的确证，是人的发展水平的标志，是人的生存与发展的信息库、活动场、力量源、方向盘。文化既是过程，又是结果；既是手段，又是目的；既是形式，又是内容；既是系统，又是要素；既是传统，又是现实；既是人化，又是化人。但世界上没

---

① ［美］贝格尔：《神圣的帷幕》，上海人民出版社 1991 年版，第 35 页。

有什么是绝对美好的，永远光明的，作为人类行为的文化也是如此，"在实践领域，人们既可以通过合乎理性、合乎'仁道'的活动实现人与自然界之间的以人为本的双向适应，达到天人合一的境界，也可能由于人的反理性、反'仁道'的活动而破坏人与自然界之间的双向适应关系，造成人的适应危机和生存危机，导致天人对立的困境"①。因此，文化需要人不断地清理、保护、反思、批判、革新、改良、革命、管理、提升、交流、借鉴、比较，使文化确立为人的指向。现代化和全球化的延展和扩张，更是加强了这一需要。于是出现了存在主义者、法兰克福学派、女权主义者、环境主义者，他们从人的整体的、长远的、根本的利益出发，对现代社会出现的人的异化、文化的异化进行了无情的批判，以此矫正人类及其文化的发展方向和轨迹，从而使人类更加有文化，使文化更加为人类服务。

二、理解文化优化

世界处在流变之中，从自然界到人类社会无不如此，"整个自然界，从最小的东西到最大的东西，从沙粒到太阳，从原生生物到人，都处于永恒的产生和消逝中，处于不断的流动中，处于不息的运动和变化中"②。文化世界同样瞬息万变，文化不断经历从无文化到有文化再到非文化，从无意义到有意义再到非意义的演化过程。但自然世界的发展方式是自在的进化，而文化世界的发展方式主要是自为的优化。之所以发生这种演化方式的质变，在于文化世界是属人的，人的参与使其演化性质发生根本性的转

---

① 夏甄陶：《论人与自然界之间的适应关系》，《中国人民大学学报》2003 年第 6 期。

② 《马克思恩格斯选集》第 3 卷，人民出版社 2012 年版，第 856 页。

变，因为人是有意识的存在物，能对自己存在和发展的条件、状态、境遇自觉地进行分析、设计和规划，从而使文化世界的发展呈现出人为的属性和优化的特质。

（一）优化的文化哲学解释

对于生活在全球信息化、知识大众化的 21 世纪的人来说，优化并不是一个十分陌生的概念。自 20 世纪以来，在数学、经济学、管理学、教育学等诸多自然科学和人文社会学科中，优化成为一个广受关注的问题。尤其是系统论、控制论、自组织理论、耗散结构理论、协同论、突变论等，为优化问题奠定了坚实的科学基础。其实，伴随文化世界的演进和跃迁，优化不能仅仅理解或看作是纯粹科学的问题，它更应该是哲学特别是文化哲学的问题。事实上，只有对优化进行文化哲学的阐释和提升，从文化、人性和哲学的高度审视优化的意味，才能真正揭示优化的内涵和实质，同时优化只有获得文化哲学的意义，才能充分发挥其蕴含的主体性潜能和力量，从而向人类文化本体的实践层面生成。从文化哲学角度看，优化具有以下特质：

优化具有属人性。在科学视野下对优化的研究，仅着眼于物质世界本身，不考虑人和人的主体作用。与科学意义上的优化不同，哲学意义上的优化是属人的，是围绕人与人的世界的关系展开的，人与人的主体性在优化活动中占有重要地位。自然科学意义上的优化乃至最优化，并不意味着对人是有意义、有价值的，有时科学的、自然的优化，与人却是相反的、相对的、相悖的，需要人去改造、改变、控制。哲学意义上的优化反映出人的一种价值取向，代表着人的利益、愿望和需求。任何实践的根本目的都是为了人，为了人的生存和发展。正如马克思所指出的："劳动和劳动产品所归属的那个异己的存在物，劳动为之服务和劳动产品供其享受的那个存在物，只能是人自身。"① 从系统论角度看，科学意义上的优化是一种自组织优化，是自然系统的组织、结构和功能的自我改进，而哲学意义上的优化是他组织优化，是人对于系统的组织、功能和结构的人为改进。

优化是人类社会及其文化特有的高级发展方式。在科学视野下，优化存在于整个宇宙的演化过程之中。在哲学视野下，优化代表着一种新的发展方式，优化与进化相对，进化是有机自然界以及生物界的主要发展方式，而优化是人类社会及其文化特有的高级发展方式。之所以说优化高于进化，在于优化在文化创造的推动和自觉意识的导引下，成为一种有目的、有意识、自觉的进化过程。动物与自然界处于浑然不分状态，靠本能地适应环境而生存，靠盲目地自然选择而发展，因而不能不受进化支配。而人是有目的有意识的动物，通过文化创造改造生存环境和满足生存需要，从而能够使进化受人的支配。当生命的生存活动一旦由单纯地适应自然，转化为通过文化改造自然以适合自身需要时，整个世界的演化就由靠自然选择实现的"进化"为主进入到以人为选择实现的"优化"为主的阶段。

优化不仅仅是一个名词，更是一个动词。作为名词，优化体现的是一种结果，一种进步、理想、超越的状态。而作为动词，优化是人的一种主体性的创建活动。在人的维度观照下，优化获得了批判现实和改造现实的力量，成为富有创造性的哲学范畴。优化是一个自为的过程，是人的有目的、有意识、能动的过程，代表人的主观的努力、智慧的付出和能动性的发挥，由于优化是人类的一种有意识的自为活动，而不是对于外部环境的本能反射，因此，从发生学角度看，优化活动必然要体现为这样一个过程：首先在人的头脑中产生某种目的性的观念、价值性的理念、批判性的

---

① 《马克思恩格斯选集》第 1 卷，人民出版社 2012 年版，第 59 页。

态度，然后将这种观念、理念和态度转化为改造客观世界的实践活动，最后以此为中介将人的本质力量外化、对象化为客观性的文化成果。可见，优化的发生方式和文化创造的机制是内在一致的。实际上，优化本身就是人类重要的实践活动，它体现着人的自由自觉的本性。在深层意义上，优化不只是对事物构成要素的重新组合，它更是体现为一种积极性的创造，可以说，优化实质就是创造，它是人的创造性的集中表现，是人的"诗性智慧"的回归，是对人的"理性智慧"的超越。

优化是一种趋向和谐、完美和理想的超越性过程。优化意味着对现实的否定和批判，从而使现实趋向不同程度的合规律性与合目的性。优化不是现实存在的简单重复，而是呈现出形式更加复杂、内容更加丰富、功能更加完善、结构更加合理、过程更加完美、结果更加有效、关系更加和谐等特质，优化在超越现实的过程中，推动事物实现质的飞跃。在反映优劣的客观基础之上做出的优劣判断，是一种价值概念，体现的是一种价值判断。对于人的生活来说，人总是要追求完美、追求更高的境界，正是在人的一般价值追求意义上，我们可以说，优化有其绝对性，体现人的一般追求和一般目的。优化的最终目的无非是更好地解决人的生存和发展问题，但哲学意义上的优化不是顺应环境而进行的自然选择，如达尔文所描述的那样："自然选择在世界上每日每时都在仔细检查着最微细的变异，把坏的排斥掉，把好的保存下来加以积累；无论什么时候，无论什么地方，只要有机会，它就静静地、极其缓慢地进行工作，把各种生物同有机的和无机的生活条件的关系加以改进。"① 而是按照价值选择的方式进行自主的创造和调适，从而以自我的创造性，扩大人的世界，优化人化的环境，以此实现人的价值、目的和需要。

---

① ［英］达尔文：《物种起源》，商务印书馆 2009 年版，第 98—99 页。

总而言之，优化不再是具体科学所能考察的问题，而是一个具有普遍意义的哲学问题。在文化哲学视野下，优化实现了人学意义的提升，成为一种重要的文化力量。尤其是在呼唤诗性智慧与理性超越的今天，优化更应成为哲学的武器，以此推动人和人的世界整体性跃迁。时代的理性已经把优化问题凸显出来，它理应得到文化哲学慧目的关注。

（二）文化进化与文化优化

何谓进化？简言之，就是事物在没有人为因素干预的情况下，自在地变化、演进所表现出来的向更高层次与结构推进的趋势，是指由事物相互作用、相互影响的自在运动所引起的事物发展。进化是源于近代自然科学的观念，伴随科学技术的进步，进化观念在天文学、物理学、生物学等领域获得有力的证明。尤其是达尔文《物种起源》一书问世以来，进化观念和进化理论日益深入人心。后来，进化观念开始影响人文社会科学，社会进化论、文化进化论等新观点层出不穷，成为实证研究的主要范式。何谓优化？就最一般意义而言，是指作为主体的人主动推进事物不断从低级走向高级，从简单走向复杂，从不完善走向完善的进程，是经人为设计、调节、控制、干预、引导，从多种可能路径中选出最优路径而导致的事物发展。优化概念既是描述性的又是规范性的，作为经验层面的描述性概念，优化指对历史现象、事实的归纳得出的优化结论；作为价值层面的规范性概念，优化表达着人们对美好、理想、进步、自由的价值偏好，这种为人的取向有些经人为努力变成现实，有些则作为一种指向反映着人类的终极关怀。

进化与优化有着根本区别。首先，进化观念源于自然科学研究所揭示的事实，它具有经验的、实证的特征；而优化观念主要立足于对理性的张扬和推崇，它在骨子里是理性的、批判的。其次，进化观念更强调自在变化，更多关注自然领域和社会文化领域的自然属性，与自然界和自然科学紧密相连，突出强调自然的力量，"进化不是一个目的论过程，它并没有一个明确的目标：一定要形成某种特定的有机物种或特定的生态系统"①。优化观念更强调自为创造，更多关注社会文化领域和自然领域中的人文选择，与人类社会和人文社会科学高度相关，具有强烈的价值色彩和人文关怀，表达了一种渴望变革而且相信变革会导向一种更佳境况的信念。最后，进化更重视时间先后，而优化更强调空间组合、结构调整和关系的改善。

进化和优化也有着内在联系。进化是自在的优化，优化是自为的进化。进化是为人的优化，优化是人为的进化。进化是揭示一切自然世界之谜的密码，优化是打开人文世界之谜的钥匙。人类的进化离不开优化的导引，正是通过人类的优化实践，人类才摆脱生物性进化阈限，而进入到一种人文共进的视域。只有对社会进化进行有目的有意识地干预，"人类社会的进化将不再全凭机遇——或者好点，或者更糟。人们将掌握分叉过程，帮助创造出一种社会，它既符合系统的稳定性这条进化的绝对律令，又符合他们自己的价值和渴望"②。人类优化同样离不开进化的支撑，优化只有在掌握和控制进化规律及其方向的前提下，才能真正推动和加速人类进化的进程，矫正和导引人类进化的方向。可见，进化与优化在一定条件下，又是相互转化、相互促进的。

基于以上分析，不难得出，真正意义上的优化只有在人类参与情况下才能发生，文化作为人类存在方式，人类创造性活动的过程和结果，其演

---

① [美]欧文·拉兹洛：《人类的内在限度》，社会科学文献出版社 2004 年版，第 151 页。
② [美]欧文·拉兹洛：《人类的内在限度》，社会科学文献出版社 2004 年版，第 222 页。

进必然存在进化和优化之分，在文化主体努力下，文化发展不只是一个自在的进化过程，更是一个自为的优化过程。文化进化就是指文化在无人干预下的自在的发展和演进，文化优化是指作为文化主体的人对文化进行的有目的有意识的自觉建构。当然，这里所谓的"文化优化"，不是文化自身的适应、调节、整合功能的表现，而是对文化的优化，是作为文化主体人在文化自觉基础上，对文化的程序、取向的管理、规划、设计，从而最大限度地挖掘文化潜力、彰显人的主体性，使文化与人获得最大效益。也就是说，文化优化不同于文化自化，也不同于文化进化。文化进化与文化优化共同构成文化发展的基本方式。

文化进化与文化优化同样是对立统一的关系。一方面，二者存在根本区别，文化进化与文化优化对应文化的二重性，是文化二重性在文化演化中的反映。文化具有自在性和人为性，是自在性和人为性的统一，相对于自在性而言，人为性映衬出文化发展和演进中的人本力量，在文化属性中处于核心地位，是文化的根本属性。文化进化是文化自在性的反映，文化优化是文化人为性的反映。文化既是自在进化的，又是人为优化的。文化的演化是进化与优化的双重变奏。从人本学角度看，文化优化反映出人对文化发展的主体性建构，是文化演化的根本表现方式，文化优化更贴近于文化的发展机制和人本取向。黑格尔在强调文化创造活动与自然的区别时指出：自然无论怎样复杂，也"永远只能是表现一种周而复始的循环"，而"人类的使命和单纯的自然事物的使命是全然不同的"，人类有"一种真正的变化的能力，而且是一种达到更完善的能力——一种达到'尽善尽美性'的冲动"①。因此，只考察文化进化而不进行人为的优化探索，是文化理论与实践过程中舍本逐末之举。另一方面，二者又是相互联系的，

---

① ［德］黑格尔：《历史哲学》，上海书店出版社 2001 年版，第 54 页。

文化进化是一种无意识的文化优化，文化优化是一种自觉的文化进化。没有文化进化，文化优化就失去依托和动力，没有文化优化，文化进化就丧失灵魂和方向。无论是文化进化还是文化优化，其目标和结果都是文化的进步与提升，无疑都有利于人的价值的实现和自由的拓展，文化进化为文化优化提供发展空间，文化优化为文化进化赢得发展时间，二者协同共进，共同推动文化在时空中的演进。

（三）人类理性对文化优化的追求

文化进步的过程，是人的本质力量的提升过程，也是人的文化优化过程。文化优化贯穿人类社会发展的始终，自从文化产生以来，人类一直面临文化的比较、鉴别、取舍和优化，在这一过程中，文化不断获得进步和提升。人类文化发展从无到有、从简单到复杂、从低级到高级、从野蛮到文明的自在进化过程，实质是人的本质力量生成、展开、完善的过程，当然也是人的自我反思、自我选择、自我创造、自我实现的主体性建构过程。从古至今，古圣先贤们，大都把改造、保存、延续、传播、弘扬文化作为自己的最高目标，北宋初期，面对多元文化格局以及佛、道对儒学的挑战，张载提出"横渠四句"：为天地立心，为生民立命，为往圣继绝学，为万世开太平。面对早期资本主义带来的劳动异化、人的异化、文化异化，马克思写道："哲学家们只是用不同的方式解释世界，而问题在于改变世界"[1]，"使现存世界革命化，实际地反对并改变现存的事物"[2]，"我们的任务是要揭露旧世界，并为建立一个新世界而积极工作"[3]。

---

① 《马克思恩格斯选集》第 1 卷，人民出版社 2012 年版，第 140 页。
② 《马克思恩格斯选集》第 1 卷，人民出版社 2012 年版，第 155 页。
③ 《马克思恩格斯全集》第 1 卷，人民出版社 1956 年版，第 414 页。

实际上，不论是在自然界还是人类社会，优化都是一个普遍存在的事实。即便人们还没自觉到优化的存在时，它便在人们的周围环境、生活实践和思想观念中发生作用，影响和支配着人们的认识和实践。文化是一个家庭、一个企业、一个民族、一个国家、一个社会最深层、最本质、最核心的标志，是人之存在与发展的本体，是人之为人的依据。作为整体存在的文化如何优化，如何符合人类的理性要求，这不仅关系到人类社会整体的存亡，也关系到每一文化个体的安危，是一切优化问题中层次最高、价值最大、意义深远的问题。在古代社会，人们就已经注意到优化的事实和价值，但由于认识水平的局限以及文化交流的有限，人们对优化问题还停留在意念、设想的层面，只是对作为整体的社会进行优化的设计、猜想，还没能对更深层次的文化进行优化探索。因此，以往的文化优化，是以社会优化的理想、意念形式展现的。

关于社会优化，东方哲人进行大量有益探索，儒家的德治与礼治、法家的法治、道家无为而治无不是对社会优化实践的构想和尝试。当然，他们也曾设想一种无君无臣、无须治理的优化社会模式。如老子的"小国寡民"，孔子的"大同社会"，陶渊明的"世外桃源"等等，这些主张虽然有别，但都包括对理想社会状态的追求，即包含着文化和社会优化的理想和意念。西方哲人同样进行有益的设想和努力，如柏拉图的"理想国"，莫尔的"乌托邦"，康帕内拉的"太阳城"，奥古斯丁的"上帝之城"等等。人类文明史中的社会优化探索，对社会进步起到重要的推动和导向作用，充分体现出人类理性的成就，然而由于阶级性和时代性局限，这些社会优化的设计、方案不可能从整体上和根本上解决社会优化问题。马克思的出现使这一问题的探讨和解决得到实质性推进，马克思从被统治阶级的视角出发，从而站在全人类的立场，对人的异化和私有制、人的解放与发展、人与自然关系、人与社会关系等有关人类社会合理发展的核心问题进行深刻思考和论述：

第一，"原则高度的实践"：社会本身的优化。

马克思通过对资本主义社会的考察和批判，发现其最重大的社会经济问题，即劳动异化现象。在此基础上，马克思从现实存在的异化劳动出发，指出在私有制社会中，劳动者本质力量的对象化并没有满足劳动者的需要，达到劳动的目的；相反，劳动带来的是饥饿、痛苦、剥削、压迫、对立、冲突、灾难和丑恶的罪行。这一异化过程内蕴着劳动者和劳动产品之间的异化，劳动者同劳动活动本身之间的异化，劳动者与自己的类本质之间的异化，人与人之间关系的异化。劳动异化的直接结果就是阶级剥削、阶级对抗，这构成人类社会中最大的不合理，严重阻碍社会的优化发展。因此，克服劳动异化就成为社会优化的关键，而劳动异化和私有制又是一种互构关系，私有制是劳动异化的内在根源，劳动异化是私有制的外在表征，要彻底克服劳动异化，必须废除私有制。因为私有制使人对物的占有进一步强化，从而一切真实的关系都被利益的关系掩盖，导致人的本质丧失和文化的异化。异化是私有制条件下，人及其文化的必然宿命，人类只有通过消除私有制这一非人的文化条件，才能完成对人的异化的彻底克服，才能实现对人的文化本质的真正占用，从而向人类解放和自由全面发展的文化理想迈进。在马克思看来，只有靠无产阶级的社会革命，才能废除使人变成非人的私有制，彻底克服劳动异化，实现从根本上改造人类社会的目的。

第二，"人的高度的革命"：人自身的优化。

从自身的存在和发展角度看，人自身的优化是人类文化的终极诉求。人类的一切文化创造活动都是为了人本身，人创造、调节和优化人的客观世界，但同时也改变、创新和提升人自身，使人的本质不断丰富、全面，不断克服自身有限性，逐渐向人的解放和人的自由全面发展目标迈进。马克思早在《1857—1858年经济学手稿》中，就曾把人的发展的历史进程概括为三个阶段："人的依赖关系（起初完全是自然发生的），是最初的社会形态，在这种形态下，人的生产能力只是在狭窄的范围内和孤立的地点上发展着。以物的依赖性为基础的人的独立性，是第二大形态，在这种形态下，才形成普遍的社会物质变换、全面的关系，多方面的需求以及全面的能力的体系。建立在个人全面发展和他们共同的社会生产能力成为他们的社会财富这一基础上的自由个性，是第三个阶段。第二个阶段为第三个阶段创造条件。"① 在"人对人的依赖阶段"，人们过着自给自足、淡雅简朴的生活，个人在仅有的活动范围内，获得相对全面的发展。但在这一阶段，人类本质力量是极端低下的，人的发展显现的全面性是一种原始的全面性。为了维持基本的生活需要，人们常常付出艰辛的劳动，有时甚至以付出生命为代价，与人所具有的巨大潜能相比，所谓人的能力的这种全面发挥远远没有达到应有的程度。在"以物的依赖性为基础的人的独立性"阶段，个人摆脱人身依附关系而获得相对"独立性"，但这种"独立性"又是"以物的依赖性为基础"的。人依赖于物，受物支配和控制，人与人的关系异化为物与物的关系，人从人的依赖性的桎梏中摆脱出来，却又深深地陷入物的依赖性的泥潭。在物化的社会，人们变得唯利是图，一切向"钱"看，人生的全部意义被归结为对物的占有和追求，人性的多重维度和丰富内容被彻底消解，人成为物化的、异化的、单向度的人。马克思通过对人类历史和逻辑的文化透视，指出前两个阶段都是人类社会发展的必经历程，并不是人类的终极诉求，人类社会发展必然要跨入第三阶段，也就是人的解放和自由全面发展阶段，只有在这一阶段，人类才能消灭那些压迫、奴役人的关系，把人从异化的社会关系中解放出来，"推翻使人成

---

① 《马克思恩格斯全集》第46卷（上），人民出版社1979年版，第104页。

为被侮辱、被奴役、被遗弃和被蔑视的东西的一切关系"①，从而摆脱物对人的统治和人对人的统治，实现人对人的本质的真正占有。也只有这样，人类才能真正获得人的尊严，实现人的价值，完成人的使命。

第三，"真正的共同体"：人与社会关系的优化。

从人的社会存在的角度看，人与社会关系优化是社会优化发展的重要维度。人是一切社会关系的总和，社会关系的存在状态直接决定人的解放程度和发展水平。通过无产阶级的社会革命建立起来的国家，将发挥其应有的职能，"实际上，国家的真正的'社会教育作用'就在于它的合乎理性的社会存在。国家本身教育自己成员的办法是：使他们成为国家的成员，把个人的目的变成大家的目的，把粗野的本能变成道德的意向，把天然的独立性变成精神的自由；使个人和整体生活打成一片，使整体在每个个人的意识中得到反映"②。通过无产阶级的社会革命而实现的社会，是"社会化的人"组成的社会，是"联合起来的生产者"的社会，在其中，"每个人的自由发展是一切人的自由发展的条件"③。这样的社会是"自由人的联合体"，是"人和人之间矛盾的真正解决"，是人类的"真正的共同体"，在这样的社会里，人类能够获得最大的自由。马克思讲道："在真正的共同体的条件下，各个人在自己的联合中并通过这种联合获得自己的自由。"④ 只有这样的社会，联合起来的生产者才能理性地按照优化原理的要求控制社会，实现社会整体的优化发展。而这就是共产主义的实现，共产主义就是消灭私有制的社会，实现人类解放的社会，也就是人获得自由而全面发展的社会。

---

① 《马克思恩格斯选集》第 1 卷，人民出版社 2012 年版，第 10 页。
② 《马克思恩格斯全集》第 1 卷，人民出版社 1956 年版，第 118 页。
③ 《马克思恩格斯选集》第 1 卷，人民出版社 2012 年版，第 422 页。
④ 《马克思恩格斯选集》第 1 卷，人民出版社 2012 年版，第 199 页。

第四，"真正的自由王国"：人与自然关系的优化。

从人的自然存在和自然对人的文化存在的限制角度看，人与自然关系的优化是人类超越必然走向自由的必经之路。人类向自由王国过渡，必须建立在人与自然关系优化发展的前提下。人们"将合理地调节他们和自然之间的物质变换，把它置于他们的共同控制之下，而不让它作为一种盲目的力量来统治自己；靠消耗最小的力量，在最无愧于和最适合于他们的人类本性的条件下来进行这种物质变换。但是，这个领域始终是一个必然王国。在这个必然王国的彼岸，作为目的本身的人类能力的发挥，真正的自由王国，就开始了"①。只有通过人类"有意识有计划的控制"，进行人为的设计和优化，才能彻底解决人与自然之间的矛盾，实现人类与自然界之间的统一。这是人类社会优化发展的最根本的前提。

埃尔伍德很早就对文化优化有过精彩论述："在文化各方面对于科学精神的和科学方法的接受，将因普及教育布散文明的结果而更为有效。即在非物质方面，过去的乖离和粗陋的实验，也将趋于减至最低限度。……文明将再不是粗陋的试误过程，也不再是不均衡的，然而行将很稳定的向前进，走到各部分间更为调和与一致的境界。总而言之，文化将要社会化、理性化和美化。和过去所享受的不同的完美文化，将要从此实现了。"② 文化和谐、有序、优化乃至最优化始终是人类孜孜以求的人生和社会理想，文化批判、文化选择、文化管理、文化创新、文化自觉的最终目的无不是为了特定范围、特定时期、特定人群的文化优化，这些具体的优化潜流不断与反文化、非文化、无文化的暗流进行着抗争，从而汇成人类总体的文化优化的大河。可以预见，人类文化的未来必然是在文化理想的

---

① 《马克思恩格斯文集》第 7 卷，人民出版社 2009 年版，第 928—929 页。

② ［美］埃尔伍德：《文化进化论》下编，上海文化出版社 1989 年版，第 171 页。

指引下自觉而又有效地奔向文化优化的未来，未来社会的文化必定是不断追求从而逐渐接近最科学、最合理、最高效、最和谐、最优化的文化。

三、文化优化何谓：实质与内涵

文化是人的生存机制，是人类由以产生的母腹，对人类文化的研究也就是间接地探索和关注人类自己。"卡尔·马克思曾经写道：假如每件事都与表面上完全相符，那就用不着任何科学了。"[①] 这个论断对自然科学很合适，但对文化研究更贴切。由于文化自身的复杂性以及研究主体的特殊性，使得人们对文化认识千差万别。文化定义就有数百种之多，文化分类也是复杂多样，如物质文化、制度文化、精神文化，显性文化、隐性文化，主文化、亚文化，传统文化、现代文化、未来文化，等等。文化理论种类繁多，如文化进化论、文化传播论、文化功能论、文化结构主义、文化模式论、文化符号论等。这些文化的定义、分类、理论为我们掌握文化提供了不同的模式和图景，但无论这些模式和图景怎样不同，归根到底，只有出发点和归宿点是人本身的诠释才有意义。马克思说得好："理论只要彻底，就能说服人。所谓彻底，就是抓住事物的根本。而人的根本就是人本身。"[②] 提出文化优化，就是要纠正以往文化理论只注重解释世界，忽视改造世界，只重视文化于人的客观性小视人在文化面前的主体性、只强调文化继承回避文化建构的弊端。

文化优化有广义和狭义之分。就广义而言，一切文化选择与创造，都

---

① ［美］墨菲：《文化与社会人类学引论》，商务印书馆 1991 年版，第 24 页。
② 《马克思恩格斯选集》第 1 卷，人民出版社 2012 年版，第 10 页。

是为了实现人的存在价值与意义，人类的一切文化创造都具有优化意义，都是人的有目的有意识的活动，在此意义上，文化创造也就是文化优化。广义上的文化优化是普遍存在的，它渗透在人类的一切活动中。人类的一切文化创造活动特别是改造世界、改造人自身的各种活动，都不能没有优化的因素。优化在文化活动中发生、拓展和完成。无论任何性质的人类文化实践，一旦人们凭借智慧把过去的经验、当下的情况和条件以及可实现的目标结合起来并主动控制自己的行为和活动时，人们就是在进行一种优化的努力，优化就在自觉不自觉地支配着人们。但这种泛泛而谈的优化不具有实质意义，文化优化论以狭义的文化优化为研究对象，就狭义而言，文化优化是指对文化本身的优化和用文化去优化，也就是对一切人类文化创造进行重新审视、规划、管理和设计，使其更好地遵循人类社会文化规律，更大程度地符合人的主体性意愿，创建更加有利于人的生存和发展的文化环境，从而使人获得更大的自由和发展。狭义的文化优化是一种特殊人类文化实践和文化创造，它摆脱了以往对待文化的神圣化态度，即认为文化是完美无缺的，在狭义的文化优化视野下，人类的文化创造是具体的历史的文化实践，同样存在着正确与不正确、合理与不合理、科学与不科学的区分，需要对文化进行反思、批判和创新。狭义的文化优化是对广义的文化优化的专化和提升，它把内蕴于一切文化创造活动中的优化因子提取出来，使这种文化创造的优化属性提升为专门的对文化的优化，从而把文化优化变成一种具有"专化"意义的文化实践活动。这样，文化优化由过去以无意识的、盲目的、隐匿的方式发生作用，转变为一种自觉的、主动的、凸显的人类优化实践。

　　文化优化可以从不同角度进行解读，从文化类型学意义上看，文化优化是指以优化为核心理念与价值取向的文化，它反映一种新的文化理念。从文化结构主义视野出发，文化优化是以社会各种文化要素、文化形式的协调互动和有机统一为根本特征的文化策略，它展示一种新的文化自觉。从文化社会学意义上看，文化优化就是如何使文化与市场经济、民主政治及人的全面发展相契合，它呈现一种新的文化愿景。从文化科学的立场出发，文化优化就是对于文化系统的组织、结构和功能的改进，从而实现耗散最小而效率最高、效益最大的过程，它表征一种新的文化理想。而从文化哲学角度看，文化优化主要指作为文化主体的人对作为人的本体的文化，按照"合规律性与合目的性相统一"原则，进行的一种自主控制、设计、管理和调节，它体现的是一种人学的维度，一种整体性的视角。因此，从文化哲学的角度看，文化优化不能简单地理解为对文化要素的优化组合，如果那样的话，其实是把文化理解为一种死的文化、无机的文化，而文化哲学意义上的文化优化是把文化看成是一种活的文化，是一个活的有机体，文化优化是人类的一种特殊的文化实践活动，是对文化异化的克服，是一种积极的文化理念，一种正确的对待文化的态度，一种从人的存在方式上对人的解读和反思。

文化优化是人文互创原理对文化实践的理论诉求，人文互创原理告诉我们：文化创造人，人也创造文化，文化就是通过人化和化人的方式实现文化创造与文化进步的。但这一过程如果盲目发生，就会出现用劣质文化去塑造人，人创造低劣的文化，人越来越没文化，文化越来越劣化等一系列的恶性循环，因此，需要对人文互创的过程进行优化设计。由于人与文化共同发展的过程是双向互创的过程，与此相应，文化优化也包括两个方面，文化优化要对人化过程和结果进行优化，使人的世界越来越反映人的理想，同时，要对化人的过程进行优化，使人越来越文化化。通过人去规划文化以及用文化来塑造人，从而实现人与文化相互优化，达到人与人的世界的共同推进和整体性提升。

文化优化既是名词又是动词。作为名词的文化优化，是指人的文化创造活动和过程达到的符合人之美好意愿的状态和结果，某种程度上说，是一种全面、和谐、合理的人类文明状态，一种属于人自己的最好、最佳、最优的文化结果；作为动词的文化优化，是人类创造和实现文化的最优程序和最佳取向的活动和过程，是一种自觉的文化创造与文化管理，是人对自身现实存在状态的超越和对理想存在状态的自我设计、自我创造和自我追求。文化优化通过文化释义机制、文化反省自觉机制、文化选择机制、文化管理机制、文化创新机制进一步确立人在文化面前的主体性地位，在人与文化环境相互作用的过程中，实现文化和人的共同进步。

　　文化优化体现着人的能动性、积极性、自觉性，它涵括一切自觉的文化创造和文化管理实践。文化优化就是对文化中蕴含的各种关系进行广泛的沟通与调节，对文化自身的程序和取向进行全面反思和批判，对文化创造的过程进行全面规划和调控，对文化创造的成果进行妥善保护和管理，对文化交往中形成的危机和冲突进行有效化解和协调，对文化发展中产生的失误与偏颇进行自觉调整和弥补，充分认识自身文化以及整个人类文化存在的盲目性、局限性，努力克服人类文化的自我神圣化倾向和自满自足的文化惰性，不断地提高文化自觉程度和自我意识水平，最大限度地调动文化创造的积极性，有效激发文化创造的活力，不时更新和升华文化理想，日益提高文化的效益和人的效益，使优秀的文化成果得到最广泛的传播和弘扬，使每一个文化个体都能获得文化享受和自我发展，为每一个文化个体提供接受文化教育、参与文化创造、贡献文化智慧的机会，有力地整合和集中一切文化力量，使人类自觉而又极其有效地向文化理想境界迈进。文化优化要对外改变文化环境，对内提高人的文化素质和意识，对文化出现的固化、僵化、裂化、无序化等不良文化趋势，通过文化创新、文化管理等措施，进行重新的规划、设计、创造、解释，从而使文化充满活力、丰富多彩、争奇斗艳，进而实现文化的全方位优化。

　　从文化哲学的视角和高度出发，站在全球和整个人类未来发展的制高点上，提出文化优化并不是要建立一种没有缺点、没有弊端、尽善尽美的文化，那只是人类理性的理想化展示而已，是不符合文化优化主旨的，而是要确立一种优化理念、态度、策略、方案、方法，使人类时刻都能用一种批判性的眼光审视自己的文化及其演进态势。文化优化不是暂时缓解矛盾的手段，它强调新程序、新取向的形成，注重文化的积累与积淀。真正意义上的文化优化，是新的更能适应环境变化和满足人的生存和发展需求的程序和取向的建立，它必然带来人的良好习惯的养成，人的素质的普遍提高，人的发展空间的扩大，产生文化与人良性互动的积极效应。当然文化优化也不是纯粹的哲学思辨，而是活生生的文化实践，关注文化现实，紧贴人们的文化生活，通过对文化环境这一人的感性活动的对象性现实的考察和优化，来间接地重塑人本身，通过对人的教化，提高人的文化意识、文化觉悟、文化素养，从而提高文化的整体水平。文化优化不是一种终止状态，而是人类对自身永不满足、永不停息的自我批判、自我追求、自我提升，求真、向善、达美，从而向更好、更优、最好、最优目标努力的过程。此外，文化优化不是文化与优化的简单叠加，人们也不应该把文化优化仅仅想象成一个结果，而更应将其看成是一个产生结果的过程，一个试图摆脱和超越人的不完善性的过程。为了全面表达和揭示文化优化的实质和内涵，我们从以下几个方面对其进行阐释和涵括。

（一）文化优化：直面文化本体的文化创造

　　文化优化作为一种实践，也是人的一种特殊的文化活动。就其本质而言，文化优化就是一种特殊的文化创造，是直接以文化本身为对象，以改变、提升、管理、创新文化为目的和手段的创造性活动，因而是一种自觉的、系统的、高水平的文化创造，是对文化创造的再创造，是对实践批判的再批判。文化优化与文化创造的目标是一致的，人类进行文化创造与文化优化，其最终目标无不是最大限度地发挥文化对人的积极效益，使文化重新为人服务，使人对文化重新占有，实现文化协调、有序、积极、向上、为人的发展，使人与文化相互促进、相互创造、相互生成。文化优化的提出相对较晚，但文化优化的实践却与文化相伴而生，人类社会发展过程中总是自觉不自觉地对文化进行优化，使文化发挥最大的效益，文化优化活动就内在于人类文化生成、发展、传播的演化过程之中。文化优化或优化文化只能是用文化本身的方式去对待文化，这样才能收到事半功倍的效果，文化优化也意味着用文化去优化，通过文化自身和文化创造的引领作用，实现对反文化、非文化、无文化的克服、抵制和重新占有。文化优化呈现出的是人对文化的反映认识能力、发明创造能力和协调控制能力，从整体性的角度看，也就是一种综合性的文化创造力的体现。总而言之，文化从劣化走向优化，从自在走向自为，从理想向现实的转化，是在人创造文化和文化创造人的双向运动中实现的，文化优化不在文化活动之外，更不能脱离人而存在，是一种面向文化本体，面向人本身的文化创造活动。

文化是人的发展的根基和载体，人只有在创造文化过程中才能成为有文化的。离开具体的文化及其教化过程，人的发展也就成了无源之水、无水之舟，离开对现任文化创造的继承，人类将难以生存和延续，也就无所谓优化。文化创造是文化优化得以实现的途径和前提，通过文化创造，满足人们的物质、精神文化的需要，提高人们文化生活水平，只有在文化创造的支撑下，文化优化才有保障，否则单纯的文化优化是没有力量的，正所谓"巧妇难为无米之炊"，没有文化创造就没有文化优化的真正发生；文化优化作为一种特殊的文化创造，对文化创造本身具有提升、巩固和加强的作用，一味地、盲目地文化创造，不但会造成资源浪费，还可能导致文化异化的发生，同时也可能产生文化的僵化、固化，致使文化丧失活力、失去意义，最后走向文化的反面，因此文化创造离不开文化优化，只有通过文化优化最大限度地发挥文化的效益，使文化持续、快速、健康发展，才能更好地满足人的文化需要，不断地提高人的文化水平。

由此可见，文化创造本身就是一个对文化进行再评价，从而重新取舍、选择、加工，使文化从旧质向新质飞跃，创造崭新文化的文化提升过程。一项有益科技发明的应用和推广，一个良好文化政策的制定和执行，一种高尚文化精神的提倡和弘扬，都对文化的发展和繁荣具有优化作用。文化创造与文化建设是文化优化的根本途径。没有文化创造与文化建设的保障，任何优化的措施都是暂时的、没有根基的，但不是任何创造和建设都从属于文化优化，没有文化繁荣和发展以及随之而来的人的解放，任何创造都是没有意义的，文化优化视野下的文化创造，不是盲目的、无意识的，而是有意识的、自觉的文化创造，是对文化过程和结果、程序和取向、外化与内化进行再反思、再批判，是以文化本身为对象，以真善美为尺度，对文化认识与创造进行再认识、再创造，以期符合人的主体性意愿与文化客观规律要求的人类实践。

（二）文化优化：基于文化自觉之上的文化自为

文化优化实质是一种建立在文化自觉基础之上的文化自为，是文化自觉与文化自为的高度统一。文化优化是对文化如何发展、怎样发展、发展到什么程度的一种自觉的哲学思考，是指生活在一定文化中的人，在把握该文化存在和发展境况的前提下，扬长避短，审时度势，积极主动地促进文化向正确、健康的方向发展，是在文化自觉的前提下，采取的主动文化态度、文化理念和文化策略。文化不是完美无缺的，更不应该漫无边际地发展，文化本身需要人的自主的规划、设计、管理和控制，如人类对克隆技术、核武器的控制，就是典型事例，诸如此类的具有破坏性、杀伤性的技术，如果任其发展，任其泛滥，会造成难以想象的后果，很可能导致地球的覆灭、人类的消亡。因此，必须进行人为的控制，使其朝有利于人的生存和发展方向发展。人的世界的发展，尤其是当代人类世界的发展，需要一种可持续的眼光、一种安全的意识、一种全球的胸怀，更需要一种自主优化的理念。文化优化建立在文化自觉基础之上，以文化自觉为前提，没有文化自觉无所谓优化，如果没有自觉，只能是盲目地发展，这可能产生优化的结果，但也可能造成文化的破坏和毁灭。所以，优化是要遵循规律的，是建立在正确文化认识基础上的文化创造，是对文化的发展理性认识基础上的文化选择和设计。生态主义、女性主义、环境主义等都是建立在文化自觉基础之上文化优化活动，通过这样有意识的文化批判，矫正文化发展方向，重新纠正人的偏离文化轨迹的行为，扭转人们的文化价值取向，使社会和文化全面协调可持续发展。

文化优化与文化自觉有着内在的关联性，它建立在对文化客体的本性自觉和对文化主体的人性自觉基础之上。文化优化首先是面向客观文化世界的优化。从一般文化本性上看，文化原本就有美化和完美化之意，优化是文化的题中之义。文化优化是对文化完美化本性诉求的自觉基础之上的一种自主追求。从具体的文化实体看，文化优化的发生是在文化主体的人对自己文化和他者文化有了自觉意识，在比较、借鉴之后的选择、取舍。其次，文化优化更是着眼于主观文化世界的优化。"人是一种具有两重性的矛盾生存。具体说，人悬于'两极'：既神又兽，既高贵又卑劣，既自由又受奴役，既向上超升又堕落沉沦，既弘扬至爱和牺牲，又彰显万般的残忍和无尽的自我中心主义。"① 文化优化的发生，源于人类对自身本性的认识。人性既有积极、光明的一面，也有消极、阴暗的一面。正面文化的创造，给人类带来福音；而负面文化的创造，则给人类带来灾难。基于实践的结果和生活的体验，人们开始自觉或不自觉地以人类所具有的各种方法或手段对人性实行调控，张扬、保护人性的积极方面，限制、打击人性的消极方面。从人性的角度看，文化优化实质就是沿着健康的、自我完善的方向调控人性，发扬人性的光明面，抑制人性的阴暗面，发展进步的文化，抑制反动的文化，以此推动人类进步和可持续发展。文化优化就是要通过人性调控活动的能力和成效，推动文化的进步。文化优化的提升和推进，其实质就是人类能越来越自觉、越来越有效地发扬人性的光明面，抑制人性的阴暗面。文化优化的过程也就是人类反思自我、理解自我、走向自我的过程。因此，从文化优化与文化自觉整体性和内在关联性的角度看，文化优化也是对文化的完美与人性的完善的一种主动追求。

文化优化就是一种文化自为。在文化主体文化自觉的基础之上，如果没有主动的自为行为或自觉行动，那么这种自觉也是没有意义的，正如汤林森在《文化帝国主义》一书中所指出的："我们写成的文本，总还是无法脱离它的文化位置所散发出来的诸种思索风格及前提假设。就这个层次的意义来说，仅仅只是意识我们自身的文化优势并不能够改变造成这个优势的政治经济之支配实体。自觉，也只不过是引发一些焦虑。"② 文化优化是在对文化进行全方位认识和掌握的前提下，按照文化本性和主体需要对文化进行改造，包括对文化目标的设计、文化冲突的消解、文化异化的克服、文化发展的自觉、文化方向的选择、文化程序的设计、文化秩序的调

---

① [俄]尼古拉·别尔嘉耶夫：《人的奴役与自由》，贵州人民出版社 2007 年版，第 3 页。
② [英]汤林森：《文化帝国主义》，上海人民出版社 1999 年版，第 61 页。

控等等自为活动。

（三）文化优化：人之本体存在的主体性建构

从人与文化之间的关系角度看，文化优化是人对其本体存在的一种主体性建构。从最深层的意义上讲，文化优化也就是对人的存在方式的优化，对人的思维方式、生活方式、行为方式、价值取向的反思、反省、调整、创新、规划、设计，从而使人的存在更加合理、更有意义、更加文明、更加进步。行为方式、生活方式、生产方式，生活习惯、风土人情、宗教信仰，需要全方位的优化，盛极一时的玛雅文明，在短时间内销声匿迹，给人类留下遗憾，经考证玛雅民族的覆灭与他们"杀人敬神"的民族传统有着直接的关系。"9·11"等恐怖事件的发生，是由于局部的民族仇恨和宗教仇恨，导致人性的扭曲，给人类造成空前的文化灾难。羊毛衫、羊肉串、火锅城进入人们的视野，成为近年来人们生活的消费形式，需求决定生产，内蒙古草原的羊群超负荷饲养，昔日的草原逐渐变成沙漠，于是北京城出现"满城尽带黄金甲"的现象。天灾背后是人祸，自然灾难背后实质是文化危机。只有从文化入手，从人类的整体视野出发，对文化进行全方位优化，才能保证人类的可持续发展，实现人类文明的跃迁。

文化优化是作为文化主体的人对人及其文化的异化、片面化的自觉克服和扬弃，对人及其文化的本真的、完美的、理想的存在的自觉追求，因而是人的本质或本性的真正凸显，是人的本质对人来说的真正实现。文化优化主张对人虚假的、异化的非存在进行拒斥，对人的本真存在重新占有，恢复作为主体的真实存在者的地位，从而更加有效地把人的本质规定性按照美的规律投射到文化的建设上，创造更加美好的人类历史，塑造真正的人化世界。优化文化其实质是对人的现实存在状态的省思、拷问和批判，是对人的理想存在状态的凸显、昭示和追求，是对人的终极存在状态的关注、关切和关怀。因此，一方面，文化优化是人作为文化主体的创造性的最高表现，也就是作为历史存在、传统存在、现实存在的人，对其历史性、局限性的不断超越和扬弃，从而不断追求并逐渐接近真实存在的过程；另一方面，文化优化又是文化批判和文化理想的统合而达到的一种对文化的全面自觉，是对文化自身进行的全面反思、自觉调整，它无疑有利于克服文化局限性、惰性，激发文化创造力，升华文化理想，促进文化进步。

文化本来是人类为满足自身生存和发展的需要而创造出来的，正是靠着世代积累延续下来的文化，人类才能不断获得生存、发展的能力和方向。但人为创造的文化也并不总是为人的，许许多多的文化创造成果不为人所掌握和驾驭，人的文化创造活动也会陷入迷失方向和丧失意义的窘境，由于不当的文化程序和文化取向，往往造成人与自然、人与人以及人与自身之间的激烈冲突，导致人类文化的内在分裂和价值危机。作为文化主体的人类必须直面文化，因为文化问题的解决与否，直接决定着人类的生死存亡。就此而言，文化优化不只是人类追求的一种文化目标、文化境界，更是一种实现人的美好诉求的文化手段、文化过程，它通过各种方式的主体性建构实践，实现文化的人性化和人性的文化化。文化优化本质上是人的一种直面文化本体的主体性建构实践，人类的文化主体角色不仅仅是文化的创造者、接受者，更应成为文化的优化者。人应该有文化优化意识，自觉对文化进行分析、预测，及时反省、反思文化存在的问题，对文化进行人为的优化设计和管理，充分发挥人于文化的主体性地位和作用，实现人对文化的真正占有和掌握。

回顾人类文化发展史，可以看到，一切真实体现和反映人性和人的本质的优秀文明成果，无不在人的文化创造活动积极参与下发生，无不是人的积极性、主动性、自主性的产物。然而，人的这种主体性发挥程度不同，结果当然不同，文化优化与人的主体性发挥的最高境界——自由相联系，只有意志自由，才能摆脱人为和为人的限制，正如柏格森所说："在某种程度上，我们往往是我们所创的，我们不断地在创造自己。这种自我创造的情形，如果人越能就自己所为加以推演，就越能趋于完善，……对有意识的存在者而言，存在就是变易；变易就是成熟；成熟即是无限的自我创造。"① 只有行动自由，也就是作为自由自觉地实践自由，才能完成主体客体化和客体主体化的高度统一。文化作为人类文明的重要标志，它是人类由必然王国向自由王国的演进和人类自我完善的过程及结果。文化优化过程是人类追求自由、摆脱必然，最终实现自由的过程，它是人类由现实世界向理想世界的升腾，它是人类由必然王国向自由王国的飞跃。

（四）文化优化：文化发展的合规律性与合目的性的统一

所谓文化优化，是指作为文化主体的人按照合规律性与合目的性相统一的要求，能动地对文化发展所进行的自主变革、反省、选择、创新、控制、管理、规划、设计等，以期获得最大效益的有目的、有计划的文化实践活动。文化优化要把握文化发展的内在规律，保证文化优化实践的科学性和真理性，但同时要使文化发展符合人的主体性意愿，坚持文化以人为本的人文性和价值性，从而正确处理好文化继承与文化创新、经济效益与社会效益、科学文化与人文文化、物质文化与精神文化的关系、本族文化与外来文化、传统文化与现实文化之间的关系等。

在文化优化中，文化本身的科学性与人文性、真理性与价值性实现高

---

① ［法］昂利·伯格森：《创造进化论》，时代文艺出版社 2013 年版，第 88 页。

度的有机统一。合规律性是文化优化的外在化展示，表征着文化发展的科学性，是指社会发展的规律性对文化的制约作用，是外在文化尺度对文化的要求，文化优化必须遵循自然、社会和文化自身的规律；合目的性是文化优化的内在化蕴含，意味着文化优化的属人本性，是内在的文化尺度对文化的要求，文化优化必须按照人的利益、需求和意愿进行。合规律性与合目的性内在相关，它们既从不同的方面体现着客观文化规律、主体价值取向对于文化优化的影响和规定，也体现着文化优化作为一种积极的主体性活动所必须遵循的原则和应当服从的要求。合规律性与合目的性的统一是文化发展辩证本性的诉求，它既是文化优化的原则、尺度，也是文化优化的目标。

从文化发展角度看，文化优化实质是合规律性与合目的性内在统一的进程。一方面，文化优化是文化主体认识和遵循文化客观规律的进程，即合规律的过程；另一方面，文化优化又是文化主体满足自身的需要、利益，实现其价值选择的过程，即合乎文化主体目的的进程。对文化发展而言，合规律性与合目的性是不可或缺的，仅合规律不合目的，或仅合目的不合规律，都必然导致文化的失序、停滞甚至倒退。文化优化表现出文化主体对文化创造的合理性的追求和实现，也就是"既要对客体规律性予以深刻认识和把握，又要制定适当的创造性目标及其实现之途径；既要以人的发展为目的，又要形成符合社会规律性的良好秩序；既要进行其各类文化的建造，又要理解揭示蕴含其中的人文精神和深层意义"①。在人类文化发展的每一个阶段中，都能找到文化优化的足迹。人类文化的每一次进步，都离不开人们对文化现实的反思和焦虑，离不开文化理想的指引和关照，离不开人们对真善美的向往和追求，离不开与假恶丑的反文化现象的

---

① 李燕：《论人类文化的原创精神》，《哲学研究》2002 年第 7 期。

斗争。文化优化把人的主动性、创造性、目的性，也就是人的主体性外化到人的活动过程和结果之中，使文化演进有方向、有秩序、有活力，使文化发展达到合规律性与合目的性的统一。只有对文化进行调控、管理、规划、设计，使其符合真善美的要求，符合人类文明的演进规律和人类自身全面发展的取向，才能使人的存在更合理、更科学、更健康、更人性。只有对文化的自觉创造、反思、干预、引导，才能保证文化能够积极健康地沿着合规律性与合目的性相统一的道路发展。

总之，文化不是机械的、僵化的抽象物，而是有机的、鲜活的具体存在，是可控制、可管理、可调节、可优化的有机体，它和生物有机体一样，经历产生、发展、繁荣、衰亡的过程，有着独特的内在运作机制。文化优化必须符合文化发展的内在规律，同时最大限度地反映人的主体性意愿。不符合文化发展规律，人为地肢解文化有机体，往往束缚文化生产力、压制文化创造力、削弱文化竞争力、扼杀文化生命力。不反映人的主体性意愿，任文化自我产生、自我发展、自我组织，势必造成文化劣化、退化、衰化和非人化。

（五）文化优化：一种不可低估的文化力量

文化是一种生产力。文化作为主体的延伸，并且随时与主体相结合，总是迅速转化为一种巨大的物质力量和精神力量。正是文化在塑造着世界，改变着世界，创造着世界，这种塑造世界、改变世界、创造世界的角色，是文化作为一种生产力所扮演的角色。"一定的生产方式或一定的工业阶段始终是与一定的共同活动方式或一定的社会阶段联系着的，而这种共同活动方式本身就是'生产力'。"① 其实，这里马克思所说的"共同的活动方式"就是文化，这是关于"文化是一种生产力"的经典论述。当今世界的人们越来越清醒地认识到，文化在人类社会各个领域的发展、运行中，都是作为一种极为重要的不可或缺、不容忽视的生产力而起作用的。文化不再像以前那样仅仅是无关紧要的所谓非决定性的、被支配的、从属性的因素，而日益成为改造社会、创造历史的支配力量。

文化优化是一种不可低估的文化力量，作为文化软实力的一个重要方面，是保证文化内部各要素各层面协调发展、文化间和谐与合作、人与文化良性互动的重要途径。文化优化能够挖掘文化潜能，涤除文化中的各种消极因素的破坏作用，协调文化内在的各种关系。文化优化通过对文化的优化和用文化去优化，探寻文化和社会发展的最佳的度。作为一种特殊的文化创造，不言而喻，文化优化也是一种文化力，当今世界的竞争是文化的竞争，不同文化共同体之间不仅要比已取得的文化成果和达到的文化水平，而且要比对文化资源的保护、开发和利用程度，要比文化自主创新、自主协调、自主管理的能力，要比正确处理文化之间关系的能力，要比文化的自觉程度。一句话，文化的竞争离不开文化优化力的竞争。文化合作同样离不开文化优化力，一个文化在与其他文化交往，这不可避免发生冲突和对峙，需要通过优化措施来协调矛盾、化解冲突。而且文化交往的目的不是为了被同化、吞并，而是从其他文化吸收有益的因素，以补己之不足，同时，也要对其消极因素，进行有效抵制，这就离不开文化优化创造，只有在优化理念的指导下，才能取其精华、去其糟粕，达到文化交往的目的。只有通过文化优化，才能更好地协调文化各要素、各层次之间的关系，更大程度地激发劳动者的热情和创造力，才能提高文化效益和人的

---

① 《马克思恩格斯选集》第 1 卷，人民出版社 2012 年版，第 160 页。

效益，使文化沿着积极、进步、为人的方向和轨迹前进。

文化优化力根源于人的文化创造力。文化活动是一项真正意义上的创造性活动，文化需要人类的创造精神，离不开人类的创造力。从文化哲学的观点看，文化创造力是人类最为本质的精神特征，是人类最根本、最普遍的一种能力，人类生活的一切文化领域以及人类所构筑的整个文化世界，就是人类文化创造力的体现。"我们的创造性并不受一种只需要被我们辨认出来的固有目标的限制。它是完整的创造性，甚至树立目标也被包含在我们的完整性之中。创造力能够产生出在内容上最富于变化的各种文化，其范围是不可预料的；它不受数量有限的、可能性的内容的限制，因为我们的创造力是无穷无尽的。肯定地说，各种文化的变化要以种族和个体的特殊气质为基础，以地理和其他条件为基础；然而各种文化最终绝不仅仅是内在因素或对外在因素的反应的发展，它们是一种自由的创造。这是构成我们对历史的控制的因素。"① 人类行为与其他动物之间的区别，就在于动物只是接受天然的程序和被赋予的价值，但却不能创造含义和对某个事物赋予价值，因而动物具有的仅仅是自然创造力而不是文化创造力。文化优化力根植于文化创造力之中，是文化创造力的特殊表现形式。在不同文化境遇下，文化优化力呈现不同的样态，诸如文化批判力、协调力、凝聚力等。文化优化力保证文化创造力朝着为人的取向进步，而不是脱离文化进步的方向，导致文化创造力的倒退和萎缩。因而，文化优化力是文化创造力中的主流力量，它直接规约人及其文化发展的方向。

文化优化只有与文化现实相结合，才能转化为现实的文化力。文化优化不是抽象的理论思辨，它不能脱离生生不息的文化现实生活，只有在对纷纭复杂、瞬息万变的文化现象的把握中，深入探索和关注人类的

---

① [德]米切尔·兰德曼：《哲学人类学》，贵州人民出版社2006年版，第211页。

前途和命运，关注人的现实境遇，不断反思、革新和优化人类的生存方式、思维方式和生活方式，才能成为推动文化变革的物质和精神动力。由于历史境遇不同，文化优化的对象、途径和方法存在很大差别，文化优化力在不同历史情景下，表现方式也不尽相同，如文化尊重、保护、解释、协调、微调、改良和革命等不同方式。从文化优化力的表现方式，不难看出，文化优化力作为一种软实力，常常是无形的，因为文化优化要用文化的方式，要符合文化的规律和人的要求，要将人文的手段和理性的计算相结合，而不能用对待物的方式去对待文化。文化优化主张，对待文化要有一种敬畏精神，尊重和自己相异的文化，保护文化传统。尊重文化主体的利益和需求，尊重他人的文化选择，自觉地保护传统文化，这些都是文化优化的表现，都蕴含着文化优化力，尽管这些方面不直接体现为物质力量，因为文化优化力渗透到社会每一个行业、每一个角落。可以说，文化优化力是无边的、无形的、无限的。

总之，文化优化是一种文化理念，一种相信文化需要优化、应该优化，确信通过优化文化能够实现文化优化的文化自觉意识。文化优化是一种文化态度，是对待文化时所持的积极性、主动性和自为性态度，它建立在对人本身的文化创造力和协调控制力的自信以及对文化良序发展的信心基础之上。文化优化是一种文化取向，文化优化实则是人的生命整体对真正和谐、有序、乐观、健康的生命存在状态的渴望和追求，是对人类理想世界的主动探寻和设计。文化优化是一种文化理想，是在对文化内在矛盾和规律掌握的基础上，在对当今文化现实的批判、反省前提下，对未来文化的一种期许、憧憬和构想。文化优化是一种文化境界，文化优化是人类对最优人生和最优社会的向往和追求，是人生最优化和社会最优化向文化的生成和确立。

第二章　文化优化的合法依据：文化优化何以可能

　　一个理论，无论它的内容是什么和关系到什么，都应该说明使这个理论本身的产生成为可能的条件，如果它还不能说明这一点，它应该知道问题仍悬置在那里。

——埃德加·莫兰①

　　文化和文明给人类带来的不是幸福，而是得到幸福的条件。从人类文化的目标来说，也不是要使世俗的享乐得到实现，而是要使自由即真正的自律得到实现。这种自律并不在于人类对自然的技术性驾驭，而在于人类对自身的道德性控制。

——恩斯特·卡西尔②

---

　　① ［法］埃德加·莫兰：《复杂思想：自觉的科学》，北京大学出版社 2001 年版，第 146 页。

　　② ［德］恩斯特·卡西尔：《文化哲学·哲学知识》，吉林大学出版社 2004 年版，第 165—166 页。

合法性问题是一切哲学问题不能回避、必须面对的，其实质与核心是要回答我们是否有足够的理由、充分的条件、可靠的依据去倡导或谴责一种观念、一种行为。也就是找到其存在的理由、依据和条件，论证其存在的价值和意义。文化优化作为一个崭新的文化哲学命题能否成立，其成立的合理的依据和条件体现在哪里，是否有其可靠的理论依据和现实诉求，文化优化发生的内在逻辑和机制是什么，文化优化的意义与价值何在，通过解答这些症结性的论题，进一步论证文化优化的合法性，阐明文化优化何以可能，这是文化优化研究的必经之路。

一、文化优化的现实性：文化优化的现实背景分析

文化与人俱来，伴随着人的诞生而诞生，但人类存在的大部分历史中，人和文化处在蒙昧的和盲目的状态。自从文化轴心期以来，人类开始了从文化蒙昧走向文化觉醒的阶段，但谈不上文化的自觉，更谈不上文化的建构，此时的人类文化史处于自在进化阶段，自从近代以来，随着科技的进步，生产力的发展，全球化的演进，人类在文化方面的交流和沟通，越来越频繁和深入，文化的作用越来越大，文化人类学、符号哲学、文化哲学研究正在从边缘走向中心，人在文化面前的主体性作用越来越大，文化主体怎样使文化朝有序良性方向发展，这对文化优化的理论和实践提出

客观需求。

（一）理论背景

任何哲学课题的探讨，都须以考察哲学史、批判以往思想资料为前提。黑格尔说过："我们的哲学，只有在本质上与此前的哲学有了联系，才能够有其存在，而且必然地从前此的哲学产生出来。"① 如前所述，关于文化研究一直存在着两个向度，即实证的文化人类学研究和思辨的文化哲学研究。就前者而言，文化进化论是其核心的理论学派，其他研究往往是对这一理论的回应或补充，都没有超越进化论的话语；后者，以人学为核心与实质，以人与人的世界的关系问题为基本问题，以文化批判与文化创造为理论武器，在文化研究中具有举足轻重的作用。文化人类学和文化哲学的理论贡献为文化优化论奠定坚实的基础，提供基本的理论视野，当然，其存在的缺憾、不足和空白，也为文化优化论提供了发展空间。文化优化论就是建立在对文化进化论扬弃的基础上提出的一种崭新文化哲学理论。

1. 文化进化论：文化优化论的理论起点

文化进化论从文化学视角探讨人类社会及其历史演进的过程，由 19 世纪文化进化论者泰勒、斯宾塞、摩尔根等人开创。他们从达尔文的生物进化论出发，认为文化、社会是进化的，文化的发展是一个统一的、具有内在规律性的进程，社会发展由低级向高级逐渐进化。文化进化论者作为人类学的创建者，首先开创了对文化的科学研究，确立了人类学

---

① ［德］黑格尔：《哲学史讲演录》第一卷，商务印书馆 2009 年版，第 9 页。

的文化概念，其采用的田野调查、直接观察、比较研究、残存法等，成
为人类学研究的基本方法。同时，文化进化论也为 19 世纪社会学和民
族学的飞跃发展提供理论和方法支撑。但因时代的局限，文化进化论刚
刚提出时并不成熟，存有许多的理论局限，遭到其他文化学派的批判，
由此而来的反进化论思潮长达数十年之久，进化论逐渐沉寂。经过较长
时间的中断和酝酿，进化论又获得复兴，称为新进化论，代表人物有怀
特、斯图尔德、萨林斯、塞维斯等。为回应文化传播学派和历史特殊论
学派的责难，新文化进化论提出一系列重要观点。总的来说，文化进化
论作出巨大贡献，但也存在理论上的缺陷和弊端。

　　首先，从人与文化关系角度看，文化进化论片面强调文化对人的单向
的决定作用，实质是一种文化决定论。文化进化论者持消极的文化决定
论，把人与文化对立起来，认为人在文化面前无能为力，只能接受文化的
塑造。这种片面性在怀特的《文化的科学》一书中可见一斑："无论我们
怎样地设想文化的变化，这种或那种文化都不可能通过诉诸人的机体结构
和本性而予以解释。应当把文化看作是自成一体的事物，具有自身的生
命和规律。"①"各种习俗和制度即一般文化特质，构成了一类特殊的现象。
因此，应当把文化视为一个自成一体的系统。文化是自成一体的事物。文
化之为文化，只能依据文化加以解释。"② 文化进化论否定人的主体性，把
文化看成是一个独立于人之外的超有机体，这样在保证理论科学性的同
时，也人为地抽掉了理论的人文性，把人文互创的意义性关系变成单纯的
决定性关系。文化进化论把人看成是文化的动物，人是动物的升级版，是
超有机体的存在，但没有真正揭示人的本质。在进化论的视野下，人只能

---

①　[美] L.A. 怀特：《文化的科学》，山东人民出版社 1988 年版，第 121 页。
②　[美] L.A. 怀特：《文化的科学》，山东人民出版社 1988 年版，第 77 页。

像动物一样被动地适应环境。

其次，文化进化论立足于解释世界，而不是改造世界。文化进化论通过对文化的实证性分析，较好地解释了一些人们熟视无睹的文化现象，揭示出那些在生活中看似没有什么实际用途的习惯、风俗、礼仪等的文化意义，但进化论对现存文化持一种非批判的肯定态度，只能把自己置于现存的文化秩序"之内"，把现存的文化秩序当作一种固定不变的既定事实接受下来，从而自觉不自觉地以维护现存文化秩序为己任。要言之，文化进化论只限于"解释世界"的层面，文化进化论是与现存文化秩序相一致的"服从主义"理论。文化进化论并没有去探索怎样改变现存文化世界，对文化问题只是采取研究、解释、顺应的态度，往往认为人在文化面前无能为力，这就大大地削弱其理论的批判性和实践价值。

最后，文化进化论建立在盲目乐观主义信念基础之上。文化进化论把生物学的进化规律移植到文化领域，认为科学的方法是万能的，因此文化进化论在当时被评为乐观进化论。而伴随着人类历史的演进，文化无疑越来越进步，科学技术越来越发达，但是这种建立在盲目乐观信念之上的文化景象却不容乐观，文化已经暴露出弊端，人成为文化的附属品。

事实上，人类的进步时常不是通过驳倒某些命题，而是通过超过它们而实现的。文化进化论已经不能适应当今社会的变化和节奏，人类社会环境的变化，对文化理论的解释力提出新的要求。进化论是描述性的、归纳的、经验的实证研究，考察的是相对封闭情况下的文化演进，文化进化论的根本价值取向建立在盲目的文化乐观主义、理想主义基础上，是旨在推进文化进步的"以文化为本"的文化理论。它以文化的必然进步为决定论假设，以文化进化为前提，研究文化的进化现象，得出人应适应环境的观点，而在全球化背景下，文化如何演化，没有深入考察。"人确实描述出现在他面前的现象；不过在这样做时，他首先渴望的是调节这些现象。因为他想要干预它们，并且把它们结合到他认为是有意义的东西中去。事实上，他所关心的始终是发现合适的反应，也就是正确地适应并控制上述现象。所以，即使描述性认识能够结合到这种人的取向中去，人在宗教、艺术、科学和实际日常事务中的符号活动，也一直在改造并重建他周围的世界。"① 文化进化论的局限性以及人类文化发展的新进路，需要一种超越文化进化论的更高层面的理论，对现存文化持一种批判性的态度和追求更优的审视性眼光，拒绝承认现存文化的合法性，并努力揭示现存文化的矛盾性，从而自觉地以批判现存秩序为己任，以优化文化秩序为目标。从对文化的现实分析出发，坚持以人为本，充分发挥人的主体性，使文化最大限度地促进人的解放和进步，自觉推动文化的进化和优化。

2. 文化哲学：文化优化论的理论向度

文化优化论是在文化哲学理论向度下提出的，人与文化是文化哲学的一对最基本的范畴，文化哲学意义上的文化，是相对自然而言，强调文化是人的存在方式，是人自我创造、自我完善的过程及结果；文化哲学意义上的人，是相对于物而言的，强调人是万物的尺度，是人的一切活动的出发点和归宿点。文化哲学通过考察人与物的原则区别，在现实的社会关系当中把握人，从历史的生成过程中把握人，从感性的对象性活动中把握人。文化哲学视野就是由人的问题、人与文化之间关系以及关系的改善和调节统御而成的。

（1）人学：文化哲学的实质与核心。

人是文化哲学的出发点和归宿点，关心人的存在与发展，追求人类的解放是文化哲学的终极旨归。文化哲学意义上的人是立在文化本体上的大

---

① ［荷］冯·皮尔森：《文化战略》，中国社会科学出版社 1992 年版，第 23 页。

写的人，文化哲学必须以人为根本，否则就失去始基，成为虚空，但文化哲学的人又不是抽象地泛谈，"人之为人的特性就在于他的本性的丰富性、微妙性、多样性和多面性"①，以人为本是基于文化本体的，在文化哲学中，人与文化互为定义、互为表里、互为尺度、高度相关而又内在一致，研究人主要是研究人的文化，研究神话与宗教、语言与艺术、科学与历史；研究文化也就是研究人，因为所有关于文化的主题都是"通向一个共同中心（人类自我解放）的不同道路"，"人类文化的根本问题关系到普遍的人类利益"②。人是一种文化的存在，人学归根结底不能不是一种文化哲学，人的哲学只有上升到文化的高度，才足以展示人性的广度和深度，才是一种真正的、唯一的哲学人类学。从文化的角度来研究人，这是人的哲学研究进一步发展的一个方向，在哲学家保罗·海贝林看来，"在一般哲学人学终止的地方，便开始了文化哲学"③。文化哲学也不断在艺术哲学、语言哲学、神话哲学的批判中，归结于人本身，一句话，文化哲学归根结底不能不是一种人学，文化哲学只有落实到人的根基上，才足以真正展示文化的诉求和灵魂。"文化哲学可以理解为专门人学，它提出了人的文化可能性问题"④。因此，人学和文化哲学必然结合成同一哲学，"文化哲学成为人的哲学的具体内容和生动展示，人的哲学则成为文化哲学的最终目的和内在灵魂"⑤。可以说，人学是文化哲学的实质与核心。

（2）人与人的世界的关系问题：文化哲学的基本问题。

文化哲学研究的基本问题是人及其创造物之间的关系问题，这也是文

---

① ［德］恩斯特·卡西尔：《人论》，上海译文出版社 1985 年版，第 15 页。
② ［德］恩斯特·卡西尔：《人论》，上海译文出版社 1985 年版，第 2 页。
③ ［德］施太格缪勒：《当代哲学主流》上卷，商务印书馆 1986 年版，第 352 页。
④ ［德］施太格缪勒：《当代哲学主流》上卷，商务印书馆 1986 年版，第 352—353 页。
⑤ ［德］恩斯特·卡西尔：《人论》中译本序，上海译文出版社 1985 年版，第 7 页。

化哲学异于一般哲学的地方，对于文化哲学而言，那种仅仅阐述荒无人烟的物质世界，把世界看作完全独立于人之外的自然的物质世界图景已被抛弃，取而代之的则是一个"人的世界"。所谓人的世界，也就是文化的世界，即人所创造的世界；"人与人的世界的关系，也就是所谓人与环境的关系，人与人的创造物的关系，人与人化自然、人与文化传统、人与历史等关系以及人与人的社会的关系之总和"①。一方面，人与人的世界具有内在的关联性和同一性，因为人的世界或者说文化的世界，是人的文化创造活动的结果，是人的对象化的存在形态或人的自我确证，人与文化的矛盾，从一定意义上说，就是人与其自身的矛盾；另一方面，人与人的世界在二者关系中的地位是不均等的，人是能够进行自我创造的能动的主体，人的世界则是人所创造的被动的客体，这就对人提出更高的要求，人要对人的世界也就是人本身负责。人与人的世界的矛盾，贯穿于整个人类文化发展过程的始终，统驭着其他的关系和矛盾。关于文化的其他问题与矛盾，都是在此基础上的深入或展开，它们的发展与解决，也都是以这对矛盾的发展与解决为前提的。在文化哲学视野下，文化现象作为人的活动及结果不同于自然存在，文化是人所创造的为人的存在，是人的本质力量的显现，因而，只有从人的本质高度去省思，才能真正弄清人类文化发展变化的规律。同时，人也不同于自然人或抽象的理性人，而是不断进行生命创造的文化人，如果不把对人的理解上升到文化哲学的高度，"即使有可能对所有这些心理学的、社会学的、历史学的问题都作出回答，我们仍然还只是处在严格的'人的'世界的外围地带，还是没有迈进它的门槛"②。文化是人存在和发展无可替代的前提、不可离缺的根本。"每个人类个体

---

① 李燕：《文化释义》，人民出版社 1996 年版，第 1 页。
② ［德］恩斯特·卡西尔：《人论》，上海译文出版社 1985 年版，第 88 页。

要想成为人类个体，就必须成为超个体的文化中介的参与者。这种超个体文化中介虽然超越了个体，但对整个群体来说却是共同的。惟有超个体的文化中介的支持，才能使个体直立行走；只有在它包围着的氛围中，人才能呼吸。"① 文化没有人的创造就不会存在，但是人如果离开文化的本体也将是虚无，文化是人的根本，是人的存在方式，人的存在和发展只有建立在文化的根基之上，才是现实的存在、真实的发展。

（3）文化批判与文化创造：文化哲学的理论武器。

文化哲学作为一种全新的哲学模式，同时也是一种特殊的文化创造活动，是科学文化与人文文化的汇聚与融合，是文化的创造性和哲学的批判性的叠加与提升。文化批判与文化创造是文化哲学实现自身使命的武器，也是其哲学性和文化性的彰显和自觉。"一种文化要想成为自觉的文化而非随意的文化，就必须上升到哲学的高度加以反思；而一种哲学要想具有现实的力量而非虚幻的寄托，就必须进行文化的参与。而'文化'、'哲学'的这种共同要求，正是文化哲学所应努力的方向。面对 21 世纪人类的现实发展，文化哲学应该体现人类文化创造与哲学反思的双重自觉。"② 文化批判是人对人的文化创造活动以及由其形成的人的世界的反思、反省，是作为主体的人在对文化现实全面认识基础上，对文化于人的束缚、压抑等负向价值的主体性抗争。因此，文化批判是从人之本体存在出发，对人类生存环境、存在方式及存在意义进行整体性的考察、改造和反思。文化创造是人的世界的生成方式，也是人类自我确证的根本途径，只有通过文化创造才能实现人的世界的增值和人性的完善，达至"改造世界"这一哲学的根本使命。但单纯的、自然发生的文化创造，并不能有效地、必然地带

---

① ［德］米切尔·兰德曼：《哲学人类学》，贵州人民出版社 2006 年版，第 208 页。

② 邹广文：《文化哲学视野中哲学与人的关系》，《社会科学战线》2005 年第 3 期。

来人的自由解放和全面发展，很可能消解、破坏甚至否定人的存在和已取得的文化成果，这种文化创造还是前文化哲学的，不具有文化哲学的意义，在文化哲学视域下的文化创造，是自觉的人类文化实践，是真正意义上的人的革命。文化批判与文化创造相缘俱进、相互推动，共同构成文化哲学理论和实践的发生方式。

（二）时代背景

对时代特点的认识和把握，构成任何一种哲学或理论自觉或不自觉的出发点，也成为其透析和把握世界的理论制高点。在我们所处的时代，文化已渗透到人类社会生活的方方面面，其在社会发展中的地位和作用日益凸显，文化的价值及其独特魅力为人类发展开辟广阔空间，为人的本质力量的充分展示提供可能和根基，日本前首相大平正芳在国会讲话中曾指出：“现在已经从以经济为重心的时代进入了文化时代。当代，国民关心的目标从物质转向精神，关注文化。”① 如果说以往文化时代是广义的文化时代，那么今天我们所经历的时代就是真正意义上的文化时代，文化已从边缘到中心，一跃成为历史舞台的主角。文化越来越深入社会生活的各个层面，宗教领域、科技领域、审美领域、政治领域、经济领域，文化几乎无孔不入，人与自然的关系、人与人的关系、人与社会的关系、文明之间的关系无不受文化的影响和干预。

我们生活在一个全球化时代，全球化是我们这个时代的最显著特征。全球化把世界和历史浓缩成一个新的内在相关的文化场景，不断改变和创造着人类生活的新维度。全球化对人类历史进程的影响正在变得越来

---

① 转引自 [日] 名和太郎：《经济与文化》，中国经济出版社 1987 年版，第 1 页。

越深刻，在全球化的视域下，人类的经济、政治、文化和社会生活的方方面面都发生深刻变化。文化和全球化有着逻辑的内在关联性，随着全球化的深化和拓展，文化问题变得比以往更加突出，受到人们的广泛关注。在全球化的境遇下，文化在不同时空维度中演化，不断超越民族、种族、区域的限制，其独立性越来越强，发挥的作用越来越大。无论承认与否，文化全球化已经成为一种客观事实和发展趋势，并影响和改变着我们的一切。"我们现在见到了一场文化地震的景象，它几乎涉及地球的所有地方。……文化全球化既不是一种简单的重大的承诺，也不是一种简单的巨大的威胁。它还表明，全球化实质上是现代化这一持久挑战的继续，虽然是以一种强化和加速化的形式表现出来的继续。在文化层面上，这就是多元化的挑战：原先被认为是不成问题的传统如今陷于崩解，而在信念、价值观和生活方式上出现了多种选择。"① 全球化为人类文化的整体发展提供了条件和可能性，"以往，由于文化传播手段的地域和阶层限制，某种先进的文化往往为某个民族或某个阶层所拥有，这客观上造成了文化的不平衡发展，也产生了文化霸权主义。随着信息一体化的到来，文化的时空距离大大缩小了，文化的民族或阶层垄断被打破。这在客观上把信息接受者联为一个整体，共同参与文化的消费与创造，这使人类的不同文化主体间有了比较接近的行为尺度，有利于文化的整体发展"②。但文化的全球化也为文化个性的保持、文化多样性的维护提出挑战，在传统社会，山川、河流、沙漠、海洋等各种各样的天然屏障，客观上为不同民族文化个性的独立发展提供一个天赐的环境和机会，同时也为落后的民族文化个性的独立发展提供一个天然的避难所，但在全球化的冲

---

① ［美］塞缪尔·亨廷顿、彼得·伯杰：《全球化的文化动力》引言，新华出版社2004年版，第9—14页。

② 邴正：《马克思主义文化哲学》，吉林人民出版社2007年版，第138页。

击下，民族文化的个性正受到侵蚀。"从拉达科到里斯本，从北京到秘鲁，从东方到西方，从南方到北方，人们特别是年轻人的装束、发型、饮食习惯、休闲爱好，以及对于性、离婚和堕胎的态度越来越趋于一致。甚至某些犯罪现象——毒品、虐待和强奸妇女、挪用公款、贪污腐败——也变得越来越国际化。"① 总之，无论承认与否，全球化正重构着属人世界的一切，文化全球化日益成为我们必须面对的文化现实。

媒体文化从边缘走向中心，推动文化时代的生成。20世纪以来，文化的传播方式发生根本改变，"我们原本更多'亲历'的世界，正日益地更多地变成了一个被转述的世界。是的，一个由传播媒介构成和转述的世界，而不是现实本身。……与柏拉图洞穴中人一样，我们同样也习惯将经媒介折射的现实当成现实本身"②。广播、电视、网络等新媒体给全世界的人们提供一个互通有无、互知互晓、资源共享的平台和环境，使文化的屏障和壁垒不断地被消解，文化交流由封闭走向开放，由平面走向立体，由一元走向多元，由现实走向虚拟。通过媒体，人们接收来自世界各地不同民族的文化信息、价值观念、思维方式、审美情趣，从而改变和指引着人们的生活方式、生活理念、生活环境和生活意义。正如后现代主义大师让·鲍德里亚所说："铁路带来的'信息'，并非它运送的煤炭或旅客，而是一种世界观、一种新的结合状态，等等。电视带来的'信息'并非它传送的画面，而是它造成的新的关系和感知模式、家庭和集团传统结构的改变。"③ 媒体改变了文化的地位、功能、力量和意义，正创造一个新的文化时代——媒体文化时代。

---

① 联合国教科文组织：《文化多样性与人类全面发展》导论，广东人民出版社2006年版，第6页。

② 王政挺：《传播：文化与理解》，人民出版社1998年版，第283页。

③ [法]让·鲍德里亚：《消费社会》，南京大学出版社2000年版，第132页。

　　文化安全问题日益凸显，成为非传统安全的核心内容。文化安全并不是文化时代的独特现象，它伴随人类社会的始终，只是由于传统社会文化交往不是很频繁，人的文化自觉意识相对薄弱，文化处于封闭半封闭状态，因而文化安全并没有引起人们的足够重视。但现代化改变了文化的境遇，在现代科技快速发展的进程中，人类的文化创造成果正在以几何级数甚至爆炸的方式增长，但同时也带来对传统文化的冲击，"历史建筑、遗址、文物和非物质形态的文化遗产（如民俗和语言），正在遭受损坏，逐渐衰落"①。然而，人类对传统文化的保护十分有限，物质文化遗产的毁灭和非物质文化传统的流失非常严重，这些古老的智慧结晶正毁灭在现代人的手里。在工业化以及随之而来的城市化进程中，一些文明古迹变成钢筋混凝土的高楼大厦，庸俗化、世俗化的反文化潮流涤荡着人们内心的文化观念，一些古老的文明形式正经历文化商品化、大众化摧枯拉朽式的洗礼。人类过去遇到的危机即安全问题，主要是个人或民族的，而今天我们面临的危机是"类"意义上的，是类生命和类存在受到的威胁。过去人类面临的多半是生存危机，而今天面临的主要是文化危机，是诸如文化方式合理与否，文化成果的利用和保护，人文教化的运用和实现等文化安全问题。因此，文化问题已经跃升为人类的核心问题。"现代人遭遇到普遍的文化困境，社会张力和冲突的焦点从单纯的经济利益和政治权力扩展到人的生存的意义、价值和根据所代表的文化层面。在某种意义上，现代社会中，除了充斥着阶级和阶层之间的对立与矛盾之外，又增添了人类共同的文化境遇所引发的普遍的文化焦虑和文化危机。"②联合国教科文组织1998年《世界文化发展报告》对后发国家在文化遗产数字化过程中面临的这种

————————

　　① 联合国教科文组织：《文化多样性与人类全面发展》内容提要，人民出版社2006年版，第4页。

　　② 衣俊卿：《20世纪的文化批判》，中央编译出版社2003年版，第40页。

危险曾明确指出：由于后发国家缺乏对本国文化资源的有效保护，依赖于国际资本实现其文化遗产数字化，从而在知识经济时代的国际格局中再一次成为文化资源的廉价出口国和文化产品的高价进口国，那么，他们失去的将不仅仅是对自己文化的解释权，而是整个文化遗产的基本含义发生的变异，从而使一个民族迷失最基本的文化认同感，在文化的根部彻底动摇它存在的依据，这就构成了文化资源安全问题。① 总之，无论是民族文化共同体，还是作为整体的人类文化，都面临着一个文化安全的问题。

作为全球化深化和拓展的必然结果，文化冲突频繁发生并且不断升级，正如塞缪尔·亨廷顿所说："21 世纪是作为文化的世纪开始的，各种不同文化之间的差异、互动、冲突走上了中心舞台，这已经在各个方面变得非常清楚。"② 文化霸权主义和原教旨主义的对峙，文化全球化和文化本土化的矛盾，民族冲突、种族冲突、宗教冲突、区域冲突、国际冲突，个体与群体之间的冲突，不同形态文明之间的冲突，都是文化冲突的不同表现形式，"在我们这个时代，文化是一种决定性的力量。许多从表面上看来是政治性的冲突，实际上反映了文化上的深刻分歧。……其深刻的根源是历史上形成的价值观念和感情"③。文化冲突已经成为当今社会的不争现实，日益走入人们的日常生活，影响着文化国家的战略决策，影响着普通大众的一言一行。文化霸权主义以西方或美国的文化模式为圭臬，让其他文化削足适履地与之相适应，这无疑会破坏世界文化多样性的文化生态环境，也必然引起文化的冲突，这不仅不利于文化整体的和谐发展，而且可能导致文明的解体和终结。民族是一个文化共同体，不同民族有着各自的起源、历史和生活环境，创造着独特的民族文化，因此对待民族文化决不

---

① 潘一禾：《文化安全》，浙江大学出版社 2007 年版，第 91—92 页。
② ［美］塞缪尔·亨廷顿：《再论文明的冲突》，《马克思主义与现实》2003 年第 1 期。
③ ［美］欧文·拉兹洛：《多种文化的星球》，社会科学文献出版社 2001 年版，第 211 页。

能妄加轩轾。

　　与此同时，文化处于深度的危机和异化之中。20 世纪后期，科学技术及随之而来的现代工业文明在全球范围内的发展、推广和利用，极大地改变了人类的生存境遇，从物质到精神、从现实到虚拟、从自然到文化，人类世界的方方面面都发生天翻地覆的变化，尤其是物质生活领域，无疑越来越文明，但同时也导致人与自身、人与社会以及人与自然关系的全面割裂、疏离甚至冲突。人类遇到前所未有的困境，生态环境的破坏、杀伤性武器的威胁、贫富差距的拉大、民族文化的冲突、恐怖主义的蔓延等，对世界文明的可持续发展提出严峻挑战，从而产生全球性的生态危机、能源危机、人口危机等一系列难题，这些危机不是一般意义上的自然灾害、社会骚乱、局部失控，其实质是文化危机、人的危机，是人类现有的文化程序和价值取向不合理，造成的危害人的利益，威胁人类生存和发展的现象，"现代人所面临的威胁和危机不是别的，就是文化本身的问题和危机，是文化的问题和危机造成了人类生存的险象"①。在文化危机和文化异化的境遇下，人类不合理的实践活动把人引向物欲的深渊，人的环境的破坏、人的本质力量的丧失、人的价值取向的扭曲，正在把人变成动物、机器、符号，变成一种没有创造力、感情麻木、需求单一的"单向度的人"，人的发展越来越远离自然，文化的发展越来越背离人的本质，人的活动不是增强人的本质力量，而是否定和消解人类的文化主体性，威胁人的存在和发展。

　　总之，当今世界，网络化、信息化、全球化带来人的活动方式的根本性革命，社会活动由过去的体力劳动为主转向以脑力劳动为主，文化信息的交流由感性现实为主变成以数字化虚拟为主，文化竞争力成为核心竞争

————————

① 李丽：《扰动文化的逆流》，中央社会科学出版社 2007 年版，第 7 页。

力，科学技术和文化知识成为人类活动的主要内容，文化世界正发生着根本性的变革，文化冲突成为人们关注的焦点，文化问题成为人类社会的核心议题，人与文化的矛盾成为日常的、直接的和主要的矛盾。一句话，我们正处在一个文化全面凸显的时代，一个文化比以往任何时候都重要的时期，文化成为现时代的主旋律。"从来生命和死亡、自由和奴役、认同和文化的问题都没有像今天这样与我们休戚相关，环环相扣，既令人心碎、难以预测又如此至关重要。"① 文化时代的到来，呼唤深化文化认识，从而再现文化时代的特征，形成系统的应对文化时代问题的机制。这对哲学尤其是马克思主义哲学的发展提出新的指向，马克思主义哲学是时代精神的精华和文明的活的灵魂，是为全人类寻找灵魂出路和永恒福祉的学问，是系统化理论化的世界观和方法论。正如马克思所说，真正的哲学"不仅在内部通过自己的内容，而且在外部通过自己的表现，同自己时代的现实世界接触并相互作用。那时，哲学不再是同其他各特定体系相对的特定体系，而变成面对世界的一般哲学，变成当代世界的哲学"②。马克思主义哲学作为一种世界性哲学，只有与各民族具体实践相结合，才能以自己理论的一般性与各民族实践和理论的民族性、特殊性相结合。只有把对文化时代的文化认识上升到文化哲学高度，才能更好地指导不同国家、不同民族、不同地域人们的文化实践，以期获得文化的和谐发展和人类自身的全面进步。因此，在马克思主义文化哲学视野下，创建一种顺应文化时代潮流的文化理论，既是文化时代理性演进的文化需要，也是马克思主义哲学与时俱进理论品性的诉求。

提出文化优化是文化全面凸显的时代诉求。在人类漫长的历史长河

---

① ［法］埃德加·莫兰：《反思欧洲》自序一，三联书店 2005 年版，第 17 页。

② 《马克思恩格斯全集》第 1 卷，人民出版社 1995 年版，第 220 页。

中，由于处在封闭的历史情境下，人及其文化的发展都处于一种盲目的状态，尽管至圣先师们有过灵光一现，但由于总体的人的素质较低，社会发展比较落后，因此文化优化处于盲目和不自觉的状态。时至今日，文化全球化使文化信息交流非常频繁，文化比较和文化对话非常顺畅，尤其是网络化、数字化、虚拟化，更是把文化的交流与合作推向新的高度，文化优化已经具备应有的可能条件和必要条件。尤其是在西方文化帝国主义、殖民主义、霸权主义盛行的背景下，许多优秀的民族文化传统正在消逝，非物质文化遗产面临严重的威胁，一些优良的文化积淀正在被全球化浪潮所涤荡，于是民族文化安全以及与此相应的民族文化的保护成为"文化焦点"，确实需要人们形成文化管理意识、文化保护意识、文化优化意识，自觉地对文化进行管理、保护和优化。

二、文化优化的可能性：文化优化的理论前提分析

文化优化不是既成的自然状态，因而不是不证自明的。但要证明文化优化的合法性，除对其提出背景的分析外，还要对人及文化本身进行客观考察，从而挖掘文化优化成其可能的客观条件，找到文化优化真正的动力源泉。

（一）文化自身的矛盾性

矛盾性是事物的普遍特性，文化毫不例外也是一个矛盾体，这就为文化优化成其可能提供了一个基本的理论前提。因为如果文化绝对完美，不存在文化矛盾，也就无所谓文化优化。文化优化就立足在承认文化矛盾，

积极分析文化矛盾，从而试图正确解决文化矛盾的基础之上。文化矛盾不断产生，旧矛盾的解决意味着新矛盾的产生，因此，文化优化也永远不会完结，它需要对文化持续不断地分析和评价，对文化主动地进行调节和引导，不断地超越文化现状，以此推动文化向更好、更优、最好、最优的理想状态迈进。文化的矛盾性集中反映在以下几个方面：

1. 文化的进化与退化

从文化的演化方向角度看，文化发展既有进化，也有退化。"文化史中不仅有腾飞和涨潮，而且还有退却和落潮。"① 文化进化是文化的正向演化，文化退化是文化的负向演化。文化演进伴随着文化的进化与退化两种趋势，在文化进化与文化退化的博弈中实现文化的飞跃和提升。文化进化是文化不断地从低级到高级、从简单到复杂、从无序到有序的发展过程。文化与人类社会同步，经历着从低级向高级的发展变化。生产工具、科学技术、社会制度甚至人类的思想认识，也就是人类文化的方方面面都有一个不断提高的过程。从历时态的角度看，任何文化形式都只具有暂时的意义，对于以往的文化积淀和遗产而言，它是新生的力量和进步的象征，而相对后来的文化创造和发明来讲，它又是陈旧的、落后的，终究会被更高级、更先进的文化所取代。人类文化的进步和发展就是在这种低级文化不断被淘汰和高级文化不断涌现的交替过程中实现的。文化的进化过程，也是一个趋向越来越复杂的过程。伴随着文化的进化过程，文化的形态、结构、功能等将越来越复杂。从原始社会、奴隶社会、封建社会到资本主义社会，人类社会文化形态的每一次更替，无不是对原有文化的改造、完善和超越，因而也往往比前一种社会文化形态要复杂得多。文化的进化过

---

① [苏] A.H. 阿尔诺利多夫：《文化概论》，中国人民大学出版社 1989 年版，第 43 页。

程，还是一个从无序到有序的过程。人类诞生之初，世界处于非人的状态。人与自然的关系不被人所控制，自然在关系中处于主宰的地位，而人"惶惶不可终日"，无刻不处在无助、恐惧的状态中，人与自然的关系处于非控制的、自发的无序状态。人与人之间的关系同样异常混乱，人们杂婚混居、相互厮杀、居无定所、到处流浪，但随着人类文化的逐渐进化，人类发明越来越先进的生产工具，建立越来越完善的社会制度，创造越来越高级的精神文化，人类对自然和社会能够进行程度不等的掌握和利用，形成一定的规范和仪式，为自身确立赖以遵循的规则和秩序。

与文化进化相反，文化退化是文化的负向演化，是文化从高级到低级、从复杂到简单、从有序到无序的演化过程。文化史上的倒退现象大量存在，列宁就曾说过："设想世界历史会一帆风顺、按部就班地向前发展，不会有时出现大幅度的跃退，那是不辩证的，不科学的，在理论上是不正确的。"① 文化退化首先表现为文化从高级向低级的倒退式演化。如在器物—技术文化层面，规章—制度文化层面，精神—观念文化层面的落后，以及作为整体的人的生存发展样态和方式的倒退，使文化呈现出一种退化的趋势。同时，文化退化表现在文化的简单化趋向。文化在演化过程中，文化的结构和功能、内容和形式等越来越单调、简化，与外部环境之间的物质、能量和信息的交流越来越少，复杂性程度和组织性程度逐渐降低，都是文化退化的表现。文化发展过程中，由于自然或人为原因，常使文化不同程度地丧失原有的结构和功能。古代地中海著名城市庞贝，因火山爆发而变成一片废墟。古楼兰文化，因土地沙漠化而最终毁灭。古埃及文化、古巴比伦文化、玛雅文化、西夏文化、蒙古文化等都曾是辉煌灿烂、大放异彩的文化，但后来就逐渐简化、退化、劣化，最终面临毁灭或

---

① 《列宁全集》第 28 卷，人民出版社 2017 年版，第 6 页。

基本消失的境遇。文化退化还表现为文化有序化程度会日趋降低，文化逐渐陷入无序和混乱状态。如春秋战国时期出现的"礼崩乐坏"的文化和价值失范局面，就是典型的文化退化。因为相对于夏商以来逐渐形成而于西周日臻鼎盛的宗法等级制度而言，这无疑是传统礼乐文化的失序和退步。导致文化从有序走向无序，进而造成文化退化的原因和表现形式是多种多样的，如自然环境的严重恶化，人口数量的过度膨胀，人口质量的迅速下降，人与自然关系的失调，社会伦常秩序的破坏等等。文化的退化会对作为文化主体的人带来极大的影响，"凡一种文化值衰落之时，为此文化所化之人，必感苦痛，其表现此文化之程量愈宏，则其所受之苦痛亦愈甚"①。

文化进化与文化退化是文化演变过程中的两种截然相反的演化。但是，文化进化与文化退化不是截然分开的。实际上，在文化演化过程中，文化进化与文化退化是相互依存、相互渗透、相互转化的。首先，文化进化与文化退化相互依存。人类文化史一方面是一个不断地由低级到高级、由简单到复杂的进化过程，同时这个进化过程则是以更多的退化过程为前提条件。进化与退化相伴相随、同时并存，这是不可否认的客观事实。其次，文化进化与文化退化相互渗透。文化的进化和退化这两种相反的趋势是相互交融、相互渗透、相互联系的。综观人类文化史，不难发现人类文化每进化一步，都包含着退化的过程，当然人类文化的退化，也孕育着进化的可能。最后，文化进化与文化退化相互转化。在一定条件下，进化可以转化为退化，"在存在进步的地方，进步不构成现实的所有方面；它具有变化的面孔，而且它不是唯一的。此外片面的进步如专门化可能表现出严重的缺点，……一个进步过程的倒退性的或破坏性的副产品可能在某一

---

① 陆键东：《陈寅恪的最后20年》，三联书店2013年版，第111页。

时刻转变为主要产物，从而消灭进步"①。同样，退化也可以转化为进化，正像恩格斯所说的那样："没有哪一次巨大的历史灾难不是以历史的进步为补偿的。"②总之，文化演化中既有进化的潮流，又有退化的趋势。文化进化反映文化的超越性和目的性，文化退化表征文化的滞后性和阶段性。文化进化与文化退化相互依存、相互渗透、相互转化，以此实现文化的发生、发展、繁荣和衰亡，这就是文化模式运行的辩证图景。

2. 文化的优化与劣化

从文化的空间展现角度看，文化通常表现为优化和劣化两种趋向。文化不仅表现为时间维度的历史演进过程，而且文化还是一种外在化的空间展现。由于文化时空的特殊性以及文化主体的差异性，文化存在的空间展现并非千篇一律，更不是完美无缺，无论是物质文化、制度文化还是精神文化，无论是文化传播与交往，还是文化的教化与传承，无论是其形式和内容、过程和结果，还是整体和部分、程序和取向，无不表现出或优或劣的趋向。从社会文化生活的表现看，人类社会文化生活的优化主要指人类创造的社会结构、社会关系、社会体制、社会组织、社会生活等越来越合乎人性、人道和越来越符合大多数人利益的文明化过程。主要表现在：物质文化生活的丰富化、智能化、科技化，政治文化生活的民主化、秩序化、法制化，精神文化生活的知识化、高尚化、多样化，等等。人类社会文化生活的劣化，是指人类的文化创造物内含压抑和束缚人的聪明才智和人的本质力量的因素，或者在总体上不合乎人的本性，不利于人的生存和发展，甚至反过来成为敌视、否定人的异己力量。主要表现在：生产要素

---

① [法]埃德加·莫兰：《复杂思想：自觉的科学》，北京大学出版社 2001 年版，第 71 页。
② 《马克思恩格斯文集》第 10 卷，人民出版社 2009 年版，第 665 页。

配置不当造成的各种浪费，不合理的经济制度、生产关系、管理体制对劳动者积极性的压抑，或者非人性化的生产组织和管理方式对劳动者的否定等；各种旨在破坏他人和人类的生存、进步和发展的反社会、反人性和反人道的社会活动；以某些小集团、政治派别、宗教派别和个别党派的利益为最高或唯一目标，而无视或否定社会多数成员和全人类劳动人民根本利益的思想和行为；在社会意识形态和精神文化生活领域里，各种僵化保守，禁锢思想的条条框框，违背真理和社会正义的言论，伤风败俗、不负责任的精神文化产品，否定民族文化传统或者一味拒绝外界的优秀文化，封锁社会新闻和信息，贬低科学知识和文化教育事业，以及热衷于封建迷信、歪理邪说的现象，等等。①

　　文化交往中的不同结合是文化优化与劣化的重要表征。文化是一个有机体，当两种不同的文化通过相互接触、碰撞以及不断的冲突和融合，而生成一种新质文化时，这种新质文化必定体现为这两者之间的有机融合，而不是简单机械地相加和堆砌。作为一种新的文化有机体，它可能承继源文化的优秀因素，弥补各自的缺陷和不足，获得一种新的更优的特质，使其获得源文化所不具备的生命力和创造力。但事实上，一种新的文化有机体的生成，却并不总是意味着两种源文化的有机的良性结合，在文化冲突中，很可能原有的优秀文化特质被"革掉"，而恶劣的文化特质被保留，因而新文化并非总是具有建设性和为人性。相反，两种源文化有可能以一种劣化的方式相互结合，导致新生文化的劣质化，从而使其带上极大的破坏性。文化的优化与劣化还表现在文化的教化和传承中。文化塑造和教化与生物的遗传不同的是，前者有更大的可塑性、可变性和不确定性，而后者具有确定性。因此，生物遗传是"龙生龙，凤生凤，老鼠的儿子会打

---

① 参见贺善侃：《社会发展代价的实质及支付原则》，《学术月刊》2000 年第 8 期。

洞"。而文化的遗传，很可能"播下的是龙种，而收获的却是跳蚤"。这样，在文化教化和传承中，就存在着优化与劣化的趋向。当文化教化和传承为人所掌握、控制时，文化会得到很好的传承，人的文化水平会趋向优化状态，当文化教化和传承失败时，文化往往出现危机、断层、迷失，人的文化水平下降，呈现野蛮的无文化状态。

文化的优化与劣化既是文化存在的客观表现形式，也是人主观的价值评价结果。文化的优化状态，使人类获得更多的自由，从而感到生活的幸福和安全，为人类生存和发展提供条件和保障，在优化的状态下，更有利于实现整体的文化合力，使人与自然、人与人、人与自身、文化之间，达到进一步的和谐，推动文化的发展和繁荣，发挥人的文化创造力。文化的劣化状态，限制人的自由，使人处在枷锁之中，承受生活的压力和危机，在劣化的状态下，人的生存和发展受到极大的限制和压抑，各种文化力处于相互消解之中，人与自然、人与人、人与自身、文化之间发生激烈的对峙和冲突，文化表现为退步和萧条。但优化和劣化也并不是截然对立的，它经常发生在文化发展的不同阶段、不同方面，在人的主体性干预下，文化的优化与劣化处在不断转化之中。文化的优化也并不是一劳永逸，它需要人不断地呵护和努力，需要人的智力和体力的付出，使其处于可持续状态之中。文化的劣化也并不是一无是处，一定程度的劣化，很可能成为人类进行文化革命、文化创新的机遇。因此，要充分利用文化的优化，进行文化创造，推动人的解放和发展，优中择优；同时也要警惕文化的劣化趋向，改变、扭转文化的劣化发展，化劣为优。

3. 文化的先进与落后

从文化进化论的立场看，文化存在先进与落后之分。文化的先进与落后，是从文化的性质角度对文化及其要素作出的价值判断。毛泽东在讨论文化问题时，用好与坏、新与旧、精华与糟粕来描述文化的对立性质，肯定了文化的先进性问题。文化有先进与落后之别，人类在生产和生活实践中对自己周围的自然和社会环境的认识不断提高，使他们创造出更有利于自我生存的物质和非物质文化，这种不断提高的文化代表着人类生存能力的进步和完善。

文化进化论是对文化进行先进与落后区分的宏观背景和理论基石，但进步观念从来没有得到广泛认同，对其提出直接挑战的是文化相对论。文化相对论作为文化进化论的对立面，是在同文化进化论的较量中发展起来的。文化相对论的核心观点是，每个文化都有其存在的合理性依据，各种文化之间没有高低优劣之分，不能以一种民族文化的价值观为标准去评价其他民族的文化。按照这种观点，文化间根本不存在先进与落后之分，文化上根本不存在先进性的问题。应该说，文化相对论在反对文化中心主义、文化霸权主义以及重视文化的民族特性、提倡文化多样性等方面，颇具意义。但如果顺着文化相对主义的逻辑发展和推演下去，不仅会否定文化发展的一般规律，否定文化间相互评价、相互比较的可能性，而且必将否定文化间相互理解、相互交流的必要性。这与当今世界文化全息式交流、全球化趋势是相悖的。文化相对论并不能颠覆文化进化论的理论基础及其存在的合理性。因此，对文化及其要素进行先进与落后的划分是有理论支撑的。

判断文化的先进与落后所依据的标准不同，得到的结论往往大相径庭。作为一种价值判断，首先需要确立一个客观公正的标准或尺度。站在文化哲学的立场，文化先进性的标准，离不开文化和人双重尺度。从文化自身和文化主体人的角度来看，一种文化之所以比另一种文化先进，或文化中的某些因素、方面比其他因素、方面先进，关键在于前者总体上比后者更有效、更有益、更合理、更科学、更合乎人性，也就是具有更多的

"合理性"。从文化的技术层面看，先进文化比落后文化更有效、更合理。科学文化与巫术文化相比，尽管二者目的都是实现人对盲目自然力量的控制，但巫术求助于特殊的咒语和仪式，借助于神秘的力量；而科学则通过对事物之间逻辑的和因果的联系的认识、掌握和利用。巫术是主观的臆想和推断，而科学是客观的分析和实验，因而，巫术效用是有限的、不合理的，科学则被实践证明是有效的、合理的。科学文化与巫术文化的有效性与合理性程度是可计算的，并能通过实践加以验证。科学的合理性不断增长的过程，也是科学在社会中全面推广的过程。伴随科学知识和方法在生产和生活实践中的广泛应用，生产和生活的过程逐渐理性化、科学化，生产方式发生巨大变革，物质财富飞速增长，社会分工和社会组织日益合理化。在现代社会，这种合理性渗透于社会文化生活的每个角落和每个细节，聚合出传统社会无法比拟的巨大物质力量。从文化的价值层面，先进文化比落后文化更具有人文关怀，更能反映人的利益和意愿。评价一个文化是否先进，除了技术标准以外，还有一个价值标准。法西斯"文化"仅仅按照技术标准衡量，在当时并不落后，但按照价值标准则是一个十足的反动文化，其种族主义价值观，不但对犹太民族是一种灾难，而且对维护全人类共同生存的普遍价值也是一种严重威胁。社会主义文化之所以是先进文化，因为与以往一切旧文化相比，无产阶级创造的新文化将是人类历史上迄今为止最具价值合理性的文化。总之，技术标准和价值标准是判断文化先进与落后的双重尺度。

文化的先进与落后是一种文化历时性和共时性冲突的现象。随着文化的发展，一些文化形态或因素会被历史所淘汰，变成腐朽的、落后的、反动的、僵化的文化存在，但并没有退出历史的舞台，而一些文化形态及其因素代表文化发展的方向，尽管其并不完善，成为具有先导性的、充满活力的、代表大多数人利益的文化。文化的先进与落后是具体的、现实的，不能抽象地说某种文化先进与落后，要作具体的历史的区分。但不管怎样，文化确实存在先进与落后之分，同一文化中有先进与落后的因素和趋向，不同文化有可借鉴、可超越的方面，追求先进与超越，推动文化的更快更优发展，是成熟文化体的必然诉求。需要引起注意的是，对文化进行先进与落后的区分，只是人的思维的抽象，在现实中，文化的先进方面与落后方面，或先进文化与落后文化不是截然分开的。先进文化是对落后文化的超越，但先进文化一经产生，其中也渗透落后的因素，落后文化同样含有值得借鉴和参考的优秀因素。落后文化也并不是一无是处，落后文化中的先进因素是先进文化形成的积极的逻辑起点，落后文化中的落后因素是先进文化形成的消极的逻辑前提。可见，所谓文化的先进与落后，是对各种文化或各种文化因素的性质的价值判断。针对不同性质的文化或文化因素，要采取不同的文化态度，必须正确对待落后文化，抵制腐朽文化，批判反动文化，发展先进文化。对于文化的先进的方面，要大力弘扬和发展；对于文化的落后的方面，要努力批判、改造；对于文化的腐朽和反动的方面，要坚决抵制、铲除。

4. 文化的代价和效益

爱默生说得好：不会无偿地给予任何东西，一切东西均须付出代价。众所周知，人类是一种有意识的存在，人类任何文化行为都是有目的、有意识的，而不是盲目的自然行为。因此，人类的一切活动小到经济生产，大到人类的文化创造，无不涉及代价和效益的关系问题。文化代价是与文化创造及其发展相关联的哲学范畴，是指人类在文化创造及发展过程中所作出的努力和牺牲以及所造成的消极后果。文化效益与文化代价相对，是指在文化创造及发展过程中，由于人类的努力、付出和贡献所取得的收效、价值及一切对人有益的成果。文化代价与文化效益关系问题是一切关于代价和效益问题中最高层面的问题。文化发展需要付出代价，没有代价的发展是不可能的。文化的代价包括文化发展过程中的全部投入，如自然资源的消耗，社会财富的花费，文化资源的耗费，人的智力和体力的付出，等等，同时也包括文化发展与创造过程中遭遇的各种破坏和损失。文化发展的目的是要获得文化效益，文化发展的效益也就是文化在发展中所取得的各种进步，亦即一切积极的文明成果。人类在付出各种文化发展的代价之后，应该取得相应的效益，没有效益实际上也就没有发展。"对现在的付出与将来的文化获得不断进行两相比较，是人们在促成文化进步的过程中总是在不断进行的思考工作。"[①] 文化创造与发展的代价和效益也应该保持一种相对合理的关系，要尽可能地将文化发展代价控制在合理的限度内，力求以较低的文化代价获取较高的文化效益。如果文化代价过大，而文化效益不高，那么这一过程就是非常态的；而若在付出巨大代价之后并没有取得预期的文化进步，相反却造成文化的倒退，那就更是人及其文化创造的失职和失败。

在文化代价与文化效益这对范畴中，文化代价是起决定作用的概念，代价的大小、合理与否直接决定着文化的效益。当然，并不是所有的文化代价都是不可接受的，文化代价也有合理与不合理之分，从价值论角度看，文化代价可分为合理的文化代价与不合理的文化代价。所谓合理的文化代价，是指为文化发展的客观规律所决定的、必要的和不得不付出的各种代价，其中既包括各种资源和人力物力的投入，也包括某些不可避免的损害和消极后果；而所谓不合理的文化代价，则是合理的文化代价以外的其他并非必要的投入、付出和损害。不合理的文化代价是人类在价值追求过程中，基于自身文化选择基础上而产生的与人的文化价

---

① 李鹏程：《当代文化哲学沉思》，人民出版社 1994 年版，第 390 页。

值取向相悖的消极后果。在文化发展过程中，文化主体由于选择优先发展的主导性价值目标，往往导致其他对人或文化仍有益的价值目标的忽视；人们所追求的文化价值目标在文化发展过程中，基于其内在矛盾性往往会对人产生消极作用；在文化的创造和传播中，由于文化主体的偏谬所造成的偏离或背离自身价值取向的消极后果，等等。事实上，不合理的文化代价的产生，主要是由于文化主体方面的失误所造成的，即由于主体文化认识上的偏差、在文化实践中不负责任的态度以及文化战略决策机制的缺陷等方面的原因造成。文化发展中合理代价与不合理代价的区分，对于甄别文化的先进与落后、进化与退化、优化与劣化具有重要意义，对于合理的文化代价，文化主体要付出殚精竭虑的努力，使其不断减小，以扩大文化效益，对于不合理性代价，文化主体要不断提高认识，祛除或化解其带来的不利影响，改善人类的文化境遇，以提高文化效益。

正确认识和区分文化代价中的合理代价与不合理代价，关键在于科学认识文化发展的客观规律与人的活动的关系。与自然领域一样，文化领域也存在着不以人的意志为转移的客观规律，这些客观规律从根本上规约和决定着文化发展的趋势和走向。但文化史毕竟是由人缔造的，没有人的创造，就没有文化，人是文化创造和发展中的主动力量和主导因素，文化发展只能借助于文化主体的活动才能完成和实现；在文化规律起决定作用的前提下，作为文化主体的人并非完全无能为力，人有着充分自由的文化选择空间，同一文化环境，人们可以作出不同的抉择和取舍，形成不同的文化选择，从而呈现不同的文化理路和图景。因此，由于文化主体方面的情况不同，他们在各种场合下所作出的具体选择不同，文化发展过程的具体展开情况也就相应地不同。而只有自觉认识和把握文化发展的客观规律，并努力使自己的选择符合文化规律的要求，才能使文化发展过程得以顺利展开，否则便会使文化陷入困境，遭遇各种各样的曲折。所以，人必须对文化主体地位有着清醒的认识，对自己在文化发展过程中的具体选择认真负责，不能简单地将文化发展过程中出现的问题归咎于必然。在文化发展的代价问题上，作为文化主体的人有责任去认识并遵循文化发展的客观规律，从而将文化发展的代价控制在客观规律所规约的合理范围内，防止乃至避免由于主体的错误选择所造成的不合理代价。但是，正像人们对客观规律的认识永远不可能完结一样，文化规律的认识和掌握也需要作为文化主体的人的不懈努力和奋斗，从而不断向理想的文化境界迈进。

文化效益也并不总是有益的，一些眼前的、短期的、虚假的、狭隘的"文化效益"往往给人及其文化带来消极的、负面的影响，著名哲学家本雅明指出："我们变得贫乏了。人类遗产被我们一件件交了出去，常常只以百分之一的价值押在当铺，只是为了换取'现实'这一铜板。"① 无视文化代价的文化效益必然得不偿失，而只有那些长远的、真实的、包容性的文化效益才会成为人和文化的永恒福祉。在文化哲学视野下，真正的文化效益实质是人的效益，只有与人的发展内在一致的文化的创造才是真正的文化创造，因此，文化效益是一个持久的、全面的、综合性的标尺。在全球化时代，文化效益不仅仅是民族的，更是世界的。那些只考虑本民族的文化利益，而无视其他民族乃至人类总体的文化利益的狭隘文化效益，不是真正的文化效益。文化效益要考虑当代人的利益，同样不能无视前人的文化贡献，而要珍视和传承前人的文化创造，当然，更要关注未来人的文化效益，给未来人创造一个良好的文化起点和文化空间。文化效益不是经济、政治、文化、社会的某一方面的发展，文化效益是全面协调发展的结果。文化效益的获得和提高必须走低代价发展道路。"在这个已经到来的

---

① ［德］本雅明：《经验与贫乏》，百花文艺出版社 1999 年版，第 258 页。

高代价、高风险的社会里，我们将如何破解难题、化解危机，使我们前进的步伐更稳健、使我们的人民更自信、使我们的社会更和谐、使我们的未来更光明，我们所唯一能做的，就是要在发展中正视代价，并积极地防范和克服代价。"① 由此可见，文化效益产生过程是人类根本利益的自我创造过程，它需要的不仅仅是一味的人的文化创造，更需要人的智力和体力的付出，需要人的不断反思、创新和管理。

5. 反文化、非文化与无文化

反文化是指在文化发展过程中出现的误入歧途的、与文化相对立的、对文化提出挑战或呈现相反发展趋向的人类活动及其对象性后果。反文化是文化的孪生兄弟，它采取文化的构成方式，以文化的方式发生作用，反文化的存在往往有其存在的依据，反文化破坏文化的秩序，解构文化体系，"反文化……是离散文化大厦的沙石，是扰动文化的逆流，是文化进步乐曲中不和谐的噪音"②。反文化由于与文化的进步取向相反，往往造成人类文化的退步，"人类的思想和气质的全部广泛的历史领域证明，虽然文明不仅是需要跟低级发展阶段的残余进行斗争，而且也需要跟本身活动范围中的退化表现进行斗争。……我们看到文化是以活生生的形态流传于世界的。它有时阻滞和停留在途中，它常常偏入歧途，这歧途就把疲惫的它引向后退，引向那些它很久以前已经走过的地方"③。因此，文化和反文化是相互对立的，二者的发展呈现相反的趋向，"文化表现为进步性和社会有序性的提高、增强。作为在性质和方向上与文化对立的另一极的反文化，它表现为人类历史活动中的消极性，消解、消耗、抵消人类活动所取

---

① 邱耕田：《低代价发展论》，人民出版社 2006 年版，第 7 页。
② 李丽：《扰动文化的逆流》，中央社会科学出版社 2007 年版，第 76 页。
③ [英] 爱德华·泰勒：《原始文化》，广西师范大学出版社 2005 年版，第 54—55 页。

得的积极成果和正效应，降低社会有序度，增加其混乱程度。那么也就可以说，反文化表征着社会系统减序、增熵的指向，反文化的本质就是减序、增熵"①。反文化是人类需要征服的对象，在文化与反文化的博弈中，二者斗争的结果，无论是损失还是效益，其承受者都是人类。事实上，反文化并非一无是处，文化也并不总是人类的襁褓，一切都在变化之中，文化如果不被人类所控制和掌握，同样会走向反面，反文化如果能够充分认识和利用，亦可成为人类的法宝。

非文化是指文化从存在走向虚无、从意义走向非意义的过程和状态。从文化存在形态看，导致非文化的原因有以下几个方面：首先，自然界使文化非文化。作为文化主体的人，无论是个体的人、群体的人还是作为类的人，都会随时间推移而消亡。核武器威胁到人的类存在，人类每时每刻都受到毁灭的威胁，受到非文化的限制、制约，但是人是能够自觉到这种危险的动物，所以能将其作为活动的前提，进而遵循自然的法则，控制自身的行为，来延续人的文化存在。文化存在物同样不能逃脱时间的法则，由于文化存在物大都借助自然物质的质料方式存在，随时间的推移，文化会日益非文化。不仅如此，地震、火山爆发、海啸等自然灾害，也会造成文化的非文化。"在文化价值领域中有无数的事物走向了衰落和消亡，永远离开了人类。因为，这些文化成果具有物质性，而且这种物质性是十分脆弱的。亚历山大里亚城图书馆中有关古文化的珍贵典籍在一场大火中焚烧殆尽；达·芬奇的许多油画作品也因使用颜料的质量问题而后人无缘一睹。"② 其次，人类的不当行为、狭隘认识、错误理念会使文化非文化。人类的不当行为主要包括，人类的破坏性行为、狭隘性行为、短期性行为，

---

① 李丽：《扰动文化的逆流》，中央社会科学出版社 2007 年版，第 76 页。
② ［德］恩斯特·卡西尔：《文化哲学·哲学知识》，吉林大学出版社 2004 年版，第 195 页。

如为了政绩对文物资源的过度开发，对假冒伪劣行为的地方保护，还有人类的无知导致对文物的破坏等。人类的错误认识也会导致文化非文化，如文化中心主义的狭隘认识，会导致文化封闭，对异文化敌视，进而引发战争，破坏人类的文化创造成果。此外，人类的一些错误理念，会导致文化的危机甚至灭亡，如中国人的许多文化创造和发明，多半采取祖传秘方的方式进行传承，其后果是许多文化瑰宝，虽早就被创造出来，也代代传承了千百年，却一直不为人知或鲜为人知，难以发挥出应有的社会文化效益，其传承也就没有社会的保证，最终导致文化遗产的浪费甚至失传。最后，文化自身会从意义走向非意义。斯宾格勒在《西方的没落》中，描述了文化从意义走向非意义的兴衰生灭过程，他说："当一个伟大的心灵从一度童稚的人类原始精神中觉醒过来，自动脱离了那原始的状态，从无形式变为一种形式，从无涯与永生变为一个有限与必死的东西时，文化便诞生了。它在一块有着可确切界定的风景的土地上开花结果，就像植物一般。当这心灵以民族、语言、教义、艺术、国家、科学等形态实现了其所有的可能性之后，它便会熄灭，而回复至原始的心灵状态。……事实上，每一文化都与广延或空间有着一种深刻象征的、几乎神秘的关系，它也要努力在广延和空间中并通过广延和空间来实现自身。一旦目标达成——文化的观念、其内在可能性的整个内涵皆已实现，并已变成外部现实——文化立刻便会僵化，它便会克制自己，它的血液便会冷冻，它的力量便会瓦解，它便会变成文明。"① 文化的非文化过程，也就是文明走向衰退或灭亡的过程，这在文化史上可谓屡见不鲜。"文明的停滞和衰退大概是民族生活中的常见的和突出的现象。……然而这不是蒙昧的状态，而是变为畸形的文明。……战争和残酷的统治，饥荒和道德败坏，它们曾多次地毁灭某

_____

① ［德］奥斯瓦尔德·斯宾格勒：《西方的没落》第 1 卷，上海三联书店 2006 年版，第104 页。

些国家，使它们的人民只剩可怜的残余，降低了它们的文化水平。有时，偏僻乡村的孤独生活也同样好像会导致文明的退化。"① 文化有机体有产生、发展、繁荣和消亡的过程，它需要不断地创新，不断地交流，不断地创造价值和意义，当一个文化的发展已经成为人的桎梏，限制人的自由、发展的时候，人就会去突破文化的限制。

无文化与有文化相对，是指文化主体处于盲目、无知的低水平状态，是文化处于潜在、隐匿的文化失语状态。无文化并不是指没有文化，因为文化是人类特有的生活方式和存在状态，人的成长、教育、发展和创造，离开文化便一切都不可能，更不可能被得到解释，"文化不以粗鄙的人之品味为法则，任其顺遂自己的喜好去装束打扮，而是坚持不懈地培养关于美观、优雅和得体的意识，使人们越来越接近这一理想，而且使粗鄙的人也乐于接受"②。无文化的最基本表现形式是文化主体受生物行为支配，"人，只要他的行为是由他的动物本能、冲动和嗜欲所决定的，他就是非文化的，这些活动就是一种自然过程"③。无文化是人类文化史上的常态，在人类文化的发展过程中的绝大部分时间里，人们对文化处于一种不自觉的状态，虽然生在文化之中，却是为文化所左右的、任文化摆布的高级的文化动物。就个体而言，人类从出生到死亡，需要文化的滋养和哺育，是一个从自然人到文化人再到非文化人的过程，在这一过程中，文化个体必须接受文化的教育和熏陶去获得文化，否则就会呈现出与文明相悖的野蛮、与先进相反的落后、与智慧相异的愚昧等等的无文化状态。如果说有文化是人类文明的标识和骄傲，那么无文化就是人类最大的悲哀和对人类的文明的最大的亵渎。无文化还表现在文化交

---

① [英] 爱德华·泰勒：《原始文化》，广西师范大学出版社 2005 年版，第 30—31 页。

② [英] 马修·阿德诺：《文化与无政府状态》，三联书店 2002 年版，第 13 页。

③ 杨善民：《文化哲学》，山东大学出版社 2002 年版，第 122 页。

流与交往中，文化的落后其实也是一种无文化的表现，一些不文明的习惯性行为，或错误的文化理念，在已经被证明是不科学、不合理、不人道的，却仍然得不到纠正时，该文化就处于无文化的状态。随着人类文明进步，文明的、有文化的状态会逐渐变成无文化的，而无文化的人类文化主体，经过学习与超越，完全可以变得有文化。因此，文化发展永远没有极限，"只要人类还存在，人的问题就将会保持其现实性，而且对这一问题的任何解决，都正像人类历史一样仍然是未完结的"①。对无文化的超越，对文化的占有和掌握，是任何人类文明都必须面临的课题。

总而言之，文化的内部充满矛盾和悖论，文化的发展也不是一帆风顺，而是充满了曲折和偏谬，在文化的历时性演进和共时性延展过程中，文化会出现各种各样的问题和危机，发生形形色色的文化异态和变态，从而不利于人类的存在和发展，消解文化的正向价值和意义。如文化不被人所控制和掌握的"文化异化"；文化发展简单重复所引起的"文化僵化"；文化的结果、价值、意义逐渐与人背离的"文化恶化"；文化内在关系失调导致的"文化无序化"；等等。文化哲学家卡西尔讲得好："文明绝不是一种和谐的自我封闭的整体，而是充满了最为激烈的内部矛盾的。"② 如果文化总是尽善尽美，那么世界就不需要发展，也就没有进步可言。实际上，人正是通过不断地对现有的文化进行批判与反思、设计与规划、创新与管理、调节与优化、矫正与弘扬、提升与完善，来超越已有的文化现实，从而向理想的文化存在状态迈进。不同文化的发展有得失顺逆之分，同一文化的建设有成败优劣之别。文化优化不是掩盖、遮蔽、回避、否认文化内及文化间存在矛盾，而是建立在承认不同文化之间存在差异、同一

---

① [苏]T.N.奥伊则尔曼：《哲学史科学问题》，莫斯科思想出版社 1969 年版，第 220 页。
② [德] 恩斯特·卡西尔：《文化哲学·哲学知识》，吉林大学出版社 2004 年版，第171 页。

文化不同层次之间的区别、不同文化主体的利益不同、不同文明之间存在冲突、人与文化的矛盾关系等矛盾问题基础上，理性地分析矛盾，从而正确地处理和解决文化矛盾。文化矛盾是文化优化与文化发展的动力之一，正是由于文化内、文化间存在矛盾，才使文化优化有必要；正是由于存在文化间的差异、对立，才有文化间的交融与沟通、互补与互进。但文化优化在承认文化内在发展规律的同时，承认人在文化中的主体性地位，承认文化有许多人为的可控之处，相信人类对文化的作为，将对人和文化的发展起到决定性作用。

（二）人的文化主体性

人的文化世界纷繁复杂，人的文化活动千姿百态，文化构成人类全部的生活方式和生活内容。文化优化之所以成为可能，在其中，起着最终决定作用的力量，在于人本身，在于人的文化主体性。正因为人的文化主体性，人类才能够通过对文化的反思和观照，洞悉自身存在的状态和命运，把握生命的价值和意义。

1.文化于人的作用和影响

人是文化的存在，人性之镜映射的是文化的影像，人之为人在于文化的先在性。文化的教化与积淀，人性的塑造与养成，是人的文化主体性生成无法逾越的本体性前提。人的主体性力量的发生离不开文化本体性的支撑，人的文化主体性是从人文教化开始的。人文教化是文化最核心的功能，教化是文化发生作用的方式，没有教化就没有文化，教化使文化得以传播、扩展，使文化向主体生成，提高人的本领，激活人的潜能，使社会财富成为人的生存和发展的前提，把千百万年个人的经验积淀成文化的力量，凝结成文化的基因，使人能够按照任何尺度去认识和创造。就现实性而言，文化是每一个文化个体生成的场域和动力，"如果没有文化的帮助，不管经过多少世代，人类神经系统永远也不可能超出自己的范围。正是文化传统的形成才为进步提供了可能。思想从个人传递给个人，概念从一代人传播给另一代人，在人们的头脑即其接受刺激的神经系统中置入各种观念，它们经由相互作用而形成新的综合，而这种综合自身又被传递给他人"①。文化世代相传和前后承递的机制，正是人的文化模塑过程。通过人的文化模塑，人类社会所取得的文化成果被代代传承，可以说没有人的文化模塑，人类将永远处于文化的童年。

文化创造活动在从猿到人的转变中起着决定性作用，正是在文化创造活动的作用下，人类的祖先实现人对自然的间接性改造，完成对自然的超越和人的文化生成，正如著名人类学家马凌诺夫斯基指出的那样："文化可被定界为人工的、辅助的和自造的环境，它给予人类一种附加的控制力以制约某些自然力量。它也使人类调整自己的反应方式，即创造一种比以反射和本能适应更为灵活有效的新的以习惯和组织再适应的方式。于是这一自由的最初阶段逐渐得到发展，并增进对环境的外延控制、对自然力量的驾驭以及体力与智力的发展。"②在千百万年的进化过程中，人类学会制造工具，懂得利用火，发明运用语言，自此人类便踏上文化的征程。"语言的运用无疑很大程度上对人类文化的发展起到了重大的作用。一群人的成员能够相互交谈，在打猎时会更成功，聚集时更迅速，造出更加复杂的工具，修筑更加坚固的隐蔽处，找到更恰当的地方放置磨石，更加迅速地解决他们之间的分歧。语言和文化的发展反过来对更复杂的大脑产生强大

---

① ［美］L.A. 怀特：《文化的科学》，山东人民出版社 1988 年版，第 293 页。
② 庄锡昌等：《多维视野中的文化理论》，浙江人民出版社 1987 年版，第 107 页。

的选择压力，这又使更加复杂的语言和文化的发展成为可能。换句话说，这就产生了一个反馈循环系统：语言、文化、大脑联系在一起，其中任何一样都对其他两样起到加强的作用。"① 从中可以看出，文化的产生及发展与人类的起源和文明的进步密不可分，人是文化的主体，大自然赋予的生存环境构成文化演进的先决条件。文化与人类共生共存、共损共荣，离开人类，文化就失去意义和依托，便不可能真正地存在；离开人类赖以生存的客观环境，文化便成为无源之水、无本之木，从而不能持续地发展。

但文化的本体性支撑作用于人的在先性，并不意味着文化具有完全的独立性，文化并不能脱离人而独立存在，文化的独立性是相对的独立性，它只有借助人的智慧和力量才能获得生命力。因此，文化不是无人和非人的存在，文化不是一种外在于人的，在历史中自动发生作用的非人格力量，而是人作为主体积极地处理自身与外部世界关系的活动及其产物。但文化也因此使人获得了人的意义、人的价值、人的尊严，从而使人成为意义的动物。正是由于人的文化创造与文化对人的塑造的双向互动过程，人才开始逐渐形成丰富的本质内涵及其特征。文化使人摆脱了纯粹自然世界的平淡，把自在的世界变成一种自为的世界，自从有了文化，人类才为自己的生命存在、类的延续和发展找到依托和保障，为自己通向更高层次的人类社会和更高水平的文明境界架起一座进步的桥梁。在文化的创造与传承、否定与超越过程中，在文化的支撑和引导下，人类生发出一种完全不同于动物界的全新进化和发展方式，以此推动人类社会日新月异地飞速发展。

文化的意义在于通过实践活动提升人作为主体的价值和生存境界，促进人之本质力量的形成和发展。文化标志着人解决自身同环境之间矛

---

① ［美］F. 普洛洛：《文化演进与人类行为》，辽宁人民出版社 1988 年版，第 310 页。

盾的努力所达到的程度和水平，文化的创造性是人类进步的源泉，文化上的进步就意味着人的进步。恩格斯在《反杜林论》中写道："最初的、从动物界分离出来的人，在一切本质方面是和动物本身一样不自由的；但是文化上的每一个进步，都是迈向自由的一步。"① 在恩格斯看来，人与文化是一致的，人的文化创造活动提升人的本质力量，人的本质力量的增强必然外化为更高级的文化活动和成果，在这互动生成的过程中，人获得越来越大的发展空间，人的自由度得到更大程度上的提升。这样就把文化这一创造性活动过程和结果与人的自由和发展有机地联系起来，文化不再是外在于人异己的活动和产物，而是人的内在尺度和存在方式，人也不是在文化之外的抽象符号和理性动物，而是文化的创造者、接受者、传播者、管理者。

2. 人在文化中的地位和角色

人既是文化的剧中人，又是文化的剧作者。在文化发展过程中，人类始终处于主体地位，起着主导性的作用。

首先，人是文化的创造者。文化的世界，亦即人的世界，是由作为主体的人通过人的社会实践活动也就是人的文化创造活动创造的。人的文化创造活动是人的积极性、能动性、自由性、创造性等主体特征的集中体现，也是人所以能区别于动物的本质力量之所在。正是通过这种文化创造活动，人创造了人的世界和人本身。可见，文化创造的过程是人创造自己的文化世界，赋予外在的世界以文化意义的过程，也是人创造并实现自身文化价值的过程。人的文化创造活动，集中体现了人类社会实践活动的本质特点，突出了人作为文化主体的自由自觉的主观能动性、自我创造性和

---

① 《马克思恩格斯选集》第 3 卷，人民出版社 2012 年版，第 492 页。

自为性。人正是在自己的文化创造活动中，才成为人类文化史的经常的前提、产物或结果，同时，"人只有作为自己本身的产物和结果才成为前提"①。人的文化创造活动把"既有世界"和"应用世界""人的尺度"与"物的尺度"统一联系起来，使人的理想化为现实，不仅仅创造出一个丰富多彩的文化世界，也因此使人获得人之世界缔造者的地位和尊严。

其次，人是文化的传承者。人不仅是文化的创造者，还是文化的传承者。正因为人的交往和交流、借鉴和模仿，才使文化从一个地方传到另一个地方，从一部分人群传到另一部分人群，从一个民族传到另一个民族，从一代人传递给下一代人，从远古走向未来。人的这种社会性，使人的文化创造成果，不会因个体的消失而消失，它通过横向扩散以及纵向传播使文化获得传承，"人的活动的客观结果之所以可能在文化中固定下来，是因为创造文化的主体不是孤立的个人，而是联合为一定社会的和历史的共同体的个人。是人民、民族、整个社会创造着文化，不论表现文化的具体形式带有何等的个人特色"②。人的文化传播和承继是文化发展的重要因素，每一个人的一言一行都在向别人传递着文化的信息，充分认识人的文化传承者的地位，提高人文素养，才能更好地理解文化及其人文教化的意义。

再次，人是文化的承载者。人之为人，在于人有文化。人是为文化模塑而成的存在者，是文化的创造物；没有文化，人的本质就无以充实；人所接受的文化不同，直接构成人的本质的具体差异性；离开文化，人的本质便无法理解，人便成了一种动物。由此可见，人是文化的存在，在文化的世界中，"我们作为人所做的每一件事情，无论是个人的还是集体的，

---

① 《马克思恩格斯全集》第35卷，人民出版社2013年版，第350—351页。

② ［苏］A.H.阿尔诺利多夫等：《文化概论》，中国人民大学出版社1989年版，第9页。

都明显地受到我们的文化的影响。我们的饮食习惯、婚姻习俗、思维准则、美的标准、丧葬仪式以及哲学与宗教，总而言之，我们生活中的一切领域都是由文化所决定的。因此，不是我们依据思维、感觉和行动的方式来说明文化，而是要以文化为根据，我们才能圆满地解释思维、感觉和行动的方式"①。人不断地接受、传播、承继、弘扬文化，创造和提升人的本质力量。

最后，人是文化的管理者。作为一种有意识、能思维的动物，人能够对自身的行为负责，对文化及其发展过程，进行自觉的管理、规划和设计，"人首先要对有文化和没有文化、进步和退步、建造古希腊雅典女神庙和原子弹负有极重要的责任。把责任从主体完全推到'客观原因'，对改变什么东西的意图，或是在什么方面指责谁或重新教育谁，一般是没有意义的。卡·马克思和弗·恩格斯写道：'环境在怎样的限度内创造人，人就在什么样的范围内创造环境'。而当谈到反对文化的犯罪行为时，那么这时指的总是具体的人，而不是指无个性的环境"②。人是文化唯一的责任人，文化的问题和危机只能由人来解决和化解，人"不仅是一种认知的、应用技术的存在，而且更主要地是一种献身于道德评价的，即有责任心的存在"，而且他"要对诸如经济和娱乐领域里技术上可行的东西施加越来越强的伦理上的调节控制"③。人以这样一个管理者、守护者、责任人的身份，从事文化创造和文化管理，为文化发展保驾护航。

人是文化的主体，也是整个人类文化系统最高的价值目标。因此，随着文化的发展，人也应该越来越受到尊重。文化的进步，首先应当使人的

① ［美］L.A.怀特：《文化的科学》，山东人民出版社1988年版，第78页。
② ［苏］尼·瓦·贡恰连科：《精神文化进步的源泉和动力》，求实出版社1988年版，第172页。
③ ［荷］冯·皮尔森：《文化战略》，中国社会科学出版社1992年版，第230页。

主体地位得到提高，推动整个人类实现自由全面发展的进程。然而，由于文化异化现象的日益严重，各种人类危机的日益加剧，一向十分自信的人类的主体地位不但没有得到相应的提高，反而受到其所创造的文化对象的嘲弄和践踏；人类不但没有能获得预期的自由全面发展，反而陷入越来越严重的生存和发展的危机。追本溯源，人类陷入当前所面临的困境的最终根源，并不在于客观的文化条件，而在于作为文化主体的人类自身。人类科学地认识并极大地改造了自然，却没能充分地认识和改造自身，以便使自己在远离自然的同时也能回归自然；人类制造和发动了各种各样的冲突和战争，却没能找到真正有效地消除冲突、制止战争的途径和方法；人类创造了高度发达的物质生产文化，却没能创造出与之相适应的关系文化和观念文化；人类创造了一个日益迅猛发展的相对独立的外部文化世界，而其自身素质的提高却没能取得与之同步和谐的发展。因此，必须高扬人的文化主体性，提高人的文化创造力、文化协调力、文化优化力。

文化哲学的创始人维科在《新科学》中提出人类世界是由人自己创造的，是人的本质力量的外在展示，因此，作为文化主体的人能够对文化进行认识，"在那为密层层的黑暗所笼罩的远古时期——离我们已太过遥远了——有着一束永恒的、从不消退的、无可怀疑的真理之光：世俗社会的世界必定是人创造的，因此它的原则就应当到我们自己的人类心灵的变易中去寻找。谁想到了这一点，就不能不对哲学家们竟然不遗余力地研究物质世界而忽视了各民族的世界惊诧不已，因为物质世界是上帝所设，只有他自己知道，而世俗世界却是人自己所造，人能够最后认识它"①。可见，人是文化的最终尺度，文化是人性的澄明之镜，人类不断地通过文化来衡量自身存在状态，文化也愈来愈依靠人来控制其发展的方向，只有以人的

---

① 转引自庄锡昌等：《多维视野中的文化理论》，浙江人民出版社1987年版，第85页。

尺度来规约，文化才能不至于偏离人性的轨道，只有以文化的凭依来发展，人才能生活在丰富多彩的意义世界，在其中，人的文化主体性始终起着主导性的作用。

3. 人之文化主体性的内容和表现

如前所述，文化与人是逻辑相关的矛盾统一体，是辩证统一关系，人既能创造文化，也能毁灭文化，既是主体，又是受体；文化既可以塑造人，也可以压制人，既是人的手段，又是人的障碍。作为文化主体的人，既改造对象，又被对象所改造，在对象性与非对象性的双向过程中，文化对人呈现出肯定与否定、积极与消极并存的双重效应。正因为人的主体性的发挥，才使文化朝着有利于人的生存和发展的方向发展，使人类社会越来越进步，越来越文明。人的文化主体性，是人类从事一切文化创造活动的内在依据，是人类在认识和改造世界过程中逐渐形成的，随人的本质成长以及文化发展而日益提升。人的文化主体性在人类的发展史上，经历了一个从有到无、从受动到主动、从他者到自我的过程，这可以从人类自我认知图像的发展历程中，获得间接的证明。人类历史上人类自我认识、自我解释和自我塑造的人的形象大致经历下列阶段："无主体的人的形象"时期；"部落主体的人的形象"时期；"多元主体的人的形象"时期；"上帝主体的人的形象"时期；"理性主体的人的形象"时期；"生物主体的人的形象"和"社会主体的人的形象""理性主体的人的形象"和"非理性主体的人的形象"并存的时期；"文化主体的人的形象"时期。[①] 可见，人的文化主体性的形成和发展是一个曲折的和艰辛的过程，在这个充满矛盾的过程中，人的文化主体性获得质的飞跃，人类能够自觉掌握文化发展的

---

① 王永昌：《走向人的世界》，中国工人出版社 1991 年版，第 39—48 页。

一些规律，能够克服来自客体的自发的、外在的束缚，从而获得更大的能动性、自觉性和创造性。主体之所以为主体，就在于主体存在是"能动的自然存在物"，具有能动性、自觉性和创造性。

（1）文化自主性。

人的文化主体性以及人的文化本质的获得不是一个绝对被动接受的过程，而是一个主动地参与和创造的过程，在这种主动参与和创造的过程中，人的文化主体性和本质力量得到充分的彰显和实现。"生产不仅为主体生产对象，而且也为对象生产主体。"①"在生产中，人客体化，在消费中，物主体化"②。人类就是在这种主体客体化和客体主体化的双向互动过程中，呈现其作为主体的能动性的张力的。在改造自然的对象化活动中，人也满足了自身生存、发展的需要，创造了自己的生活，达到了对自然的统治和主宰，实现了人自身的自我确证。随着人与自然矛盾范围的不断扩大，越来越多的自然物将失去其纯然的自然本性，逐步被纳入属人的世界之中来，成为"大写的人"或人的"无机身体"，成为人的文化世界的一部分，而人则越来越远离自然，越来越成为文化世界的主体，从而进一步提升能动性的境界和效果。

人是有意识的文化存在，因此人是一个自主的存在物，即是能自我决定、自我确证、自我选择、自我支配和自我评价的存在物。文化自主性是人的文化主体性的重要方面，表现在人的活动的各个方面和各个环节，人的劳动实践是人的文化自主性的集中表现，"劳动首先是人和自然之间的过程，是人以自身的活动来中介、调整和控制人和自然之间的物质变换的过程。人自身作为一种自然力与自然物质相对立。为了在对自身生活有用

---

① 《马克思恩格斯选集》第 2 卷，人民出版社 2012 年版，第 692 页。
② 《马克思恩格斯选集》第 2 卷，人民出版社 2012 年版，第 689 页。

的形式上占有自然物质,人就使他身上的自然力——臂和腿、头和手运动
起来。当他通过这种运动作用于他身外的自然并改变自然时,也就同时改
变他自身的自然。他使自身的自然中蕴藏着的潜力发挥出来,并且使这种
力的活动受他自己控制。……蜘蛛的活动与织工的活动相似,蜜蜂建筑蜂
房的本领使人间的许多建筑师感到惭愧。但是,最蹩脚的建筑师从一开始
就比最灵巧的蜜蜂高明的地方,是他在用蜂蜡建筑蜂房以前,已经在自己
的头脑中把它建成了。劳动过程结束时得到的结果,在这个过程开始时就
已经在劳动者的表象中存在着,即已经观念地存在着。他不仅使自然物发
生形式变化,同时他还在自然物中实现自己的目的,这个目的是他所知道
的,是作为规律决定着他的活动的方式和方法的,他必须使他的意志服从
这个目的"①。从中可以看出,第一,劳动过程根源于人的自身活动,人的
智力和体力的付出在引起、调整和控制自然之间的物质变换的过程中,起
到主导作用。第二,通过主动的努力,一方面实现了认识自然、改变自
然,某种程度上征服自然的目的;另一方面人的潜能被充分调动起来,转
变成现实的力量,完成了对自身自然的改变和挖掘。这样人不仅能够控制
对象世界,控制和调整自身,而且通过改造世界,来改造自身,通过改变
自身,创造世界。第三,人不仅能够形成感性认识,而且能够形成理性认
识,与动物靠本能活动不同,人的复杂的、高级的活动是在理性认识的指
导下完成的。第四,人的活动的能动性,不是盲目的、本能的、无意识
的,而是有目的、有意识、有计划的,是建立在对客观世界规律的认识基
础上的主观行动。因此,人的能动性体现出的是一种积极性、主动性和强
大的创造力。总而言之,"人的活动从潜能到效能、从静止到运动、从消
极到积极、从被动到主动,以及从感觉到思想、从思想到行动、从行动到

---

① 《马克思恩格斯选集》第2卷,人民出版社2012年版,第169—170页。

完成、从完成到完善等等，都体现着人所特有的能动性"①。

人之文化自主性及由此呈现出来的能动性是人类文化发生的逻辑起点，是文化创造与发展的内在依据，是进行文化控制与管理的保障和动力源泉。众所周知，文化不是既定的给定之物，文化程序的变动又不是自在发生、自在完成的，而是在人类创造中不断生成和完善的。文化的变革和优化，都是由那些获得和继承文化传统的人完成的，是其传统的继承者根据环境条件的变更而作出的调整。由此可见，正因为有了自主性，人们可以根据特定的条件加以自主选择，创造出新程序、新文化，正因为有了人的能动性，才使文化的发展具有持续的动力。

（2）文化自觉性。

作为文化主体的人的自觉性，是对自发性的一种扬弃和超越，正因为有了自觉性，有了自觉意识，人开始把他人对象化，分出自我和非我，把人与人之间关系变成主客体关系。同时，人们在认识和改造客观对象时，总是根据实践需要进行有目的的选择，人类逐渐摆脱受动的地位，人在对象性活动中决定对客体的选择，决定运用何种中介手段和怎样运用中介手段的选择，决定对客体的掌握方式和使用方式的选择等等，从而在主体的认识活动和实践活动中更具有目的性、方向性和选择性。正因为如此，人们的实践活动是复杂的选择活动。主体的选择性根源于客体的复杂性和主体的目的性。人的活动都是有目的的，而不同的客体对于达到主体目的的效能是不同的，于是人的每一活动、活动的每一步骤都要反复思量、慎重选择，"两利相权取其重，两害相权取其轻"，这就是马克思所说的人的活动尺度问题。主体的自觉意识的能动性不仅在于人的目的性和选择性，更在于主体的实践改造性，这是主体自觉能动性的主要表现。实践改造的过

① 郭湛：《主体性哲学》，云南人民出版社 2002 年版，第 54 页。

程是主体利用自己的体力和智力使主体的价值目标对象化,使对象发生合目的性、合规律性的变化,而客体经实践改造,打上意识的烙印,获得新的形式,产生新的功能,这就是人的主体精神的确证。在实践改造客体过程中,主体也得到改造和发展,这就是与主体客体化过程同时进行的客体主体化过程。这个过程使主体本质力量不断发展,主体性逐渐增强,所以,实践是主体精神的根本源泉。实践改造性作为人的主体精神的集中表现,其根本之点在于它体现了以人的方式来改造物的存在方式,使物按人的方式存在。

在从猿到人的转变过程中,人类逐渐摆脱动物凭借生物本能活动的无意识状态,进入到有意识的状态,这种自觉意识起初是指向对象,后来随着人的认识和实践的深入,意识的对象指向主体自身,而且自觉性最初只是感性的、片面的,后来逐渐上升到理性的、全面的,作为人的文化主体性的重要方面,自觉性的内涵经历了一个不断丰富、不断累积、不断提升的过程,"由自觉意识、自我意识到理性意识,由理性自觉到实践理性以及理性实践,一步一步深化和扩展,构成了作为人的主体性的自觉性的完整含义"[1]。发展至此,人的自觉性并没有终结;时至今日,人类社会各民族进行普遍的、全方位的文化的交流和交往,文化自觉已成为时代向人类提出的新的课题,在全球化的时代,人类的自觉性只停留在过去的一般的文化自觉性层面,是不能适应实践发展要求的,人的自觉必须上升到本体层面的文化的自觉,这是更高层面的自觉,是文化时代的人的自觉。在当代人的文化创造和生产,更注重人与自然的和谐共进,更强调文化和人的效益,"过去,文化生产是个体的、分散的个人创造,带有很大的盲目性。你创造这个,我发明那个,创造了又被遗失,后人又重新发明创造;

---

① 郭湛:《主体性哲学》,云南人民出版社 2002 年版,第 45 页。

有些发明创造是重复地进行的，所以根本谈不上文化生产的计划性。文化生产的盲目性给人类带来了很大的危害，例如，过去搞任何发明创造，是不必考虑水、空气、能源这些问题的，认为这些东西都是取之不尽、用之不竭的，结果造成了水、空气的污染和能源的危机。现代化文化生产告诉人们，自然界的水、空气、能源等等自然资源是有限的，必须有计划地进行文化生产，必须分清轻重缓急，考虑哪些项目先上，哪些项目后上"①。就民族文化而言，文化自觉有助于人们充分了解自己的文化，通过与其他文化的交往，更加全面、系统、深刻地认识自身。乐黛云指出："我们所说的文化自觉首先要自觉到自身文化的优势和弱点，懂得发扬优势，克服弱点；其次要对在过去条件下形成的旧文化，即传统文化进行新的现代诠释，使其得到更新，有益于今天；最后，还有审时度势，了解世界文化语境，使自己的文化为世界所有，成为世界文化新建构不可或缺的重要组成部分。这才是对自己文化的全面的自觉。"② 但文化自觉的内涵也绝不限于此，文化自觉性必然走与人的自觉性相同的道路，伴随文化全球化的发展，文化自觉的含义会越来越丰富，从一般的人的文化自觉性上升到纯粹的文化自觉，人的自觉性的发展进入到一个新阶段。

"人猿相揖别"的历史虽然漫长，但人的自觉却是很迟，文化自觉就更是晚近的事情。在文化发展史上，人的思想曾经拜倒在自然的脚下，也曾经成为宗教的奴仆，只是在文艺复兴之后，人的主体性才得以提升，世界才被看成是属人存在，从而开始通过人的意识和意向来解释人的世界。人类自从产生，就有了文化，但文化自觉却一直处于潜在的、无意识的状态，直到全球化时代的今天，人类终于对人之本体的存在，有了更进一步

---

① 司马云杰：《文化社会学》，中国社会科学出版社 2000 年版，第 264 页。

② 乐黛云：《文化自觉与文明冲突》，《文史哲》，2003 年第 3 期。

的认识，文化自觉性也凸显为人的文化主体性的核心层面，成为人的文化本质属性的重要表征。

（3）文化自为性。

正如学者霍尔所说："人不是我们在文化中任意涂画的木偶，因为人也陶冶着文化，创造着自己想成为的那种有机体所愿处于其中的世界。"① 人类除用自主性来表达自身的权利和力量外，还需要一种创造性来实现其意志和愿望。文化自为性是人的文化主体性中最突出、最具人的特质的方面，文化自为性充分展示出，人是自我创造、自我发展、自我实现、自我超越的类存在。马克思指出："历史什么事情也没有做，它'并不拥有任何无穷尽的丰富性'，它'并没有在任何战斗中作战'！创造这一切、拥有这一切并为这一切而斗争的，不是'历史'，而正是人，现实的、活生生的人。'历史'并不是把人当作达到自己目的的工具来利用的某种特殊的人格。历史不过是追求着自己目的的人的活动而已。"② 文化自为性是人之文化主体性的最高层面，也是基于人的自主性和自觉性基础之上的人之能动性、创造性、超越性的集中表现。可以说，文化自为性统摄了人之主体性的一切方面，人之为人的一切本性都涵括于人的自我创造、自我超越的文化自为性中。文化自为性是人的对象性意识和自我意识的高度统一，它使人成为真正的主体，即文化的主体。马克思曾说："任何一个存在物只有当它用自己的双脚站立的时候，才认为自己是独立的，而且只有当它依靠自己而存在的时候，它才是用自己的双脚站立的。"③ 只有人才是这样的用双脚站立、依靠自己存在的存在物，即自己创造自己的自为性的存在，

---

① ［美］洛雷塔·A.马兰德罗、拉里·巴克：《非语言交流》，北京语言学院出版社1991年版，第323页。

② 《马克思恩格斯全集》第 2 卷，人民出版社 1957 年版，第 118—119 页。

③ 《马克思恩格斯全集》第 3 卷，人民出版社 2002 年版，第 309 页。

这也是人之为人的根本。

自为性与自主性是密切相关的一对范畴，如果说自主性表征自身存在的品质和状态，那么自为性表达的则是人自身的目标和趋向，自主性是自为性前提，自为性是自主性的升华。此外，自为性与自在性相对，自在性指人的活动以一种自发的、无目的的方式存在和运动，即自己的意识和思想觉悟还没有达到一定的高度，没有明确的目的和理想，这样，人的活动由于缺乏明确的指导思想和目标，必然陷入盲从和被动的窘境。自为性则不一样，自为性是指达到一定的自觉性之后，人的思想境界和觉悟程度有了很大提高，这样，人的活动就有了明确的指南和目标，从而呈现出一种自觉性和能动性。一般而言，人的活动一开始并不完全是自为的，而多少带有自发的性质，随着活动的不断深入，人的自觉性越来越强，其活动的自为度也越来越高。人类历史的进步过程也就是人的"自在性"不断递减和自为性不断递增的过程。当人类开始自觉地对文化进行反思、批判、设计、管理和规划时，文化自为性开始真正生成和确立，而且越来越外化为人的文化优化实践。不难预见，随着人之文化自为性程度的不断提高，社会将越来越朝着符合人的目的方向发展。

文化自为性使人类获得改造世界、超越自我的力量。在人的文化创造、文化自觉、文化优化过程中，人的世界变得丰富多彩，越来越符合人性的取向。文化系统的完善、文明程度的提高、文化结构的调整、文化功能的增加、文化关系的和谐、文化矛盾的解决、文化制度的改革、文化产品的丰富、文化精神的弘扬、文化形式的创新、文化内容的丰富、文化理念的进步、文化技术的传播、文化知识的积累、文化基因的改进、文化传统的保持等等，无不是文化自为性充分实现的结果。

总而言之，文化自主性是人进行文化创造的逻辑起点，文化自觉性是人进行文化自觉的人性前提，文化自为性是人进行文化优化的内在依据。

文化自主性、文化自觉性、文化自为性共同构成人的文化本质力量的核心内容，是人的文化主体性的主要表现形式。从文化创造到文化自觉再到文化优化，是人的本质力量日益外化和人的文化主体性逐渐凸显的过程。人的文化主体性是人进行一切文化创造活动的内在本质力量，只有正确阐明人的文化主体性，才能找到文化优化的动力源泉所在。因为认识和反思自我，是人类解决问题、安排世界的出发点，也是人类自觉提高自身主体地位的基础。马克思和恩格斯在谈到人认识自身与改造世界的关系时指出，人应当"使自己成为衡量一切生活关系的尺度，按照自己的本质去评价这些关系，根据人的本性的要求，真正依照人的方式来安排世界，这样，他就会解开现代的谜语了。不应当到彼岸的太虚幻境，不是超越时间和空间，不是到存在于世界之中或与世界对立的什么'神'那里去寻找真理，而应当到最近处，到人的心胸中去寻找真理"①。"既然人是从感性世界和感性世界的经验中获得一切知识、感觉等等的，那就必须这样安排经验的世界，使人在其中能体验到真正合乎人性的东西，使他常常体验到自己是人"②。在马克思和恩格斯看来，人类创建人的世界的活动，乃至人类从事的一切理论和实践，必须以人的尺度、人的方式来进行，人的文化主体性是一切文化理论和实践的内在依据，只有理解人，才能理解人的文化。

因而，无论发展文化，建立新的文化形态，还是进行文化问题的研究和分析，都必须以人为核心和起点，考察人及其本质属性。这要求人必须从对外部世界的认识转向对人类自身的认识，从对外在对象价值的关注转向对人类自身价值的重视，把满足人的全面需要——不仅是生理的和物质的需要，更主要的是人心理的和精神的需要，作为文化创造的最高目的，

---

① 《马克思恩格斯全集》第 3 卷，人民出版社 2002 年版，第 521 页。
② 《马克思恩格斯文集》第 1 卷，人民出版社 2009 年版，第 334—335 页。

提高人的文化主体素质，全面协调和平衡各种人类文化关系。只有这样，才能彻底地消除各种文化异化现象，实现文化优化的目的。真正的人的时代意味着以人为核心的各种和谐文化关系的普遍建立，意味着在这些普遍和谐的文化关系中，人的主体地位得到充分地尊重，人的文化价值和文化本质得到充分地实现，以及人获得真正自由全面地发展。弗洛姆指出："当人已全面地、合理地控制了自然的时候，当社会已消除了阶级冲突这一特征，'前历史'便宣告结束，一部真正的人类史便宣告出现了，在这一历史中，自由的人是有计划、有组织地与大自然进行交往的，整个社会生活的目标或目的不是劳动和生产，而是人的力量自身的最后的体现。"①

三、文化优化的必要性：文化优化的实践价值分析

文化是人的本体、根基，也是人的力量源泉，文化对于一个民族或国家来说，具有生存安全意义，文化存在与发展状态的优与劣，直接决定人的生存和发展水平，直接影响到民族、国家的安危。"一只猛兽可以吃几个人，一场瘟疫可以毁灭几个村庄，一次地震可以抹掉几个城市，但是，一场热核战争可以抹掉大半个乃至整个地球。"② 因此，对待文化，必须采取一种批判性、建设性的态度，分析、评价文化对人的效应，及时改变文化中不合理的价值取向和不科学的文化程序，对文化进行全方位优化，以期获得文化效益的最大化。

文化优化与社会需要和文化发展是互动的，任何一个社会和文化都离

---

① ［美］埃里希·弗洛姆：《在幻想锁链的彼岸》，湖南人民出版社 1986 年版，第 37 页。
② 邴正：《马克思主义文化哲学》，吉林人民出版社 2007 年版，第 38 页。

不开对文化的选择、管理、规划和设计，但在文化史上，由于文化处于相对封闭的状态，人们的文化水平较低，此时进化的力量起着主导作用，优化的力量处于附属地位，文化优化靠一少部分人的觉悟和反省，文化比较和借鉴的资源较少，因此，大部分文化优化行为不是建立在文化自觉基础之上，而是处于盲目的无意识层次。今天，人类处在一个全新的时代——全球化、信息化时代，人类的文化环境已与以往大相径庭，传统与现代、全球与民族、虚拟与现实共存，为我们进行文化比较和鉴别提供多维参考系数，不仅有时间维度上的历史之鉴，空间维度上的他者之鉴，还有超越时空维度的虚拟之鉴，从而使人类在一定程度上，能够超越自己时代的限制去思考问题。当今世界，文化的发达和繁荣程度已经处于有史以来的最高阶段，这毋庸置疑，但文化的盲目发展已经给人类及其文化的存在和发展构成极大威胁，人与自然、人与人、人与自身的关系出现高度背离和恶化，社会越来越需要文化自觉以及在此基础上对文化发展进行的主体性建构，从而使人类偏离文化的行为和观念得到纠正，使文化对人的效益最大限度地凸显，使人的本质力量最大限度地发挥，促进自然、人与文化的共同进步。我们正处在一个真正意义上的文化时代，关注文化环境与文化问题，关怀人的存在与发展，促进文化的大发展和大繁荣，实现人的解放和自由全面发展，成为当今时代人类的主要任务和奋斗目标。文化自觉宣布纯粹意义上的文化进化的终结，真正意义上的文化优化开始由边缘走向中心。

（一）文化优化是维护人之文化主体地位的需要

人的存在是文化产生和发展的前提，人的文化需要是从事一切文化活动的动力源泉。从文化主体角度看，文化优化是必要的：

　　首先，作为文化主体的人具有自然性的一面，需要文化优化。人是不完美的存在，人从动物进化而来，人的动物性始终存在，需要不断地反省、超越和提升，这也是进行文化优化的主体性原因之一。人是不完整的存在，人对自然、社会、文化存在着依赖关系，脱离自然、社会、文化，人就不成其为人。人是先天不足的存在，是未完成的动物，因而不像动物的存在那样是自足的、自洽的、先天规定好的，人只有在社会中、在文化里才能确立自己的本质，人只有通过他者，才能确立自身，自然、社会和文化是人弥补其先天不足的方式。但人又是有意识的存在，能意识自己存在的不足，从而能完善自己。在全球化境遇下，原来相对自足的文化主体，都变成他者目光下的不完整的文化主体，人的现实存在的不完满性，决定人要不断地超越现有的生存状态，这使追求完善与完美成为人类生活的重要主题。这种向善与向美的力量也必然体现在对文化的反省、批判、比较、甄别、取舍、择优、创新中，体现在文化发展与创造的过程中，这是文化优化发生的主体性因素。此外，动物是特定化的存在，也就是"完成"的、"完善"的存在，这样就失去了创造性的可能，而人是非特定化的存在，其内在规定性是非确定的、非限定的，因而有无限可发挥的空间，这就给人的创造性活动，提供了广泛的可能性和无限的自由度，使其具有持续不断的增长点，同时也为文化优化提供了前提、基础以及可能性。

　　其次，文化也会造成人的退化，需要文化优化。文化对人并不是仅有积极作用，当人接受文化恩泽的同时，也会遭到文化的束缚、限制和约束，文化甚至造成人的退化。一定的文化模式，限制人的文化活动的空间，一些标准化、规范化程序，扼杀人的创造力。当今社会尤其明显，网络、电子游戏向儿童和青少年传播着色情和暴力，电视机的发明和应用大大扼杀人的想象力，医学上抗生素的使用导致人的免疫力下降，现代大都市里高档、舒适的楼房，割断人与人之间的情感联系等等不一而足。文化生活、文化方式并不都是对人有利的，针对城市文化对人的消极效应以及人们对城市文化的盲从，世界文化与发展委员会提供的报告尖锐地指出："城市生活所形成的文化创造和行为模式不一定都是好的，不一定是对日常生活的积极创造。相反，有时候，它们是社会邪恶的一种表现，需要政治和社会的干预，把它们像毒草一样连根拔掉。"①"城市生活的阴暗面——大批的社会底层穷人、乞丐、毒品、犯罪、暴力、憎恨和低俗文化——不是城市快速发展变化中短暂的伴生现象，而是长期存在于城市生活中的基本特点。空气污染、水污染、居民区的垃圾堆，这些现象也使城市生活令人难以忍受。"②文化效应具有二重性，它既能促进人的进步和完善，也会造成人的退化，"文化作为人创造的客观事实，对人的作用是双重的。文化为人控制、掌握，就能赋予人自由，对人起肯定作用；文化不为人控制、掌握，亦能造成对人的压抑、破坏，乃至毁灭，对人起否定作用"③。有鉴于此，人类需要对文化进行优化，需要不断地反思人类的文化创造和发明，以此改变人类自身的文化命运。

最后，文化不总是尽如人意，需要文化优化。动物生活在自然环境中，与自然环境合为一体，而人通过改造、利用、加工自然环境，把自然环境变成"为人的"存在，从而使人生活在自己创造的环境中，生活在文化环境中。追求进步、追求卓越是人类的本质诉求，正所谓世界不会满足人，人用自己的行动满足自己。以往人们把这个世界仅仅理解为自然界，现在看来，这个世界除自然界外还应包括文化世界、人的世界，而且后者

---

① 联合国教科文组织：《文化多样性与人类全面发展》，广东人民出版社 2006 年版，第148 页。

② 联合国教科文组织：《文化多样性与人类全面发展》，广东人民出版社 2006 年版，第145—146 页。

③ 邴正：《当代人与文化》，吉林教育出版社 1998 年版，第 25 页。

越来越成为主要组成部分。当人的世界与主体需要存在差距时，人需要改造、革新世界，以此满足自己的需要，这也是文化优化发生的基本原因。人的世界的发展也即文化的发展，与人的生存状态高度相关，当人的世界不能满足人的文化需要，或其存在状态束缚和限制人的发展时，也就产生了文化优化的需要，文化优化意味着让人的生存状态更自由，可以说，文化优化是使人获得更大文化自由的过程。

总之，从主体性角度看，文化优化是人的主观需要，是人的本性诉求，是人与文化关系逻辑演绎的必然归宿，人类需要文化优化来调整人及其人的世界的关系，减轻自然性对人的束缚，从而获得更大的文化自由和全方位的发展。

（二）文化优化是发挥文化特性的需要

文化优化是由文化的特性规定的，文化自身属性是文化优化的客观依据。从文化本身看，文化优化是必要的：

首先，文化具有超越性。文化的产生是对自然的超越，文化的发展是文化对其自身的超越，超越性是文化的本性。"文化的视野超越工具手段，它憎恶怨恨。它自有强烈的爱好，那就是热切追求美好与光明。还有一件它愿意更热切追求之事，那就是让美好与光明蔚然成风。在我们全体都成为完美的人之前，文化是不会满足的。文化懂得，在粗鄙的盲目的大众普遍得到美好与光明的点化之前，少数人的美好与光明必然是不完美的。"①在历史上，文化总是打上意识形态的烙印，文化是不完美的、有缺陷的，总是有可开发的空间和可提升的余地，具体的历史的文化总是一定时代的

———————

① ［英］马修·阿德诺：《文化与无政府状态》，三联书店 2002 年版，第 30 页。

反映，是一种不完美的存在，需要文化不断克服自身的缺陷，向更有利于自身存在和完善的方向发展，文化的这种不完美性以及由此引发的文化的自我超越，构成文化发展和进步的内在动力，而以人的理想和价值的实现为旨趣的文化优化，与文化本性和发展取向完全契合，可以说文化优化是文化超越性这一本性的诉求。文化的超越性，为文化优化的发生提供了客观依据。

其次，文化具有自组织性。文化是一个开放的有机系统，"无论在什么地方，文化绝非文化特质的单纯相加或简单汇聚，文化要素总是组成为系统。每种文化都有一定程度的一体化和统一性，它依赖于一定的基础，按照一定的原则或系统组织起来"①。文化系统具有自组织性，一个文化模式、文化系统的形成、发展、传播无不具有自组织性。"文化发展的自主性和内在性，在一定意义上也就是文化之序的自组织性。自组织是文化本身的内在矛盾所推动的序的不断变化，文化传承中序的改变成为向更高级有序生成的契机，成为推动文化优化的动力机制。"② 可见，文化系统的自组织性为文化优化提供可能性前提，但这种由自发性的文化演化所实现的科学意义上的优化，依赖于文化系统内部的复杂的、非线性的相互作用，是付出巨大代价的，仅靠文化的自组织性，也就是文化系统与环境相互作用中的自然选择，不可能完全符合人的文化利益，更无法最大化地实现人的效益和文化效益，因而，必须发挥人的文化认识力和文化创造力，充分认识和掌握文化演化机制和规律，主动对文化进行他组织的优化。不难看出，文化的自组织性需要与人的他组织性相结合，才能实现真正意义上的文化优化。

---

① [美] L.A. 怀特：《文化的科学》，山东人民出版社 1988 年版，第 206 页。
② 李丽：《扰动文化的逆流》，中央社会科学出版社 2007 年版，第 37 页。

最后，文化具有相对性。文化的相对性首先表现在，文化的存在及其意义不是绝对的、永恒的。文化的自然形式导致文化物品的毁灭、文化遗产的流失，文化的社会形式，如制度、规范等，随时间和空间的推移和拓展，也会变成束缚人性的东西，导致文化的落后、衰亡，因此，文化需要人为的保护和为人的创新，需要文化的管理与优化。文化的相对性也表现在文化模式上，任何一种文化模式的潜能都是有限的，它必须不断地通过与其他文化交流，引进新的文化基因，或者进行文化的变革，创造新的文化模式，否则，就会故步自封，陷入文化模式的僵化、固化状态，"当一种模式达到其潜力发挥的极限时，进一步的发展是不可能实现的。因此，要么是旧模式的依样复制，要么是彻底革除旧模式并制定出新的模式，两者必居其一"①。此外，文化作为一个客观的发展过程，具有阶段性，"文化过程不是一个平稳和一贯的流程，而有其发展的初创时期，稳定的增长时期，达到峰巅的全盛时期，持续、反复的停滞时期以及革命的大动荡时期，创新、分裂、瓦解和衰败时期，等等"②。文化的这种相对性、有限性，是不以人的意志为转移的，但这里仍存在人之文化主体性可发挥的空间，那就是在不同的文化发展阶段，人类要采取不同的文化战略，在文化处于刚刚确立或上升的时期，文化优化表现为完善文化和用文化去优化；当文化处于矛盾突发期、衰落时，要对文化进行改革；当文化处于落后、反动阶段，变成人的对立面时，需要进行彻底的文化革命。因为文化的命运，表征着人的存在与发展的命运。当一种文化发展模式不再充分具备历史的合理性与合法性时，人类必须自觉地反思、批判和创新，进行主动的优化创造，推动文化的进步和完善。

---

① ［美］L.A. 怀特：《文化的科学》，山东人民出版社 1988 年版，第 207 页。
② ［美］L.A. 怀特：《文化的科学》，山东人民出版社 1988 年版，第 208—209 页。

（三）文化优化是畅通文化交往的需要

从文化间的关系角度看，文化优化是必要的。文化是一种共同体的存在，不同文化共同体之间的冲突与合作，成为文化存在与发展重要样式与内容。由于特殊的环境和民族经历，可以说，任何民族文化都是独一无二的，有其内在的自洽性，斯宾格勒在《西方的没落》中，用诗化的语言描述了文化的独特性，他说："我所看到的，不是那一直线型的历史的空壳——面对那无限丰富多样的事实，它只有通过使人们紧闭双眼才能得以保持——而是众多伟大文化的戏剧，其中每一种文化都以原始的力量从其母土中勃兴起来，并在其整个的生命周期中和那母土紧密地联系在一起；每一种文化都把它的材料，它的人类印在自身的意象内；每一种文化都有自己的观念，自己的激情，自己的生命、意志和情感，乃至自己的死亡。这里确实充满着色彩、光和运动，但理智的眼睛至今仍是视而不见。在这里，文化、民族、语言、真理、神灵、景观等，一如橡树和石松，一如花朵、枝条和树叶，从盛开又到衰老。"① 任何民族文化都处在从不完善到完善的进化过程中，世界上没有一种文化完美无缺到可以拒斥其他民族文化的优秀成果而独领风骚。同时，任何民族的文化不管其多么弱小，都具有吸收和消化其他民族文化的能力，也存在值得其他民族学习和借鉴之处，不同民族文化之间的双向沟通和融合具有必然性和可能性。文化相对论者提出民族文化的相对性和价值相对性的原则。他们认为，每一个民族的文化关于行为准则、关于价值的尺度以及种种制度，在其文化体系中的范围内都有某种存在的合理性；尽管不同民族文化的行为准则、价值尺度和社会制度千差万别，乃至相互对立，但它们都有一定的维护社会存在和本民

---

① ［德］奥斯瓦尔德·斯宾格勒：《西方的没落》第 1 卷，上海三联书店 2006 年版，第 20 页。

族稳定的功能。另外，不同民族文化的价值尺度和行为标准都不具有最高标准的意义。各民族文化的价值观都是独特的，只有从一定的文化体系的角度来考察才有意义，不可简单类比。虽然从文化的演进过程来看，有着文明与野蛮之分和先进与落后之别，但是，各个不同民族文化处在同一阶段，很难找出一个正确衡量文化优劣的价值判断标准。

不同民族的文化有历史长短之分、发展程度之差、内涵形式之异，但无绝对的高低贵贱之别。因此，在文化交往中，我们坚决反对和抵制文化霸权主义，英国政治学家比克胡·帕雷克指出："不同的文化代表着良好生活含义和前景的不同体系。因为每种文化都实现了有限范围内的人类能力和情感，只是抓住了人类生存的一部分，所以它需要其他文化更好地理解自身，扩大其理性和道义的眼界，使其创造力得到延伸，防止陷入使自身绝对化的明显诱惑。这并不意味着一个人不能在自己文化圈内过着良好的生活，但是更进一步说，只要其他东西是平等的，如果人们享受其他文化所得，生活可能变得更加丰富多彩。对大多数人来说，文化上的封闭生活在现代世界是不可能的。它也不意味着，文化不能被比较和评判，文化是同样丰富的，值得受到平等的尊重，每种文化对其成员来说都是有益的，或者说，各种文化差异都值得尊重。所有这一切意味着，没有一种文化是完全没有价值的，它至少值得某些尊重是因为它对其成员具有意义和展现了的创造力，任何文化都不是完美无缺的，没有权力把自身强加给其他文化。"① 在处理文化关系的实践中，我们需要一种文化优化的理念和意识，打击文化霸权、强权，倡导和谐文化理念和战略。

从现代人的境遇看，全球化把全世界的所有民族都带入一个互知互晓、互通有无的文化透视的平台，这就需要我们不仅了解自己文化的过

---

① 转引自王晓德：《历史与现实——世界文化多元化研究》，天津人民出版社 2007 年版，第 27—28 页。

去、现在，预测其未来，更要了解其他民族的历史、现状和发展取向，从而正确把握人类文化整体的脉搏，顺应历史的发展趋势，使文化自身符合先进生产力的发展要求，符合先进文化的前进方向，又不失民族文化的本体和特色，这就要求每一个现代人要用优化的态度、眼光和理念去认真审视自文化和他文化，并自觉顺应人类文化整体的发展趋势，那种任文化自在进化的历史已经一去不复返，在全球化的今天，任文化自在发展就意味放弃文化发展的话语权，这必然导致民族文化被淘汰、被同化、被奴役，只有通过自觉多层次的优化建构，主动地去学习先进文化，创新和保护民族文化，自主化解文化冲突，从而不致在文化全球化过程中丧失自我，丧失发展的权利。面临诸多的他者文化，或出于民族的情感定势和理性直觉，或出于对自我迷恋与反省，或出于真正意义上的文化自觉，任何民族文化都会作出应对，要么闭关自守、要么对外开放，要么实施文化侵略、要么采取文化臣服，等等，主体的理性与情感都会对其予以甄别与取舍，不论是理性自觉的，还是感性自发的，总而言之，我们会产生文化抉择的动机，会做出某种或优或劣的决策及行为，这就是文化主体对异文化的反映。由此可见，文化道路多种多样，不同的选择、判断，其结果却并不一样，正确的、优化的抉择，会带来人和文化的良性互动，会使文化道路更加光明，错误的、劣化的选择，可能导致文化道路的曲折，甚至文化的毁灭，因此文化能否优化，这取决于文化自觉基础上正确的文化评价和文化创造，人类的交往实践促进了文化的交流与承继，没有文化的交流与承继的文化是脆弱的，这样的文化就会面临失传、停滞等问题，但文化交往必须伴随文化优化，事实上，文化优化就是一种积极的文化创造，文化的交往离不开文化优化，没有优化理念的文化交往是盲目的、危险的、毫无意义的。

（四）文化优化是实现文化可持续发展的需要

从历时性角度看，文化优化是必要的。文化发展不像文化进化论所倡导的那样，是一个线性的、肯定的、不可逆转的过程，而是一个非常复杂的非线性的过程。文化发展具有复杂性、不确定性的特点，从某个角度出发的文化进步，很可能是一个文化陷阱，它可能包含着文化退步的力量，也可能存在着文化片面性的风险。中国人民大学郭湛教授指出："人类文化进步的全程都伴随着各种偏离、否定乃至退化的力量，这股进步的反力，如果始终被排除在人们的理论视界之外而任其自由发展，那么我们将难逃文化灾难的厄运。"① 因此，需要确立文化优化的理念、态度和策略，不断地对文化及其演化进行自我反省和自我批判。

文化传承是文化可持续发展的内在机制，文化能否走向未来，文化传承扮演着十分重要的角色。但文化传承绝非简单的因袭，在传承的过程中必然会有不断的变迁和创造，以适应环境条件和社会生活的改变，也需要淘汰和增添，从而存优汰劣，使文化丰富多彩，更需要对已有文化基因的维护和巩固，来确保文化的稳定以及个性的保持，这样才能延续文化的生命力，实现文化的可持续发展。文化传承的过程，就是文化可持续发展的过程，也是人类自觉不自觉地遵循文化优化的过程。

文化不必然把人引入文明，文明也不必然满足人的文化需要和有利于文化自身的发展。"文化发展决不会必然地导向一个更好的事态。因此任何阶段都不比前一阶段更优越；道理很简单，每一阶段所形成的文化规划在性质上都是不同的。无可否认，这里存在着可以看出的进步，但是这种进步的含义是不明确的，因为它也可能有消极的结果。它在作为进步的同

---

① 李丽：《扰动文化的逆流》序言，中央社会科学出版社 2007 年版，第 4 页。

时又联系着这样一个事实，即每个阶段都有一种消极的成分。"① 一味的文化创造不一定是人类理想的文明状态，也不一定促进文明的发展和进步，而很可能把人引入一个深渊，近代以来人类科技的发展就是一个例子。文化发展不平衡也会导致文化的失序，物质文化、制度文化、精神文化之间，不同区域之间，不同民族之间，男性与女性之间，都需要均衡协调发展，任何一个方面过度地膨胀，必然导致文化程序的失控，出现社会的不和谐、不公正、不合理。人类文化发展史告诉我们，人类正是在与假恶丑的非理想状态作斗争，以及克服文化劣化、恶化、僵化、衰化、分化、异化、无序化的过程中，不断推动文明的进步与发展的。因此，在文化创造的同时要不断对文化进行设计、反省、管理、优化，竭尽一切力量把人类引向真善美圣的理想的人的世界。

著名文化人类学家爱德华·泰勒指出，应确立文化科学来专门研究文化的发展，帮助人们理清文化的元素，消除恶劣的"文化拟子"，推动文化进步，"民族学的职责，就是要揭露那些粗糙的古老文化的遗留物，那是一些恶劣而且时时令人讨厌的遗留物，它们已经变成了有害的迷信，一定要把它们消除。现在，假如这项工作还不怎么有利，那也就是对人类没有益处的。因此，文化科学应立即行动起来，援助进步，清除障碍：它本质上是一门革新者的科学"②。实际上，在文化演进的过程中，各种各样的文化问题和危机，不断地向作为文化主体的人提出挑战，这是推动文化发展的动力，但文化主体如不能对文化作出正确的判断，不通过文化优化，作出合理的应对，往往会导致文化灭绝、文化同化的悲剧。中国历史上的西夏文化、满族文化，欧洲号称"空中花园"的苏美尔文化，神秘的玛雅文化，

① ［荷］冯·皮尔森：《文化战略》，中国社会科学出版社1992年版，第7—8页。
② ［英］爱德华·泰勒：《原始文化》，广西师范大学出版社2005年版，第756页。

都是因为没有文化自觉，对于自身文化存在问题以及来自自然、社会、他族带来的文化安全隐患认识不足，没能找到相应的解决办法，最后导致文化的毁灭和消亡。实现文化的可持续发展，离不开自觉的文化优化的支撑。

文化的可持续发展包括人类整体文化的可持续发展和民族文化的可持续发展。伴随生态环境的恶化、大规模杀伤性武器的发明、反文化的猖獗，人类及其文化能否可持续存在，已经成为摆在现代人面前的难题。就民族文化而言，民族文化的消失，每一天都在发生，各种地方语言、物质文化、非物质文化正大规模地流失，民族文化的发展空间不断地被挤压，文化霸权主义和文化专制主义通过各种各样的形式，实施文化侵略和文化同化。在现代化的冲击下，许许多多的文化传统被遗弃，人类文化同质化的趋向越来越明显，这势必造成人类文化遗产的流失，导致人类文化基因的同质和一元。而一元化、同质化的文化模式和文化基因，虽然曾经堪称优秀，但也是最贫乏和最没有力量的，文化的大环境一旦发生变化，必然造成人类整体的迷失和盲目，使文化陷入绝境。与此相反，在一些经济发展比较落后的民族，由于世界非物质文化遗产的设定，获得联合国给予的资金支持，这就使得一些面临濒危处境的文化形式、文化空间得到保护，这些文化资源和文化遗产的保护，无疑有利于文化的可持续发展。

从中可以看出，文化要想可持续发展，需要人类有一种历史的眼光、全球的视野、人本的关怀，也就是要有一种优化的理念。没有全球治理的理念，没有超越民族利益的机构，地球必然一盘散沙。"不管怎么说，我们是地球上变化的最高代行者，我们要做的一切，都会给今后的各种事态带来影响，成为左右我们自己未来的主要因素。具有这样的自觉是极为重要的。人类的未来是永远延续还是以短命告终，是最美好还是破灭，是得到酬报还是悲惨结局，这涉及是保存还是毁灭遍布在这个地球上的生命网，涉及如何从更全局的观点，运用我们庞大的知识和力量来改变这个生命组织体。同样重要的是，要认识到人类的未来将是有史以来整个地球的未来。也就是说，我们所选择的道路不论是成功的道路还是破灭的道路，它都不会局限于各个孤立的国家或地区，而会将整个人类卷进去"。① 总之，文化的进步和可持续发展都离不开人的自觉以及在此基础上的文化优化的管理和创造，人类如果对子孙后代负责、对整个人的世界负责，要完成文化可持续发展的使命，就需要文化优化的支撑。

（五）文化优化是顺应文化环境变化的需要

就现实性而言，文化优化是必要的。文化是相对稳定的人的存在方式，但社会文化环境总是不断发展变化的。文化的优劣直接通过文化环境予以表现，因此，文化优化常常发生于文化环境变化的实践中，文化优化通常表现为文化环境的优化。文化环境千变万化，任何一个偶然因素的发生，都可能导致环境的改变，环境的变化是历史的必然，而环境尤其是文化环境与人又是直接同一的，作为一种效应性的存在关系，直接反映和影响着人的生活。于是，文化环境的优化也就成为人的必然抉择。只有通过优化现实的文化环境，才能达至文化理想，因为现实总是不完美的，需要通过人主动性的发挥，去创造和革新，以此奔向人的理想。"文化不是人的抽象精神活动，而是人的现实的历史。它要求人现实地对待和解决人与自然、人与社会、人与人之间的矛盾，通过解决这些矛盾实现人的价值。在这里，人的理想与人的现实达到了内在的统一。人的理想性以解决人与自然、人与社会、人与人之间的关系为现实内容，直接体现了人的现实，是具有现实性的理想；人的现实性因追求人的存在价值而具有生命力，形

① ［日］池田大作：《二十一世纪的警钟》，中国国际广播出版社 1988 年版，第 11—12 页。

成人的历史主动性。这种现实性是充满着理想的现实性。只有这种充满理想的现实性才是真正人的现实性。由此可见，文化就是人的理想与人的现实的统一。"①

当今世界，全球化实现了全球先进科技文化资源共享，但同时也在无情地破坏着民族文化生态平衡。在这一过程中，民族文化传统遭到破坏，文化秩序被瓦解，文化身份认同陷入错乱，文化生存受到威胁，整个人类文化尤其是非西方国家的文化发展与文化安全，正面临着空前绝后的复杂与严峻局面。面对文化的困境和危机，需要我们保持一个清醒的头脑、高度的警惕和健康的文化心态，对待文化既不能放任自流，也不能自我封闭，既不能诚惶诚恐，也不能麻痹大意，既不能走无政府主义的道路，更不能回到文化保守主义立场上去。全球化已经成为我们这个时代的主题，积极参与文化的交往是文化主体的必然选择，只有在开放交流的环境中，民族文化才能保持活力与健康。这无论对于人类文化还是民族文化的安全都不无裨益，人类只有积极主动参与国际文化合作与竞争、冲突与融合，积极吸收借鉴国外文化发展的有益成果，反对文化霸权主义与文化帝国主义，维护民族文化主体地位，从而也更为有效地保护自己的民族文化。在全球化的文化竞争时代，文化安全的力量依托于文化实力，因此，在有效防御外来和内生的不安全因素的同时，要加强文化资源的保护、开发及利用，加快文化产业发展，加快文化体制改革，积极推进文化创新，从而提升文化软实力，提高文化竞争力。

综观当今世界整个人类的文化环境，不难看出，人类越来越面临一个复杂混乱的文化现实：全球化与民族化、传统化与现代化、一体化与多元化、现实化与虚拟化、大众化与精英化交织并存，恐怖主义、沙文主义、

---

① 何萍：《马克思主义哲学与文化哲学》，武汉大学出版社 2002 年版，第 93 页。

霸权主义、无政府主义甚嚣尘上。这种混乱的局面迫使我们不得不对其进行重新规划、设计、管理，恶劣的文化现状要求我们对其予以改革，甚至通过革命的方式，进行重新组合和优化。一句话，这种愈演愈"劣"的文化环境对文化优化的发生提出了客观需要。

自然使文化非文化，文化传统本身具有僵化、固化的倾向，提倡个性自由也会带来副作用，文化总是面临困境。事实上，有文化就有文化的危机和失落，就有困境和挑战，就有文化的矛盾和冲突，就有文化的不足和缺陷，也就有文化优化的必要和意义，文化就是一个错综复杂的矛盾体。矛盾和困境、冲突和对立不是人类所需要的，但不能因此而抹杀它们在推动人类文化发展中的客观作用。正因为有矛盾、有困难，才会有动力，才会在不断排除困难、解决问题中，推动文化进步与繁荣。文化优化不是消灭矛盾，那是不现实的，而是正视矛盾、分析矛盾，从而找到更好的解决矛盾的途径。文化优化也没有一劳永逸的方案，更不会提供包治百病的秘方，那种能解决一切问题的是神学而不是哲学，文化哲学提供的是一种理念、取向、价值、方法。文化优化之所以能够发生，主要是由于文化主体是有意识的、自觉的、朝向理想的、反思的，来自文化的超越性和创造性，来自文化自身的自组织性、可控制性、可调节性，来自文化的相对性。文化优化是人的一种理性行为，强调人的一种主动性，是文化主体对文化客体、文化现象从而对自身行为、意识、理念、态度的一种自觉的反思、调控和建构。基于此，我们可以说，文化优化是主观的，也是客观的；是历史的，也是现实的；是理性自觉的，也是感性自发的。人类文化史的奇妙之处就在于，它既是一个客观必然的过程，又是一个由人参与、由人取舍的过程。文化优化的发生离不开客观的力量，但更是人为努力的结果。文化优化只有在主客观条件具备时才能顺利进行，任何违背规律、逆历史潮流而动的行为，只会弄巧成拙，有悖于人及其文化的协同共进。

第三章　文化优化的基本内容：文化优化论的理论视野

　　一个理论不是认识，它只是使认识可能进行的手段。一个理论不是一个目的地，它只是一个可能的出发点。一个理论不是一个解决办法，它只是提供了处理问题的可能性。换句话说，一个理论只是随着主体的思想活动的充分展开而完成它的认识作用，而获得它的生命。

——埃德加·莫兰 ①

　　过去文化一直是朝后看，目的是为了试图了解世界；现在文化突然朝前看，为的是改变世界。

——让·多尔梅松 ②

---

　　①　[法]埃德加·莫兰：《复杂思想：自觉的科学》，北京大学出版社 2001 年版，第 271 页。

　　②　Council of Europe: Cultural Policy Dossier No.2-3/81, Strasbourg: Council of Europe, 1981, p.3.

　　文化优化论是对文化人类学理论的总结、概括和提升，是对文化进化论的修正、改善和补充，是对文化管理在哲学层面的阐释、分析和解读。以往的文化理论，诸如进化论、播化论、功能论等，都是关于文化是什么样的描述性理论，文化优化论建立在对文化实然状态批判的基础之上，不断作出对人类文明危机与人类生存境遇的反思和超越，因而是关于文化应该怎样的批判性理论。当今人类文化面临的历史境遇和批判主题已今非昔比，伴随科学技术的进步，毫无疑问人类的物质文明程度越来越高，但社会制度越来越不合理，文化越来越庸俗，人的幸福指数越来越低，这是现代社会的文化悖论，需要哲学尤其是文化哲学对文化本身进行批判、反思、梳理、优化。正如弗洛伊德所说："当一个人已在一种独特的文明里生活了很长一段时间，并经常试图找到这种文明的源头及其所由发展的道路的时候，他有时也禁不住朝另一个方向瞥上一眼，询问一下该文明未来的命运以及它注定要经历什么样的变迁。"① 文化优化论正是在这样的文化需求下提出的。文化优化论通过系统阐述文化优化应处理的关系，文化优化的机制与途径，文化优化的尺度与标准，文化优化的特征与属性等有关文化优化的核心问题，以此展示其基本理论视野。

---

① ［奥］弗洛伊德：《论文明》，国际文化出版公司 2000 年版，第 1 页。

一、文化优化何为：关系与内容

自然、人、文化三者协调互动，才能形成巨大的人文效应，但现代人的文化行为超越自然的限度、理性的限度，造成人与自然的疏离、文化对自然的破坏以及文化对人的背叛，从而破坏了人的自然环境、文化效应环境和人自身的生理、心理环境。表面来看，当前人类所面临的难题和危机，主要是人与自然关系的矛盾和生态方面的危机，而从更深的层次来看，人类当前所面临的问题和危机，都具有深刻的文化性质，主要表现为各种文化关系发展的极不和谐与严重失衡。这些文化关系主要包括：

（一）人与文化的关系

人与文化的关系问题，是文化哲学的基本问题。人与文化之间的关系是文化优化要处理的一对最根本的矛盾关系，它涵括文化优化所要处理的一切文化关系，从关系角度讲，所谓文化优化也就是协调以人与文化之间关系为核心的文化关系的活动。

人与文化之间的关系作为哲学考察的基本对象，是文化哲学诞生以来的事情。伴随着人类主体自我意识的逐渐增强以及人的文化认识和创造日益深入，弘扬人的主体性呼声日高，提倡文化自觉意识势在必行，人的问题、文化的问题成为哲学研究的核心问题。从文化研究演化角度看，将研究对象从人与世界的关系上升到人与文化的关系，自觉探讨人与文化之间的矛盾关系，从其相互关系中全方位地反思二者的存在与发展状态，这是文化研究的合理深化，是文化理论从人类学、文化人类学、文化学等上升到人学、文化哲学层次的一个逻辑必然。从哲学高度反思、考察人与文化之间的关系，改变了以往人们对文化的盲目、无知和放任自流，将人的主体性提升为文化自觉性，这无疑有助于人们在实践中对于文化现实自觉投射一种反思与批判意识，在人类的成就与自信中清醒地看到存在的问题和危机，以使人类的文化实践减少盲目性，增加行为的自觉性，从而实现人对自己本质的自觉创造。

文化是人的本质的展现和成因，人之为人的根本在于人创造了文化，同时文化作为人的创造物也在塑造着人类。这种双向创造、互动生成的过程，使人具有了文化性，也使文化具有了主动性。人与文化的关系，就像鱼和水的关系一样密切，但不同的是，鱼无法改变水质，要靠自然和人来净化，而人却能够发挥自己的主动性、创造性，对文化进行掌握、控制、调节、规划和设计，实现文化人为的和为人的优化。"我们是有意志、有目的的演员，并且有权改动脚本——至少是在我们表演的那部分以内。我们是聪明地改动了，还是愚蠢地改动了，这就要看我们有多聪明……或多愚蠢。"① 人是文化的主体，也是文化的目的。因此，人与文化的关系，从本质上说，就是文化主体与客体之间的关系。就总体而言，任何文化活动都是主体人的活动，因而也都应该是为着人的活动。人创造着文化，文化塑造人，人与文化相互规定，内涵互构，同时共生，相缘俱进，相互推动，同步发展，内在一致，但就其现实性上看，人与文化的发展并不完全统一、同步，人经常背离文化的轨道，做出反文化、非文化、无文化、低文化的行为，破坏良好的文化秩序；文化也并不总是为人的，某种文化模式、文化规范一经形成，人类本质的各种丰富性潜能就有可能被规定于一种既定的文化形式中，从而形成对人的丰富本质的否定，在更深的意义层次上说，这也是对人的自由创造性的剥夺。此外，在一定的历史时期，落

---

① ［美］欧文·拉兹洛：《人类的内在限度》，社会科学文献出版社 2004 年版，第 223 页。

后的文化往往束缚、限制、压抑甚至扼杀人的存在和发展。这样，人与文化之间的关系就需要人来进行主导性的调节和优化。从关系角度讲，人与文化之间形成一种合理的、和谐的关系，是文化优化的基本目标之一。

人与文化的关系具有时代意义。人与文化的关系耦合演绎构成人的世界的一切问题，不能将人与文化的关系作抽象理解，考察二者关系应结合人类的历史和现实，具体问题具体分析。当今世界，人类文化进步的趋势生生不息，但其面临的问题却层出不穷。作为现代文化创造者和守护者的当代人类，应理性地看待自己的文化成果和存在的问题。由于人类缔造文化的认识和实践的局限，在人类文化演进的历史长河中，难免泥沙裹挟、暗流涌动，更不乏惊涛骇浪、险象环生。尤其是在全球化的背景下，生态危机、贫富分化、文化霸权、原教旨主义、文化冲突等问题不断进入人们视野，对人类构成前所未有的挑战。主动研究与解决这些问题，关注与文化发展相关的重大理论和现实问题，考察文化走向，从而作出新的文化抉择，创造新的文化方式，对于解除威胁、摆脱困境，消除文化间的对立与冲突，化解人与自然、人与人、文化传统与现代化、全球化与本土化等各方面矛盾，实现人类文化新的飞跃，具有重要的意义。

（二）人与自然的关系

文化本身蕴含着有关人与人的世界的一切关系，这些关系按其性质可分为两种基本的关系，即人与自然的关系以及人与人的关系。马克思和恩格斯曾对人类面临的问题高度概括，总结出人类面对的两大基本问题："人同自然的和解以及人同本身的和解。"[①] 这里所说的"人同自然的和解"，

---

① 《马克思恩格斯全集》第 1 卷，人民出版社 1956 年版，第 603 页。

指的是人与自然的关系，也就是如今人类面对的环境问题，而"人同本身的和解"，指的是人与人的关系，即社会关系问题。张岱年先生则明确指出文化关系的划分，他分析说："文化按其所面对的问题可分为三个方面，即人和自然关系的方面，人和人的关系方面，以及人自身的关系——如灵与肉、精神生活和物质生活——的方面。科学、技术、政治、法律、文学、艺术等按其内容的侧重分别属于这三个方面，而哲学、宗教则处于核心的地位。"① 其中，人自身的关系也可归结为人与人之间的关系。人与自然之间的关系以及人与人之间的关系是文化关系中两种最基本的关系。

人既是自然存在，又是文化存在，因此，人与自然的关系也分为两个方面。一方面，在本原的意义上，人直接地是自然存在物，人与自然是直接同一的，人不可能脱离自然，更无法摆脱由自身自然所决定的对外部自然的对象性关系。人本来就是"现实的、肉体的、站在坚实的呈圆形的地球上呼出和吸入一切自然力的人"②，"我们连同我们的肉、血和头脑都是属于自然界和存在于自然界之中的"③，人只有生活在自然之中，依靠自然界生活。仅就这一方面而言，人与动物无实质上的差异，人同自然界的联系，是一种单纯的"自然关系"。另一方面，"作为人的人"又是一种文化的存在，人通过有目的有意识的文化实践，创造了一个属人的世界，自然界成为"人自己的人的存在的基础"，"动物仅仅利用外部自然界，简单地通过自身的存在在自然界中引起变化；而人则通过他所作出的改变来使自然界为自己的目的服务，来支配自然界"④。在这个意义上，文化人与自然界发生的是属人的、为我的关系，人同自然界的关系，是一种真正意义

---

① 张岱年、程宜山：《中国文化与文化论争》，中国人民大学出版社 1990 年版，第 5 页。
② 《马克思恩格斯文集》第 1 卷，人民出版社 2009 年版，第 209 页。
③ 《马克思恩格斯选集》第 3 卷，人民出版社 2012 年版，第 998 页。
④ 《马克思恩格斯选集》第 3 卷，人民出版社 2012 年版，第 997—998 页。

上的文化关系，就是人作为文化存在物同自然界所发生的为我的"人的关系"。综上所述，不难得出以下结论：其一，人与自然的关系，虽有纯自然的一面，但更本质的方面是文化意义上的关系。其二，不论从什么角度考察，我们不难看出，自然界是人类共有的家园，人离不开自然，需要一个为人持续提供生活资料、场所的自然界。其三，人是世界上唯一的有意识的存在物，在人与自然的关系中人是主动的方面，人应当担负起对自然界合理调控和协同自然进化的责任。

作为结果的人与自然的关系，是人类在长期的文化创造过程中形成的，马克思和恩格斯在《德意志意识形态》中曾指出："自然界起初是作为一种完全异己的、有无限威力的和不可制服的力量与人们对立的，人们同自然界的关系完全像动物同自然界的关系一样，人们就像牲畜一样慑服于自然界。"① 随着人类认识和实践深入，以及文化积淀越来越丰厚，人类能够在某种程度上自觉地掌握和驾驭自然规律和社会规律，对先进文化成果的运用越来越自觉，所获得的自由逐渐增大。与此同时，人类实践的负效应也呈现出来，正如衣俊卿教授所言："技术的异化促使一些普遍的文化力量和社会力量的异化和失控发展：官僚制的极权国家、以批量生产和商品化为特征的大众文化、以操纵和控制人的精神世界为宗旨的形形色色的意识形态、斩断人与自然以及人与人天然联系的大都市，等等。结果，人在完全是自己的文化创造物的属人世界中，表面上是自由的，实质上是从生产到消费，从工作到私人生活均受着无形的异己的文化力量的摆布；面对按照技术原则组织起来的庞大的社会机器，个人的渺小感、无能为力感油然而生。在最极端的形式中，两次世界大战的劫难、原子弹的邪恶威力、'奥斯维辛'、'格尔尼卡'、'古拉格群岛'等悲剧把以技术理性主义

---

① 《马克思恩格斯选集》第 1 卷，人民出版社 2012 年版，第 161 页。

为核心的文化之危机淋漓尽致地裸露在世人面前。"①

在当代，自然环境遭到前所未有的破坏，人与自然的关系问题集中展现为环境问题。正确处理人与自然之间的关系，实现人与自然的和谐相处，从而实现人和自然的可持续发展，成为人们进行文化创造和文化建设追求的目标。"自然界本身是永恒的，是不会消灭的；但是向着人、利于人、能够滋生文化和成为人类生产和创造文化的对象性基础的自然界却是有限的，而历史上一些受人的活动的反文化结果破坏的局部自然界，还成了埋葬曾经存在过的文化的坟墓。很显然，从自然与文化的关系来看，高度自觉地保护适合于人类持续和可持续地生存和发展的自然界及其再生能力，是人们生产、创造和发展文化的题中应有之义。"② 人类应该通过文化反省，改变人类文化创造的方式，优化人与自然之间的关系，如果人类能够如马克思所说："合理地调节他们和自然之间的物质变换，把它置于他们的共同控制之下，而不让它作为一种盲目的力量来统治自己；靠消耗最小的力量，在最无愧于和最适合于他们的人类本性的条件下来进行这种物质变换。"③ 那么，各种环境问题也就可以得到根本解决。

（三）人与人的关系

人既生活在自然世界当中，又生活在文化世界中，而且只有生活在文化世界中的人的存在，才是人的真实存在。文化传统弥漫着整个文化世界，文化的力量无处不在，文化世界中的一砖一瓦都传达着文化的信息，生活在文化世界中的人的一言一行都具有极大的示范作用。人自从诞生开

---

① 衣俊卿：《20 世纪的文化批判》序言，中央编译出版社 2003 年版，第 14 页。
② 夏甄陶：《自然与文化》，《中国社会科学》1999 年第 5 期。
③ 《马克思恩格斯文集》第 7 卷，人民出版社 2009 年版，第 928—929 页。

始就接受文化的熏染和教化，人逐渐文化化、社会化。经过教化的过程或社会化的过程，人把社会的规范内化为自己的行为准则，这样就会认可和接受社会、民族或群体中共同的理想、信念和信仰，并把它们作为自己确定价值理想和行为目标的根据。于是，人由一种纯粹的生物有机体现实地进入一个文化的宇宙、意义的世界。

在文化共同体中，人与人直接遭遇，人的存在和生活总是处在与别人、与群体的交往和相互作用中，这样，人与人之间必然形成错综复杂的文化关系，因此，需要有一套规约人的行为举止的规章制度和方式方法，对人与人之间的关系进行调节。文化作为一种共同体现象，作为价值观念和行为规范的体系，通过习惯、时尚、民俗、道德、法律以及各种各样的规章、制度、纪律等形式，形成一套制约人的行为举止的社会规范，引导个人的行为，为人的交往实践提供活动的场域和范型。通过各种制度、风俗、习惯、信仰等对生活其中的人们进行规约和限制，让人们生活在安定有序、美好和谐的文化环境中，从而形成文化的合力，这是人类社会共同的文化诉求。但正如任何事物都有其存在的内在限度一样，文化也不例外，当文化处在失范、失序和无效的状态时，人与人的关系同样会陷入背离、敌对和混乱之中，人的生存和发展受到限制和破坏，因此，除人与自然之间的关系外，人与人之间的关系是文化优化需要考察和调节的又一基本的文化关系。

从历时性角度看，人与人之间的关系，包括古代人和现代人的关系以及现代人和未来人的关系。一方面，文化优化致力于协调古代人与现代人的关系。现代人要尊重祖先的文化选择和文化创造，充分利用和保护先人的文化遗产，继承其文化精神和文化特质，使古人创造的文化得以传承；同时，要不断进行文化创新，实现文化超越，把继承下来的文化发扬光大，使既得的文化生产力得到保护。另一方面，文化优化更加关注现代人和未来人的关系。现代人在谋求生存和发展的同时，必须要有长远的眼光和视野，不能破坏和占用子孙后代的生存和发展的文化资源，要为他们留下更多宝贵的文化遗产，而不是文化垃圾。只有这样，才能保证文化的不断进步和顺利传承，实现文化的可持续发展。从空间角度讲，人与人之间的关系，包括任何文化单位或社会组织内以及这些单位和组织间的人们之间的一切社会关系。文化优化通过改变社会制度、优化社会风气、实行新的文化措施、加强文化管理、推广文化教育等多种渠道对人与人的关系进行调节。

人与人的关系样态直接关系到人的生存和发展，关系到人的幸福程度。在盲目的无意识状态下，人与人的关系必然处于混乱、冲突和敌对状态，这就不可避免地破坏社会的秩序，消解文化的力量。在早期资本主义社会里，由于各种制度还不成熟，人与人之间处于恶性竞争之中，就像霍布斯所说，在这里"人和人是狼"。恩格斯也曾说过："在我们今天的社会里，每一个人都在单枪匹马地冒着风险工作，每一个人都在竭力使自己发财致富，根本不理会别人在干些什么。这样就谈不上合理的组织，谈不上分工。相反，每一个人都想超过别人，都想寻找一个好的机会来谋取私利，他既没有时间，也没有兴致去想一想，他自己的利益和其他一切人的利益实质上是完全一致的。各个资本家同其他一切资本家进行斗争，各个工人同其他一切工人进行斗争；所有的资本家反对所有的工人，而工人群众也必然要反对资本家集团。这种一切人反对一切人的战争，这种到处都很混乱、到处都在剥削的现象就是现代资本主义社会的实质。"① 随着人类社会的发展，这些现象有增无减、逐渐升级、愈演愈烈，尤其是生活在现代社会的人们，在现代性的冲击下，感性泛滥、功利抬头、人格分裂、价

① 《马克思恩格斯全集》第2卷，人民出版社1957年版，第602页。

值错位、信仰迷失，人与人的关系劣化到无以复加的地步。恶劣的社会关系给人带来无尽的痛苦，需要通过文化变革和优化，对其进行改善和调节。

（四）文化类型之间的关系

从不同视角，对文化可以进行各种不同分类，如果以文化基本结构为尺度，可以把文化划分为三大基本类型：物质文化、制度文化和精神文化。三大文化类型之间既有内在的联系，又有根本的区别。其协调发展程度规约和影响着整个社会的文化秩序，"我把整个社会分解成经济－技术体系，政治与文化。它们之间并不相互一致，变化节奏亦不相同。它们各有自己的独特模式，并依此形成大相径庭的行为方式。正是这种领域间的冲突决定了社会的各种矛盾"①。不同文化类型间的矛盾和冲突与整个文化社会内的矛盾不无联系，因此，协调同一文化体内不同文化类型之间的关系，也是文化优化的题中应有之义。

物质文化是人们在改造自然界、协调同自然界关系过程中创造的，直接体现着人与自然的关系，它主要包括满足人的基本生存需要的物质产品及其生产活动本身。制度文化是人们在处理人与人关系过程中创造的，直接体现着人与人的关系，是人类在处理各种社会关系过程中形成的社会规范和组织形式，它主要满足人的社会交往需要，制度文化在整个文化世界中处在中间层次，它以物质文化为基础、以精神文化为指导，是精神文化转化为物质文化的中间环节。精神文化是人们在处理人与自身关系的过程中创造的，直接体现着人与自身的关系，它包括人们的精神活动及其成

---

① ［美］丹尼尔·贝尔：《资本主义文化矛盾》，三联书店2003年版，第56页。

果，如思维方式、心理状态、价值取向、道德情操、审美趣味、宗教信仰、民族性格、风俗习惯、精神产品等，精神文化是物质文化和制度文化的反映，又渗透于物质文化和制度文化之中，对物质文化和制度文化有积极的推动或限制作用，精神文化是一切社会文化的灵魂。

在三大文化类型中，物质文化是文化结构中最活跃、最革命、最积极的因素，经常处在发展变化之中。物质文化发展速度最快，最容易发生变化和更新，而物质文化的变化，必将引起制度文化和精神文化或迟或早的变化。制度文化是整个文化结构的保障，是联结物质文化和精神文化之间的中介和桥梁，在人类的文化生活中起着协调、稳定的作用。精神文化在文化结构中起着主导性作用，它处于一定文化世界中的最深层，保证文化发展的方向。综上所述，不难得出，三大文化类型各有不同的文化特质及其发展、变化的规律，三者之间存在着内在的、本质的、必然的联系，三种文化共同构成整个文化系统，其中任何一部分过度膨胀，或者长期非同步、不均衡发展，必然造成畸形文化的发生，甚至导致文化颠覆，不利于文化合理演进，这就需要正确处理和协调三者之间关系，只有三大文化协调统一，才能促进和保证社会文化持续、健康、有序发展。

当今世界，三大文化发展处于极度不平衡之中，物质文化高度膨胀，人们创造日益丰富的物质文化产品，过上优越的物质生活。但人们精神生活却没有相应地改善，处于极度空虚之中，一些不健康的精神产品正解构着社会主流价值体系。制度的不健全、不合理导致人与人之间的矛盾和冲突，带来社会秩序的混乱。三大文化之间关系紧张的直接原因是物质文化的过度膨胀，其根本原因在于人的物质欲望的放纵。文化不是人的主观臆想，而是借助人的需要得以创造和生成的，人有物质需求，需要与周围世界进行物质和能量交换，所以人不断地创造物质文化产品来满足这一需要，但一定时期客观条件能够提供的满足物质欲望的能力有限，在物质需要得到基本满足之后，人应该有更高的精神需要和精神追求，这也是人高于其他动物的地方。事实证明，物质欲望的满足只是人类幸福的一个充分条件，而不是必要条件，只有精神需要、精神追求，才是人类的最高追求和最大享受，如果不顾子孙后代和同类死活，一味追求眼前利益，人类最终只能陷入物欲的泥潭而不能自拔。"文化产生的本来意义就在于丰富人的精神世界，满足人的精神需要，使人更加人化。这样的人才能够协调人与人、人与自然、当代人与未来人之间的关系，而不只是关心单个个体的物质欲望。"① 人类面临严酷的文化现实告诉我们，如果人类不改变无限制追求物质财富的价值目标，那么，不和谐、冲突，甚至人类的灭亡是不可避免的。针对当前人类世界物欲的过度膨胀，波士顿大学的帕帕柬涅斯指出："那些设法克服自身内在持续增长的物质欲并代之以非物质目标的人们将度过危机。结果，整个星系将在一个宇宙学上的短时间内变成稳定、高度伦理和精神文明的社会。"② 这种社会是精神文化高度发达的社会，当然也是一个物质文化、制度文化和精神文化和谐发展、欣欣向荣的社会。因此，提倡人们的精神追求，鼓励人们进行精神文化的创造，是优化当前不平衡文化结构的必然选择。

（五）文化传统与现代化的关系

人类文化的生成实践过程，是一个日新月异、生生不息的创生过程，但更是一个日积月累、逐渐积淀的历史进程。在历史演进过程中，由于不同的文化生态环境和社会历史遭遇，人类文化形成了各具特色的文化传

---

① 黄力之：《先进文化论》，上海三联书店 2002 年版，第 41 页。

② ［英］巴罗：《不论：科学的极限与极限的科学》，上海科学技术出版社 2000 年版，第 201 页。

统，这些文化传统有着自己的风格、特点，它们虽然诞生在人类文化的早期阶段，却仍然对今天的社会产生巨大影响。可以毫不夸张地说，传统文化的演进不仅影响历史的发展方向，而且也决定着当代文化的不同形象。文化传统与现代化之间的关系是文化优化必须考察和关注的对象之一。

从文化传统与现代化在文化发展中相互作用的角度看，文化传统与现代化的关系主要表现为：其一，文化传统对现代化的效应二重性。文化传统对现代化具有积极效应，"没有人文背景的发展，只是一种没有灵魂的经济增长而已"①。任何一个国家文化的延续和发展，都离不开本体优秀文化的传承和积累。文化遗产作为国家的一种文化积淀、文化基因、文化密码，是解释一个国家文化身份，揭示一个国家文化个性的重要依据，也是一个国家走向现代化的文化根基，更是一个国家自尊自信、自立自强的精神源泉。但文化传统对文化的发展也有消极作用。文化传统中的一些糟粕会对现代化的发展产生不利影响，文化传统本身也具有强烈的自稳机制，从而限制和阻碍文化的进步和创新。人类学家 E. 海根指出："假如一个社会的行为方式代代相传，很少改变，那么这就是一传统性的社会。在这个社会里，传统主义色彩很显，其他的特征也可发现。行为受习俗而非法律所支配，社会结构是有层阶性的，个人在社会中的地位通常是传袭的，而非获得的。并且就世界史而言，在这传统状态下，经济的生产力是很低的。故简言之，一个传统性的社会是：'习俗支配'，层阶性，身份取向性及非生产性的。"② 其二，现代化对文化传统的效应二重性。现代化对文化传统具有积极作用，现代化是对文化传统的继承和弘扬，但同时现代化对文化传统也产生消极的影响，现代化所体现的现代性，往往是相对于传统

---

① 联合国教科文组织：《文化多样性与人类全面发展》内容提要，广东人民出版社 2006 年版，第 1 页。

② 转引自金耀基：《从传统到现代》，广州文化出版社 1989 年版，第 8 页。

而言的，是对传统的超越、突破和解构。由此可见，文化传统和现代化之间是一种矛盾关系，文化传统既为现代化提供逻辑前提、精神支撑和发展基础，也对现代化具有束缚、制约和限制的作用，现代化一方面弘扬和承续文化传统，另一方面现代化也削弱、破坏甚至否定一部分文化传统的力量和作用。文化传统离开现代化就无从发展，现代化一旦脱离文化传统就无所依从。文化传统与现代化之间的矛盾是文化发展无法逾越、必须面对的一对矛盾，明智的选择是，理顺二者之间的关系，使其相互促进、相得益彰。

首先，文化必须走向现代化，要坚定不移地推动文化现代化。对于现代化，人们一直存在疑虑，这是因为存在这样一种误解，即现代化意味着西方化。事实上，现代化不等同于西方化，更不能将其盲目地化约为科学技术与民主制度的机械相加，由于民族传统、风俗习惯、文化心理、价值取向不同，现代化的道路和模式必然呈现出风格迥异甚至大相径庭的多样性特点和多元化趋势，但无论存在多么大的差异和区别，这里仍有共性和一致的地方，那就是现代化目标和实质是相同的，也就是实现人的现代化，它是涵盖人的文化存在、人的全面发展在内的现代化，它内蕴着人的素质的大幅提升，知识文化水平的全面提高，人的潜能的充分挖掘和人的价值的彻底实现。因此，现代化的核心与实质是人的自由和全面发展，进行现代化建设与弘扬文化传统有异曲同工之妙，就终极目标而言，二者是并行不悖的。只有进行现代化，才能实现对人及其文化的超越，也才能更好地实现文化的传承和进步。

其次，进行现代化建设，不能抛弃文化传统。文化传统是进行现代化建设的前提和根本，对于传统文化，我们要有一种大视野，要有整体性思维，要上升到文化哲学的思考层面，整体地审视传统社会与传统文化，对其内在的文化价值、文化意义，要作全面分析，作出适应现代社会和现代人需要的创造性选择和诠释，万万不可一概而论，盲目地进行情绪化、简单化、片面化处理。此外，文化具有极大的可塑性、人为性，它不像生物遗传那样不可改变，当把婴儿置于另一种族或文化中时，婴儿长大成人后就会习得收养他的团体的整套文化特质，而生身父母团体的那套文化特质就失去作用。"当整个民族用几代人的时间抛弃传统文化，而采纳另一相异风俗时，同样的进程就会大规模发生。"① 一旦人们有意抛弃传统文化，那么将发生文化的覆灭。唐君毅先生从本与末的关系，指出人类主动退出文化根基建设是文化劣化的根本原因。文化崩坏的原因不在于外在的自然，而在于人类文化精神自身的堕落。其根本原因在于"不自觉其本原之所在，而忘其本以离其体"，从而造成天人分离，天心与人心分离，使天心、人心皆归于空虚而致文化之毁灭。因而，文化"不毁之道无他，即凡所成之末皆返于本，而末皆为本；斯可致生生之业"② 。只有实现文化本体自觉，主动地进行文化根基建设，才能实现文化的可持续发展。③

再次，进行现代化建设，要尊重文化传统。文化传统是先人智慧的结晶，是人类在探索生存和发展之道过程中遗留下来的足迹，文化传统与人的生存发展息息相关，如传统文化中的巫术、节日、医术、游戏、文身等都是人类的关怀方式，它们直接与人的身心健康、人的需要紧密相连，帮助人们处理问题、排除困难、解除烦恼，使人获得力量和意义，提升人之为人的价值。实际上，任何真正意义上的文化创造和文化发明都与人的生存和发展直接相关，无不具有人文关怀的意义。但并不是所有的关怀方式在一切历史时空中的意义都是相同的，也就是说，就具体而言，人文关怀不具有永恒意义。而且，关怀也有自己的尺度，关怀得过度膨胀亦会走向

① ［美］露丝·本尼迪克：《文化模式》，华夏出版社1987年版，第10页。
② 唐君毅：《文化意识与道德理性》，学生书局1986年版，第671页。
③ 参见樊志辉：《唐君毅文化哲学的建构及其局限》，《南开学报》1995年第3期。

反面。关怀也涉及合理不合理、合法不合法的问题，巫术曾经是人类早期克服困难，面对神秘大自然的主要关怀方式，但是随着人类文明的演进，巫术作为人类的关怀方式，逐渐从中心走向边缘，现在已成为反文化、伪文化的文化样式。这是一个历史演进和人的文化选择的过程和结果，体现了文化的进步和人类文明程度的提高。但对待巫术，也不能"一棍子打死"，绝对化地认为其一无是处。巫术也是人类智慧的结晶，作为一种重要的历史文化现象，如今仍具有研究价值，尤其对于研究古代经济社会发展状况，掌握当时人们的思想认识水平，具有重要参考意义。对待祖先的创造发明，持有一种敬畏精神，这也未尝不是现代人对待文化传统、文化遗产的理性态度。

最后，对待文化传统，要坚持"取其精华，去其糟粕"的原则，实现文化的与时俱进。对待民族传统文化，我们向来主张采取"取其精华，去其糟粕"的警惕性和批判性态度，这其中蕴含着最优化的思想。但一直以来对于这一高度概括有着深刻方法论意蕴的"批判的武器"，在现实运用过程中，往往流于表面和口号，从而大大削弱甚至消解了它的意义和价值。实际上，传统文化的精华不会俯就我范，传统文化的糟粕更不会不证自明，扬弃传统文化不是一个理论问题，而是一个实践问题。在文化实践过程中，文化主体要不断地进行比较、鉴别、取舍和优化，找出传统文化中积极有益的因素，予以弘扬和完善，对其中不利的消极因素，予以排斥和抵制。当今世界，不同思想文化相互碰撞，构成我们必须面对的文化现实，这就需要我们重视传统文化，积极促进其实现文化转型，使民族文化更加适应当今世界的变化和发展。

黑格尔在谈到文化传统时指出："在科学里，特别在哲学里，我们必须感谢过去的传统。……但这种传统并不仅仅是一个管家婆，只是把她所接受过来的忠实地保存着，然后毫不改变地保持着并传给后代。它也不像自然的过程那样，在它的形态和形式的无限变化与活动里，仍然永远保持其原始的规律，没有进步。这种传统并不是一尊不动的石像，而是生命洋溢的，有如一通洪流，离开它的源头愈远，它就膨胀得愈大。"① 文化传统不是僵死的教条，而是活的生命有机体，需要在现代化建设中不断获得新的发展动力，这样才能使传统走向未来。因此，要借助现代化的有利条件，充分发展、发扬文化传统。

（六）本土文化与外来文化的关系

文化是民族的血脉，民族是文化的载体。民族文化是民族集体智慧的结晶，它表征着民族的发展履历和精神面貌，凝聚着这个民族对生活世界的历史认知和现实感受，体现着这个民族最深层的精神追求和价值取向。每个民族都有自己独特的文化，一方面，不同民族文化的形式、内容、功能惊人的相似和雷同，这既是文化交往与文化传播的结果，也为文化认同的产生提供了可能；另一方面，不同民族文化在其形式、内容乃至整体特征上又千差万别、各具特色，如蒙古族的摔跤和马头琴，朝鲜族的舞蹈和荡秋千，汉族的太极拳，苏格兰的格裙和风笛，日本人的剑道和花道，巴西的足球和桑巴舞，等等。文化的多样性，使人类拥有无限的创造力和丰富多彩的文化世界，为人类文化相互学习和借鉴提供必要性和可能性，但同时也为文化间的冲突和误解埋下伏笔。因此，如何保护和传承本族文化，学习和借鉴外来文化，化解文化间的矛盾和冲突，就成为处理文化间关系的症结所在。

首先，传承和保护本土文化，是文化共同体生存和发展的需要，也是

---

① ［德］黑格尔:《哲学史讲演录》第一卷，商务印书馆 2009 年版，第 8 页。

世界文化保持完整性、多样性的内在诉求。任何文化都是在一定民族土壤中生成、发展的，在世界各民族的多元文化发展进程中，一个民族要生存和发展，必须要有自己的文化根基和文化形象。我们生活的时代是一个全球化的时代，一个多重文化认同的时代，一个充满文化冲突的时代。在经济一体化、政治多极化和文化多元化进程中，民族利益、国家利益依旧是根本利益，民族精神依然是人们生存发展的动力源泉。民族文化是一个民族和国家赖以生存和发展的重要根基，也是区别于其他民族的重要标志。民族独立和振兴乃至社会的发展和进步，都离不开民族文化本体的支撑。正如国学大师梁启超先生所说："凡一国之能立于世界，必有其国民独具之特质，上自道德法律，下至风俗习惯、文学美术，皆有一种独立之精神，祖父传之，子孙继之，然后群乃结，国乃成。斯实民族主义之根底源泉也。"[1] 但是，传承和保护民族传统文化并非易事，它是一个非常复杂的系统工程，需要全社会的共同努力。

其次，学习和借鉴外来文化，是文化发展的优化途径。文化是一个开放的系统，只有不断地与外界进行交流，不断地输入新的文化信息，才能保证文化的可持续发展。对待外来文化不应采取排斥和否定的态度，而应战略性地吸收其精华而为我所用。威斯勒指出："获得文化的普遍模式一直都是模仿其他民族的特质。这是大自然的节俭，因为如果每个民族都不得不独自创造出自己文化的各个方面，那么，谁也不知道在达到当今世界的文化水平之前，要花费多少个世代。"[2] 针对人们对于文化借鉴的怀疑，他说："如果我们发现了一些特质确实比我们的好，那就让我们把它们变成自己的。在这样做的时候，我们并没有牺牲自己的个性，我们只是接受

---

① 夏晓虹：《梁启超文选》，中国广播电视出版社 1992 年版，第 108 页。
② ［美］克拉克·威斯勒：《人与文化》，商务印书馆 2004 年版，第 188 页。

了环境提供的有利因素。我们并没有抛弃我们的文化，我们只不过是在原有的全部文化中建造了新的更优秀的部分。"① 文化全球化的今天，通过主动的文化借鉴策略，借鉴和利用他国文化资源，推动本国文化建设的开拓和深化，已经成为诸多文化共同体实现其文化发展和跃升的重要手段。但借鉴和吸收外来文化也是有条件的，那就是在不断的交流和对话过程中，加强对外来文化的了解，否则，一味的拿来主义，难免泥沙俱下。"由于文化是一个完整的体系，因此我们不能东借西凑，并指望它们自动地加合在一起，形成一种有意义的生活方式，但是，我们对其他文化了解得越多，对文化过程的理解就越深刻，就更能找到更多的美好的、有意义的、有效益的东西。"②

最后，化解文化冲突，走向文化和谐，是文化优化的必然要求。不同民族文化间的交流和交往，必然产生各种各样的矛盾和冲突，文化间激烈冲突的发生，虽也有其积极作用，但往往破坏特定民族的生活方式、风俗习惯、社会秩序，冲击其固有的意识形态、民族心理、价值信仰，甚至会使一些弱势民族面临灭亡的危机。因此，如何化解文化冲突，促进文化和谐，就成为处理文化间关系必须面对的课题。为了实现这一目标：其一，要克服文化自我中心主义。人类历史上的强势文化似乎都经历一个自我为中心的野蛮阶段，如中华文化中心论、欧洲文化中心论、美国文化中心论等等，处在自我中心阶段的人们往往认为，世界上只能有一种合理合法的文化，其余地方是野蛮地区，其他文化是劣等文化，其他人民是蛮族。其实这是处在一种文化的不自知、不知人的状态，是种族优越论、民族优越论、自我中心论在文化上的反映。由于无意识的文化中心偏见，使人们形

---

① [美] 克拉克·威斯勒：《人与文化》，商务印书馆 2004 年版，第 192 页。
② [美] P.K. 博克：《多元文化与社会进步》，辽宁人民出版社 1988 年版，第 349 页。

成各种各样的对其他文化的误解，对待自己文化盲目自大，造成文化间不必要的冲突。因此，克服文化自我中心主义，提高文化自觉意识，就成为走向文化和谐的必由之路。其二，要加强不同文化间的理解和沟通、对话和交流。不同民族文化，来源于不同的文化传统，即使是同一文化传统，也往往各具特色，存在极大的差异和区别。综观整个人类文化世界，不难得出，文化间的差异普遍存在，不同民族在思维方式、价值取向、生活方式上往往存在着根本性的对立和不同。早在一百多年前，维新思想家严复就曾对中国和西方在文化观念方面的差异进行过比较，他说："中国最重三纲，而西人首明平等；中国亲亲而西人尚贤；中国以孝治天下，而西人以公治天下；中国尊主而西人隆民；中国贵一道而同风，而西人喜党居而州处；中国多忌讳而西人众讥评；其于财用也，中国重节流而西人重开源，中国追淳朴，而西人求骧虞；其接物也，中国美谦屈而西人务发舒，中国尚节文而西人乐简易；其于为学也，中国夸多识而西人尊亲知；其于祸灾也，中国委天数而西人恃人力。"① 从中西文化对比中，可以看出中西文化具有相异的文化风格和价值取向，这就容易产生文化误解和文化冲突。因而，要想使文化交流更加顺畅，就需要对其他民族的文化予以理解和宽容。

（七）虚拟与现实的关系

著名美国文化学家格尔什科维奇认为，文化随"文化的焦点"即文化核心、实质和主要特点的变化而变化。在埃及的经济和政治生活中，宗教关系占主要地位，在极盛的古雅典，追求和平与真理的和谐占主要地位，

---

① 石峻：《中国近代思想史参考资料简编》，三联书店 1957 年版，第 475 页。

在罗马则是组织的原则，在中世纪的欧洲是信仰，在文艺复兴时代是知识和艺术，在 20 世纪具有决定意义的是经济和技术因素。① 而随着信息网络技术的进步，电脑的日益普及和互联网的快速发展，人类文化创造、储存和传播方式发生空前的革命，标志着人类文化进入一个前所未有的时代——虚拟文化时代。网络虚拟成为我们这个时代的"文化焦点"，网络虚拟成为虚拟文化时代的文化特质，虚拟的而又现实的网络空间成为人们进行文化创造的感性平台。既往的文化在这里得以更充分的继承与弘扬，当下的文化得到更加广泛快捷的扩散和传播，人类掌握和运用的文化知识从来没有像现在这样丰富多彩，人类从事文化创造的空间从来没有像今天这样广阔和畅通，虚拟开辟了人类文化创造发展的一个新纪元。

网络虚拟成为文化优化的新境遇、新手段、新平台。文化的产生和发展是付出巨大代价的，它是对人的本能的克制，是对自然环境的破坏，是人的体力、智力的巨大付出，是财力、物力的巨大消耗。代价的付出在异化的状态下，不是出于自愿的，有时甚至以一部分人或一群人的牺牲为代价。怎样使这种代价最小，而又收效最大，这是千百万年人类共同追求的愿望和共同坚持的原则，尽管它有时以狭隘的无意识的集体利益形式存在。虚拟为人类这一愿望的真正实现，提供了现实的可能性，虚拟以其资源的共享性、经济性、高效性等特质，为文化的传播、共享提供便利。正所谓"虚拟不虚"，虚拟实践成为文化形式，只有在它能够体现人的本质时才是可能的。虚拟实践是人的本质力量外化的结果，显现出人类特有的文化创造力，丰富了人类实践活动的形式和领域。在改造客观世界过程中，虚拟实践达到现实实践难以达到的深度和广度，体现出人类实践能力的飞跃。作为虚拟实践对象化结果的虚拟世界不是海市蜃楼、空中楼阁，

① ［苏］尼·瓦·贡恰连科：《精神文化进步的源泉和动力》，求实出版社 1988 年版，第 291 页。

人们建构虚拟世界的目的就是为了更合理、有效地实现人在现实世界的价值。因而，网络的价值不仅在于虚拟，而且在于现实。实际上，网络作为信息社会先进生产力的客观标志，使社会生产力的水平空前提高，从而在一定程度上改变了人类的生存方式。人类在不断地尝试、实现和完善虚拟世界的过程中，不断地锻造着自身的能力，也享受和欣赏着自身能力外化的产物和结果。通过虚拟文化对人的现实建构，人的身心可以得到最大限度的解放，人与自然、人与人的关系可以得到合理的协调，人在活动中的地位和价值可以得到最充分的实现。

网络虚拟作为虚拟实践的现实表现平台，全方位地改变着人类的生产方式、生活方式、交往方式和娱乐休闲方式，为人类拓展了新的生存空间，深化了人类的创造力，丰富了人们的社会关系。在虚拟世界里，人们的能动性、自由度较以往大大提高，人类认识和实践活动的深度、广度得以前所未有的拓展，人类的生活实践获得新的活动和发展空间。但网络虚拟也存在难以避免的价值局限，造成一定的负面影响。网络虚拟本身缺乏感性具体的原始丰富性，长期沉溺网络，会使生活现实与虚拟现实的界限进一步模糊甚至发生混淆，诱惑人们远离现实世界。网络虚拟还容易导致主体异化，网络虚拟实践在使人的主体性获得延伸和拓展的同时，又不得不接受智能客体对主体某些方面的压抑、束缚，伴随主体社会性能力的下降和萎缩，现实主体往往沦落为虚拟客体。

虚拟是人类特有的超越现实性的思维方式和实践方式，但虚拟与现实是不可分的，没有现实就无所谓虚拟，虚拟并不具有脱离现实的自洽性，虚拟世界是现实的虚拟与虚拟的现实的结合，虚拟是对现实的超越，在虚拟的现实世界中，人们感受着虚拟的快感，正如凯尔奇所精彩描述的那样："互联网通向千家万户，人们将在虚拟的现实世界中攀登珠峰、跨越冰川，甚至漫游侏罗纪的恐龙世界，一切可感的世界在网络上都可以模塑，网络世界亦是真实的世界。"① 虚拟世界越来越逼真，也越来越现实，虚拟与现实不是割裂的、对立的，虚拟必然以现实社会生活为背景，可以看作现实社会必要的延伸和补充。但是，虚拟毕竟是对现实的超越，不可否认的是，随着电脑、网络的普及，虚拟愈发显示其相对独立性，虚拟生活愈益独立于现实社会，人们社会生活的某些部分由于网络化而演变为一种独特性的网络社会生活，从而部分地取代现实社会生活的功能。不仅如此，伴随人类虚拟文化实践的深化和拓展，可以预见，人类的现实社会生活将越来越依赖网络。"人们越来越多地在符码化的虚拟空间中生活，以致现实空间和虚拟空间并列互补，人类原初的生存空间二元化了，人的生存成为包含着现实生存与虚拟生存这样两个不同的层面的生存，在人的生存中又多了一种虚拟生存，虚拟世界已成为人们又一个生存的场所，虚拟成为现代人独特的生存方式之一，网络已构成人类生存的背景。"② 虚拟文化在文化世界中的作用越来越大，虚拟与现实关系直接关涉到文化的秩序和存在状态，因此，如何看待虚拟的地位与性质，如何处理虚拟与现实的关系，成为文化优化关注的焦点问题之一。

（八）两性关系

两性关系是内含于人类社会中的一种非常重要的关系。回顾人类历史，可以看到，到目前为止，两性关系经历了以女性为主导的朴素的男女平等阶段、以男性为主导的男权制阶段和女性要求独立和解放的过渡阶段。人类社会的发展首先源自女性文明，在朴素的男女平等阶段，人类度

---

① ［加］弗兰克·凯尔奇：《信息媒体革命》，上海译文出版社 1998 年版，第 2 页。

② 吴宁：《在虚拟生存与现实生存之间》，《天津社会科学》2001 年第 4 期。

过了漫长的原始共产主义，女性用她的创造、宽容、博爱带领人类走出蛮荒，创造了人类社会最合旨、最富有生命色彩的女性文化。

在以男性为主导的男权制阶段，男性凭借生理的优势掌握了主动，社会发展的历史冷落了女人，社会变成了男人的社会，历史成为男人的历史，而人也成为男人的专有名词。当人类被分为男性和女性，并把男性作为中心、主体，而把女性视为边缘、客体的时候，人类历史进入极端、狭隘、片面、黑暗的形而上学阶段，在这一阶段，女性是被动的、边缘化的，是非人的存在，而男性是极端的、丧失人性的，是异化的存在，男人和女人的关系成为主体和客体、中心和边缘、主动和被动的关系，男性和女性失去了人之为人的本真存在，人类社会处在极度的异化之中，女性是被排挤、打压、歧视、否定的对象，男性是极权、力量、邪恶的象征，人类的一半处在另一半的统治、管理和压迫之下，女人成为非人之人，男人同样残缺不全，这样造成人类的整体不在场。男女不平等是人类社会最基本也是最大的不平等，它是一切不平等的起点。占人类总数一半的人变成另一半人的歧视、打压的对象，没有其他的理由，仅仅因为她们是女性。父权制把女人变成了私有物、奴仆，女人被束缚、压迫、抑制，女性的劳动得不到认可，女性的发展遭到方方面面的打压，发展不好会受到歧视，发展得好同样受到歧视。而且按照男权文化规格成长起来的女性，比男性更可怕，当她们面对比自己地位低下的人时，呈现的面孔会更加凶残，因为"通常，当人受依赖感的奴隶意识压迫时会很沮丧，往往要以奴役别人来作为对自己的补偿，这是一种'赢回'。因此，奴隶擢升为统治者会比什么都令人生畏"①。她们除了男权的手段外，又加了一条，对男性、对社会的无意识的敌视、仇恨和嫉妒，这又回馈给男人和女人，回馈给整个社

---

① ［俄］尼古拉·别尔嘉耶夫：《人的奴役与自由》，贵州人民出版社 2007 年版，第 36 页。

会，使整个社会处在阴暗的压迫和报复之中。在男权社会中，男女处在不同的平台上，男上女下、男尊女卑、男主女从，女人做人的主体性被彻底消解，女性呼唤获得解放。

女性不是天生的弱者，女性的柔弱形象是父权文化塑造的。在女性要求独立和解放的过渡阶段，成长起来的女性和有觉悟的男性开始争取女性的生存权、发展权，争取女性的解放，女权运动成为世界政治运动的亮点，女权主义哲学成为哲学的最前沿。世界女权主义经过二百多年的力争和奋斗，取得举世瞩目的思想成果和实践收效，女权运动经历要求男女平等、强调男女差异、呼唤男女合作三个发展阶段，出现一大批优秀的女权主义者和女权主义理论作品，产生了自由的女权主义、激进的女权主义、文化的女权主义、马克思主义的女权主义、后现代的女权主义、生态的女权主义、走向多元合作的女权主义等派别，女性的政治、经济、法律、社会地位已明显提高，并且在受教育、就业、参政、继承等方面已获得了与男性平等的权利。历史证明，没有女性参与的社会是不完整的社会，没有女性文化的文化是残缺的文化。占人类人口一半的女性的状况如何，直接影响着包括男性在内的整个人类社会的进步和发展进程，马克思在1868年致路德维希·库格曼的信中曾经指出："每个了解一点历史的人也都知道，没有妇女的酵素就不可能有伟大的社会变革。社会的进步可以用女性的社会地位来精确地衡量……"① 社会的发展离不开女性，没有女性的贡献和创造，没有女性的发展和解放，就不可能有人类的真正存在，更谈不上人的自由全面发展，因此，女性的自由全面发展以及两性关系走向和合共生是人的自由全面发展的必然逻辑。

站在文化哲学的高度和视野看，女性的存在是一种文化的存在，女性

---

① 《马克思恩格斯选集》第4卷，人民出版社2012年版，第480页。

的发展和解放实质上是一场文化变革，它不仅仅是靠经济、政治、法律以及社会制度的变动所能完成的，当今西方发达国家的经济不可谓不发达、法律不可谓不完善、制度不可谓不健全，但是女性依然遇到种种生存困境，女性的悲剧频繁发生，归根结底，文化观念才是始作俑者，只要男权至上的文化观念不除，女性就永远改变不了"第二性"的命运。要消除男权文化观念，这需要人类整体的协作，需要一个漫长的历史过程，需要全人类的发展和解放，但其中一个重要的步骤是，必须重新确立女性思维在人类文化中的地位和作用，女性思维对文化优化具有重要的意义。自从人类进入父权制社会以来，人类从此进入男权社会，男性的刚性、极端的思维方式成为社会中的主导模式，刚性、力量使人类社会发展突飞猛进的同时，也造成巨大的缺陷和遗憾，使文化分化、劣化、片面化、极端化和畸形化。女性有一种合作精神，具有包容性、奉献性和大局观，而男性往往持一种单向的、刚性的、片面的、狭隘的、自私的思维，"我们处于父系社会，男性品质被病态地神化，因此我们得以'男子汉'的品质——比如战争、侵略和贪婪——为荣。这种偏差早一天得到纠正，我们的文化就早一天拥有我们急需的女性特有的品质——如温柔、关怀和照料"①。

文化优化要靠女性思维去优化，因为男性思维在历史上已呈现出一种片面性，自从男权在人类社会的主导性地位的确立以来，人类社会的发展便进入到一种刚性的历程，由一个极端走向另一个极端，由一种片面性走向另一种片面性，无法摆脱历史周期律的恶性循环。"女性文化的情感文化特色将引导人类文化从危机走向新生。人类的现实文化是一种功利性的理性文化，它由于男性文化的理性渗透而呈现出功利性、实用性、非人情化、非和谐性等种种弊端，从而造成了人类文化自身的困惑。而女性文化

---

① [美]欧文·拉兹洛：《人类的内在限度》，社会科学文献出版社 2004 年版，第 23 页。

则将以她的温情融解人类文化冰凉的理性，给人的文化注入情感的血液，使之具有真正的生命活力。人类文化必须情感化，只有这样，人的未来文化才能成为真正意义上的生命文化。"① 文化优化必须颠覆男权文化的价值观，重新确立女性思维、女性意识在社会中的身份和地位，使男性思维和女性思维互补合作、协调发展，从而共同创造出真正的人的思维，而不是单纯的男性的思维，也不是单纯的女性的思维，而是作为一种完整的存在的人的思维，不是站在男人的立场或女人的立场，而是站在完整的人的立场上，提倡发挥女性思维的作用。女性思维具有包容性、合作性、创造性的特点，女性思维的重新确立，必将带来人类文化的一次巨大飞跃，是真正意义上的人的革命。从文化竞争的效果看，人类文化的竞争将从零和博弈走向正和博弈。从文化交往的态势看，全球文化将从冲突走向和谐。从文化发展的角度看，文化生产力将获得巨大解放和提升。

总而言之，文化优化致力于文化关系的协调与改善，有助于形成一种调整和适应文化环境的能动作用。文化优化针对文化生活中拜金主义、工具主义倾向，提倡以人为本；对于片面强调人类中心主义，忽视自然生态环境保护，主张走向现代人类中心主义；对于文化发展中只重视眼前利益，不顾长远利益，提倡文化的可持续发展；对于只重视物质文化创造，忽视精神文化建设，主张两个文明协调发展；针对以西方文化、美国文化为中心的文化霸权主义，主张文化的多元平等、和而不同、和合发展；对于只看现实、可能，忽视虚拟、不可能，主张走向虚拟，延展人的文化空间；对于以男性为中心，忽视、无视、小视、弱视女性的男权思维，主张重建女性文化。当然这一切并非一成不变，文化优化过程中，它往往因文化环境以及文化主体意愿的变化而随机应变。

---

① 禹燕：《女性人类学》，东方出版社 1988 年版，第 176 页。

二、文化优化何以存在：机制与途径

人与文化内在一致、高度相关、不可分离，任何对人和文化辩证关系的片面理解，都不利于人与文化关系的科学澄明。但是就其归根结底意义而言，在人与文化关系问题上，二者地位并不均等，其中，人是矛盾的主要方面，人是文化的主体，在文化面前具有主导的作用。正如马克思所说，"人是全部人类活动和全部人类关系的本质和基础"①。文化是人的存在和力量的确证和展示。"工业的历史和工业的已经生成的对象性的存在，是一本打开了的关于人的本质力量的书。"②经济、政治、法律、宗教、艺术等一切人类文化现象，对人都有制约和规定作用，都是塑造人、创造人的力量。然而，这些文化形式发展的动力源泉不在其自身，而在于人。人在文化优化的运行和操作中起着主导的作用，不过人所从事的文化优化，作为一种高级的文化创造活动，不是凭空臆断、无的放矢、无所依从，而是通过一系列的机制来实现其对文化的优化的，正是这些机制的运用保证文化优化的实现，使文化优化从理论走向实践，由可能变为现实。

（一）文化释义机制

文化释义机制是文化优化的首要机制。所谓文化释义机制，是指通过对文化的理解和解释，以期达到挖掘文化潜能、彰显文化意义、提升文化创造力的一种文化优化的运作方式和原理。文化释义是指对文化的理解和

---

① 《马克思恩格斯全集》第2卷，人民出版社1957年版，第118页。
② 《马克思恩格斯文集》第1卷，人民出版社2009年版，第192页。

解释，理解和解释是人类文化的发生、传播、存在的方式，是进行文化优化的前提，没有理解和解释，人与文化、人与人、文化与文化无法结合、学习、沟通和交流。没有理解和解释，古代的文化、外来的文化甚至自身的文化都无法得到澄明，人们就不会了解过去文化的精华，无法识别其包含的糟粕，就会对外来文化要么盲目崇拜，要么盲目排斥，而不能持一种公正的态度，对待自身也不会发现自身文化的优势和不足，从而要么盲目自大，要么妄自菲薄，不能产生应有的文化自信心。"众所周知，每个时代只是从过去择取其所需要的东西。过去无论何种文明的文化都不可能全部地流传到现在，这是十分清楚的。但是，凡是从过去流传到现在的东西一般来说是要加以诠释的。"① 可见，文化释义是进行文化保护、文化借鉴，产生文化自信的必要的条件。"我们对文化了解的深化，是对文化的保存、丰富和进步最重要的途径之一。"② 没有理解和解释，就无法进行文化的比较，不能分清文化的优劣，很难识别文化的精华与糟粕，当然也不能形成对文化的公正、理性的认识，这样文化创造必然陷入盲目之中，也就没有优化可言。

文化释义机制的运行和发生，依赖于一系列的条件和程序。首先，文化释义需要丰富的文化理论知识储备。对文化进行正确的理解和解释，从而作出正确的文化优化的抉择，需要人们有更加丰富的经验，形成慎思辨明的能力，"社会秩序的真正改善取决于更谨慎而又是更艰难的辨别力。依据社会资本、依据由那些制度刺激出的不值得过多向往的行为特质以及依据人类的痛苦和失败，仔细考察各种制度和计算它们的代价就是可能

---

① [苏] 尼·瓦·贡恰连科:《精神文化进步的源泉和动力》，求实出版社 1988 年版，第 46 页。

② [苏] 尼·瓦·贡恰连科:《精神文化进步的源泉和动力》，求实出版社 1988 年版，第 327 页。

的"①。因此，文化释义乃至文化优化要求提高文化理论知识，因为人自己创造自己，自我解释会成为自我塑造的或自我调节的理想和目标，确保自我塑造不致盲目或受到错误思想观念指导。所以，人的知识对人的自我塑造有重要的指导意义，"每一个现代社会的存在，都依靠革新以及社会对变革进行管理，并力求预测未来、以便预作计划。承担管理社会的这种任务，使得社会有了制定计划和进行预测的需要。正是由于对革新的性质在认识上发生了变化，才使得理论知识变得如此重要"②。其次，文化释义需要深入到目标文化中。人只有在创造文化的过程中才能成为有文化的，文化和人的相互影响是它们发展的必需条件。"要认识一个城市，人们必须在它的街道上行走；然而，要'看见'一个城市，人们只有站在外面方可观其全貌。"③ 人只有参与到文化中，才会形成对文化的正确的认识和理解，作出正确的判断和解释，要想理解一种文化，就必须参与到那种文化生活中去。卢金写道："只有到那个时候，即当这一概念既包括精神文化和物质文化联系的全部总和，也包括精神生产过程本身，以及继承精神和美学方面有重大价值的东西的过程与社会对它们的认识和它们在社会中所发挥的作用时，对文化概念的分析才会是……全面的。"④ 最后，文化释义需要检验、评判和进一步的发展，因为"文化哲学是一种开放性的、永远没有句号的理论形态，这要求我们彻底地抛弃某些一劳永逸的想法和奢望。随着社会历史发展和人类文化创造活动的进行，时过境迁，我们要不断地对丧失了价值和无意义的文化创造物进行改造，并不断地进行再创造。如果说，文化创造和人的存在的文化环境都是具体的，是在特定时空

① [美] 露丝·本尼迪克：《文化模式》，华夏出版社 1987 年版，第 192 页。
② [美] 丹尼尔·贝尔：《后工业社会的来临》，商务印书馆 1984 年版，第 26—27 页。
③ [美] 丹尼尔·贝尔：《资本主义文化矛盾》，三联书店 2003 年版，第 155 页。
④ [苏] 尼·瓦·贡恰连科：《精神文化进步的源泉和动力》，求实出版社 1988 年版，第 7 页。

中进行的，那么在此过程中，仍具有永恒的绝对，那就是创新、发展、改造"①。只有在文化实践中对文化释义进行检验和评判，消除文化误解，升华文化认识，进行不断地诠释工作，才能使遗忘的文化记忆重新恢复，使文化无意识走向文化自觉的空间。恩格斯曾高瞻远瞩地指出："社会力量完全像自然力一样，在我们还没有认识和考虑到它们的时候，起着盲目的、强制的和破坏的作用。但是，一旦我们认识了它们，理解了它们的活动、方向和作用，那么，要使它们越来越服从我们的意志并利用它们来达到我们的目的，就完全取决于我们了。"②

文化释义机制的确立对于文化优化的实现具有十分重要的意义，这是因为：

其一，文化释义使文化间相互借鉴由自在走向自为。文化是一个开放的系统，它需要不断与其他文化、传统文化、自然界的新领域，进行信息交流。因此，"属于一个群体和文化的符号不是永恒不变的，而是可以在学习过程中被改变的"③。整个文化都是一个伟大的学习的过程，学习是指新技能、新见解、新的行为规则和表达的可能性的获得。拒绝学习，就是拒绝文化的发展。文化永远是开放性的，需要向传统文化学习，向其他先进文化学习。但自在的盲目的学习至多只能导致自在的进化，而自主的学习，即在理解和解释基础之上的学习，才能导致自为的优化。只有通过对外来文化的理解和解释，才能消解文化间沟通和对话的障碍，"在一定程度上，不是文化差异，而是没能看到文化差异，才构成了这个屏障。……各种文化之间的实际差异，只要是被认识到了，那么大多数人事实上都会接受它的；我们看到，甚至那些预言会出现单一世界文化的人，也至少想

---

① 李燕：《文化释义》前言，人民出版社 1996 年版，第 5 页。
② 《马克思恩格斯选集》第 3 卷，人民出版社 2012 年版，第 811 页。
③ [荷] 冯·皮尔森：《文化战略》，中国社会科学出版社 1992 年版，第 162 页。

要确保这种文化差异"①。文化的理解和解释，促使一种积极的文化态度的萌生。作为一种成熟的、自觉的文化，"我们的任务不仅仅是要停止我们以前发动的对文化的灭绝，也是要对人类经验智慧宝库和我们扼杀掉的不同文化精细微妙差异给予承认"②。这样，文化间就会尊重差异、认同一致，从而求同存异，使文化获得最大化的融合。

其二，文化释义使文化潜能得到最大限度的开掘。"所谓具有较高价值的文化就是一种蕴含着较大创造余地的、为人类创造精神准备了广阔的自由空间的、也就是更能激发并保持人类创造性的文化。"③ 文化蕴含着无穷的潜能，这些潜能一旦被挖掘出来，会释放巨大的文化力量，文化释义通过了解、参与其他文明和文化过程，以及对逝去文化的重新阐发和解释，使隐藏的文化意义获得揭示，使被遗忘的文化功能得以发挥，这样就能更全面、更彻底地理解人类文化潜能、理想状态和应然全貌，从而更好地理解我们自己作为人类的生存本体。实际上，挖掘文化的潜能也是文化优化的目标之一，只有对已有文化的潜能进行充分开发和利用，才能使其更好地为人类服务。"在西方每次伟大的时代，都出现在重新接触、研究古典文化之后。一旦古典文化遭到遗弃，野蛮时代便接踵而至。正如一艘船的船缆松了，就会随波逐流、失去方向，每当我们与古代文化切断关系时，遭遇也是一样。"④ 对于传统文化，要在当今的时代背景下进行重新的解释和理解，赋予其新的时代意义，使其更好地为现代人所掌握和利用。对于外来文化，同样要结合本民族的文化特质，进行创造性地阐释，使其成为本民族可资利用的资源，激发本族文化的创造力，所以，文化释义是

① [英] 诺曼·丹尼尔：《文化屏障》，浙江人民出版社1992年版，第281页。
② [法] 埃德加·莫兰：《反思欧洲》，三联书店2005年版，第126—127页。
③ 赵汀阳：《论可能生活——一种关于幸福和公正的理论》，中国人民大学出版社2004年版，第213页。
④ [德] 卡尔·雅斯贝尔斯：《当代的精神处境》，三联书店1992年版，第116页。

文化优化的一个重要途径。

其三，文化释义使文化意义得到最高程度的揭示。文化释义通过对文化的理解和解释，揭示和传达其内在的意义。文化本身是一种符号的体系，正是符号化的特点，使人与文化之间建立了内在的联系，使人对文化的意义解读成为可能。文化的世界就是意义的世界，"文化作为人类自我实现的手段所创造的各种特质，并不仅仅是符号，而是有意义、有价值并对人们实现有积极功能的特殊形式的质料。如果忽视文化的质料：内容、意义、价值等，而仅仅把它看成是形式或符号，那么，文化也就成了纯粹物理存在形式了，这样，它也就不能对人的实现起意义或意识的作用了"①。而且"文化愈是进步，所涉及的领域愈是广阔，这种意义的世界就愈加丰富和多样化。我们生活在语言的言辞、诗歌和造型艺术、音乐、宗教所构想的图像或宗教信仰本身等等之中。正是在诸如此类的表现之中，我们才得以彼此了解"②。在意义关系的观照下，人与文化之间不仅仅是创造与被创造的关系，更是一种解释与被解释的关系，人与文化的关系就是一种意义解读的关系，文化不再只是装载人之文化创造和文化成就的箩筐，也不是消融人的个性和创造力的文化囚笼，而是一个取之不尽、用之不竭的人类经验和知识的宝库。文化也不再是一种压抑个人的僵化结构，而是有待未来人们不断解读、吸收的对象。"每个社会都设法建立一个意义系统，人们通过它们来显示自己与世界的关系。这些意义规定了一套目的，它们或像神话和仪式那样，解释了共同经验的特点，或通过人的魔法或技术力量来改造自然。这些意义体现在宗教、文化和工作中。在这些领域里丧失意义就造成一种茫然困惑的局面。这种局面令人无法忍受，因而

---

① 司马云杰：《文化价值论》，陕西人民出版社 2003 年版，第 50 页。
② ［德］恩斯特·卡西尔：《文化哲学·哲学知识》，吉林大学出版社 2004 年版，第 129—130 页。

也就迫使人们尽快地去追求新的意义，以免剩下的一切都变成一种虚无主义或空虚感。"① 文化释义作为一种方法、机制和手段，借助各种文化理论框架和思想材料，使潜藏的文化意义得以揭示，丰富意义的视域，拓展意义的空间，实现意义的再创造。

其四，文化释义同样具有文化创造力。文化释义不仅构成文化优化的必要步骤和内在机制，其本身也具有文化优化的意味。一方面，文化释义有利于优秀文化得到最大化的传播。文化释义能够通过获得更多的人的理解，消除文化之间的隔阂和障碍，使人类宝贵的知识和经验得到推广，"文化寻求消除阶级，使世界上最优秀的思想和知识传遍四海，使普天下的人都生活在美好与光明的气氛之中，使他们像文化一样，能够自由地运用思想，得到思想的滋润，却又不受之束缚"②。另一方面，文化释义也意味着对前人文化的探究、挖掘、省思、解读，这往往包含着对已有文化的新的发现和发明，表现出对传统文化的意义的重新揭示，从而实现对传统的超越和创造，"文化的繁荣时代对新事物的发展特别有利，因为它是文化转折和文化飞跃的时期，是文化革命的时期。这种时期并不意味着与文化传统的决裂，而且正是在这样的时期，研究和利用过去各个时代的文化成就正在加强，但是这种重新领会前辈人的经验具有明显的创造性质"③。

（二）文化批判机制

所谓文化批判机制，是指在文化的发展过程中，作为文化主体的人，

---

① ［美］丹尼尔·贝尔：《资本主义文化矛盾》，三联书店 2003 年版，第 197 页。

② ［英］马修·阿德诺：《文化与无政府状态》，三联书店 2002 年版，第 31 页。

③ ［苏］尼·瓦·贡恰连科：《精神文化进步的源泉和动力》，求实出版社 1988 年版，第 79 页。

在文化认识、文化评价基础之上，自觉地对文化进行反思、反省、追问，从而达到文化自我觉醒的过程和原理。承载文化体系的人要对文化进行合理、科学地协调和规划，就需要对优化对象的反省和自觉，这是保证文化优化发生和开展的前提条件，也是文化优化的重要途径和操作方式。就文化自身而言，文化是由人类的反思性思维发展出来的累积性结果，任何已有的文化因素和特质，无不是人类的反思性行为在语言和客观性物质操作中的表达，无不是人类在已有实践中进行反复比较、鉴别、取舍、优化、创新中进行自觉选择的结果。可惜的是，以往这种反思性思维的发生机制主要作为自在方式存在，这种勉强被称为"自觉选择的结果"，是无意识的、盲目的。尽管每个人都在一种文化中诞生、生活和死亡，但是，却很少有人真正意识到它的存在。在盲目的文化状态下，人因"崇拜自己的力量就常常忘记应与权利相对称的义务，从而受到自然的严重惩罚而开始动摇了'主人'地位；他因崇拜自己的力量和创造，对人的世界、对自己的行为、对自己的职责和使命、对自己的价值和意义等，往往丧失了起码的自我剖析、自我反思、自我检点、自我批判的态度和能力，从而又成了自我创造的人的世界和自我力量的奴隶"①。

确立文化批判机制，文化主体就能够主动地、有目的地、有计划地进行文化反省和自觉。文化反省是指文化的自我追问、反思和批判，文化自觉是文化的自我反省、自我觉悟、自我醒悟，文化自觉是文化反省的目标，文化反省是文化自觉的途径，文化反省和自觉构成了人类自我审视、自我追问、自我批判，从而走向自我觉醒的方法论路径，是成熟文化主体的自觉的文化认识和文化创造活动。只有通过文化反省和自觉，人才能摆脱奴役，进行自我拯救，实现彻底的文化批判。文化批判对文化持一

① 王永昌：《走向人的世界》，中国工人出版社1991年版，第6页。

种辩证否定的态度，是对文化内在矛盾与张力的理性表达。在文化批判视域下，任何文化都不是天然合理和不可超越的，应不断寻找文化变革与更新的契机。文化批判不是对文化历史和现实的简单否定或谴责，而在于为人类的现实与未来之间建立一种超越的维度，形成人类发展的内在自我意识。"从文化发展的内在机制方面理解，否定性是任何一种文化自我更新、自我发展的内在动力。任何一种文化，只有当它能够对先前的文化和它所属的那个时代的文化进行批判和否定时，它才能从过去、现在走向未来，否则，它就永远属于过去的文化。"① 文化批判还是文化优化的内在要求，是摆脱文化困境和化解文化危机的"批判的武器"。通过文化反省和文化自觉，任何个人和民族都要对自身及其他文化有着清醒认识，对文化的过去、现在和未来有着正确的把握，发现文化的结构、特质、矛盾、规律、趋势；要站在人类文明前沿，对其作出文化评价，分辨出是与非、优与劣、好与坏、美与丑、善与恶，从而作出科学合理的取舍；要在对文化的认识和评价的基础上，达到高度的文化自觉，使人们对身处其中的文化有正确的了解、评估和判断。

文化批判机制的确立和运行，对文化主体提出新的要求。首先，文化主体要自觉进行文化根基建设。文化批判不是信口雌黄、空穴来风，而是建立在深厚的文化根基之上的文化反省和文化自觉。脱离文化的发展、创造和建设，所谓的反省就成了无病呻吟，所谓的自觉也就成了自娱自乐。必须进行文化建设，加强文化的积淀，否则任何反省和自觉都是没有根基的，苏联在斯大林时期几十年没有进行文化建设，所以戈尔巴乔夫《新思维》一书的问世，直接诱导了苏联的解体，这说明文化建设须臾不可脱离，只有在文化建设前提下，才能参照文化理想，对文化现实进行全方位

---

① 何萍：《马克思主义哲学与文化哲学》，武汉大学出版社 2002 年版，第 197 页。

审视，才能进行理性的文化革命。其次，文化批判要克服自身文化无意识的阻碍。文化无意识已潜入人的心理和精神深处，成为人的意识、心理和精神结构的有机组成部分。文化无意识的存在，消解并阻碍着文化反省与自觉。"对于一个在该文化特质影响下成长起来的人，要认识自己文化的特质是极为困难的。但更大的困难还在于我会低估我们对自己文化诸多特质的必然性偏爱。它们就像一个悠久而可爱的住宅家园一样可亲可爱。世界上如果没有它们出现，我们就会觉得这个世界毫无生气，凄楚不堪和无法生存。"①"正是在那个最可能需要加以批判的方面，我们却注定是最无批判性的。会有修正，但却是以革命或破坏的方式出现。有序进步性的可能性不再存在，因为这一代人不可能对他们的畸形发展的制度作出评判。这一代人无力根据得失对这些制度作出估量，因为他们已失去了客观认识它们的力量。"② 最后，文化主体进行文化批判要善于发现问题。面对复杂多变的文化生活世界，文化主体不仅要看到其发展的合理性和必然性，更要看到其对于新的历史时代来说的不完整性和不合理性，看到其发展中存在的问题，从而找到文化调整和提升的症结所在，为文化的进步与优化奠定基础。

文化批判机制具有重要的理论和现实意义。其一，确立文化批判机制，是成熟文化的表征。文化批判具有深切的理论关怀和强烈的实践意图。翻开史页，古今中外，文化上的每一次进步，都伴随着文化上的自觉，以及随之而来的文化启蒙。"人类自我反省的能力的提高，恰恰是人类强大而不可征服的证明；文化的负效应，与文化对人的积极作用的正效应相比，仍然是次要的，是可以不断克服的。提倡人类自我反省，不

---

① ［美］露丝·本尼迪克：《文化模式》，华夏出版社 1987 年版，第 193 页。
② ［美］露丝·本尼迪克：《文化模式》，华夏出版社 1987 年版，第 193 页。

但不意味着人类失去了自信；恰恰相反，那将意味着人类更成熟，更自信。"①"两次世界大战、全球性问题、普遍的精神危机，似乎文化越向前发展，由此产生的矛盾就越深刻重大；似乎人类对自然的改造越成功，人自身就越成为人类生活的主要矛盾；人类越走向 21 世纪，就越需要自我反省、自我批判和自我控制。"② 其二，文化批判是文化优化的内在驱动力。文化批判就是文化自我的反思、追问，是为了文化的自身优化而进行的自我反省，目的是认清现在文化的优劣并予以扬弃，为新文化的到来做准备。文化优化需要文化批判，没有文化批判就不能客观、辩证地看待自己的文化，就不能发现自身文化的不足与缺陷，就不能认识到文化的没落趋势和新的文化即将到来的必然性，就不能从主观上对已有的文化进行自我剖析和扬弃，从而也就不能实现真正意义上的文化发展和进步。其三，文化批判有利于调整文化发展的界限和尺度。无论是文化理论还是文化实践，肯定有它的边界，一旦超越边界，就会变成破坏文化程序的反文化行为。但界限太过，也不利于文化的发展。"文化大革命"期间，任何事情都用阶级尺度来衡量，"以阶级斗争为纲"，处处划界，使文化建设遭到破坏和停滞。过度严厉等于毁灭，过度宽容等于纵容。文化批判能够在不断地调适过程中拿捏文化发展的界限和尺度。其四，确立文化批判机制具有极大的时代意义。当今世界，资本主义生产方式以及以此为基础的享乐主义生活方式，造成人与物的关系的严重背离、对立和颠倒，导致生态环境的急剧恶化，人文精神的高度失落。理论与现实向我们昭示，现代化的重重危机、种种困境，本质上均由资本主义现代生产方式的内在矛盾造成的，而全球化与资本的文化逻辑又将其推向了全球，成为全人类面临的共

---

① 转引自邴正：《当代人与文化》序言，吉林教育出版社 1998 年版，第 5—6 页。

② 转引自邴正：《当代人与文化》序言，吉林教育出版社 1998 年版，第 5 页。

同的境遇，因此要增强文化危机和文化自觉意识。这正如邹广文教授所指出的那样："当代文化的发展凸显了人与文化的矛盾，人类的困境与人的未来发展问题成为哲学思考的重心。尤其是当人的文化实践逐步拓展和深化时，人类更加意识到反思文化、反思自身的重要性。"① 可见，确立文化批判机制正顺应了文化发展的潮流和需要。

（三）文化选择机制

文化选择机制是文化优化的又一重要机制。所谓文化选择机制，就是在文化的存在与发展过程中，通过对文化的批判、比较等方式对文化所进行的甄别、取舍，以确保实现文化优化的运作方式、手段等的总称。文化选择是人的文化本性诉求，作为文化主体的人是一种历史的存在，一种现实的存在，无论文化和平时期的常态，还是文化危急时刻的非常态，都需要文化主体按照不同的文化目的和文化需要及文化标准作出选择，这种选择直接影响文化发展和创造，从而影响人的存在和发展。

文化选择是不同于自然选择的一种价值选择，文化演进是按照文化主体的价值选择进行的。"生物基因的存在方式是遗传变异，这种遗传过程是一个自然选择的进化过程，其目的是为了使有机体适应环境的需要。文化的存在方式是符号系统的产生与发展，这种符号系统体现了人的自我创造性，体现了人对外部环境的自我确认和积极改造。"② 从文化本体角度看，任何文化都是文化选择的结果，没有选择就没有文化特质，也就没有其独特的文化风格，正是选择使文化具有了丰富多彩、风格迥异的模式。

---

① 邹广文：《当代文化哲学》，人民出版社 2007 年版，第 98 页。
② 何萍：《人类认识结构与文化》，武汉出版社 1991 年版，第 106—107 页。

"任何文明的文化模式都利用了一种潜在的人类目的和动机大弧上的一定的断面，……任何文化都有利用了某些选择过的物质技术或文化特质。一切人类行为分布的这个大弧，是如此巨大，又如此充满着矛盾，因而任何文化都只能利用其中重要的部分。选择是第一要求，没有选择，任何文化都不能取得让人理解的明晰度，而且，它所选择的和构成其自身的意向，要比它以相同方式选择的特殊的技术细目或婚姻形式重要得多。"① 从文化存在状态看，文化发展、交流、继承、借鉴，都离不开文化选择。没有选择，文化无从拓展和延续，文化就会失去方向和特色，也就失去存在的根据和理由。文化选择贯穿社会发展的始终，在文化转型期文化选择显得尤为重要和突出，中国近代以来的古今、中西、资社、国共之争，其核心和焦点无非是一种文化道路的选择问题，最后中国人采取综合的态度，成就了目前的中国特色社会主义文化道路，这无疑是一种优化的选择，是兼顾各方优点，而又自成一体的中国式选择。文化选择对人的生存和发展具有本体意义，是人类文化的总体性特征之一，确立文化选择机制是文化优化的重要途径和步骤。

文化是一代又一代人传播、继承的结果，是人们努力奋斗、发明创造、借鉴模仿的不断累积的程序。以往人们总是把历史看作对人类政治命运的叙述，事实上，它更是文化及其类型的历史，是人们对自身存在方式选择的历史。现实作为人类当下的时空存在形式，是文化传统和未来历时态的汇聚，是不同文化形态的共时态凝结。此外，文化并不是孤立封闭的系统，需要不断地和其他文化进行交流和对话，学习先进的文化技术、制度和理念，扩大自身文化的影响。文化的历时性和共时性，决定文化选择机制必须坚持以下原则：

---

① ［美］露丝·本尼迪克：《文化模式》，华夏出版社1987年版，第183页。

首先，文化选择必须以文化自觉为前提。文化选择要求对外来文化的摄取与对自身文化的改造同时进行，这就要求文化主体对自己和他人文化有一个清醒自觉的认识，借鉴先进文明的文化成果，发挥传统文化的潜能，促进文化间的和谐与合作。许嘉璐先生指出："人类文化有其共性规律。任何文化，如果长时间不和异质文化接触——包括交流、摩擦、冲撞，从异质文化中汲取营养，单凭自己的内部动力，是难以有大的发展的，通常还要萎缩，甚至衰落；而在与外来文化接触时，如果自身底蕴不足，则可能被异质文化淹没，也就是被同化，没有了自身的文化，民族也就在实质上灭亡了；虽然文化会随着生产力的发展而自然发展，但是如果能进入自觉状态，情况就不一样了，文化的建设将是主动的，更为积极的，已有的文化动力将更大，方向更明确，进展更迅速。"① 可见，文化选择是建立在客观地、辩证地分析文化现实的前提之下进行的，只有在文化自觉的前提下，才能扬弃现有的文化现实，迎接新文化的到来。

其次，文化选择不能脱离文化本体。任何合理选择，都不是任意的，而是有前提和基础的。文化主体要使选择具有科学性、合理性、可持续性，文化优化原理，就必须建立在一定参照系下，而对于一个文化主体最好的、最终的参照系莫过于自身文化传统，发展只能在原有基础上发展，继承只能在原有基础上继承，选择只能在原有基础上选择，否则，这种发展就是盲目发展，这种继承就是盲目继承，这种选择就是盲目选择。日本历来是文化选择的赢家，日本现代化更是创造文化选择的神话，究其成功的原因，不难看出，日本式现代化成功主要在于，日本文化在吸收西方文化的同时，主体并未丧失，而且经过外来文化改造与转变的同时，也充分发挥了日本文化传统的创造性力量。实际上，日本民族一直主动吸收每个

---

① 许嘉璐：《中华文化的过去、现在和未来》，《文史哲》2004 年第 2 期。

时代最先进的文化，以非常虚心的态度进行学习，然后再加以选择、改造和创新。尽管它吸收许多国家的文化，但始终没有丧失本土文化。一旦文化偏离本体的轨道，就会采取文化策略予以调节，以确保日本文化的特质。半田敏治所拟的《皇国日本再建案大纲》指出："明治维新以来，接触了新的欧洲文化，并急于采用模仿，结果使崇拜欧洲之弊风弥漫于全国上下，对于国体之尊严及皇国古来之文化产生错误的价值认识。从上到下，在思想和文化上逐渐陷于欧洲殖民地化的境地，这便是皇国文教之现状。如此一来，举国将丧失精神上之独立，失去魄力与活力，耗尽兴国之气力。于皇国而言，此实精神上之一大危机也。而医治之道唯在一途，即使其重新认识国体之尊严及皇国古来之文化。"① 从中可以看出，日本对本体文化的重视，这是其文化选择成功的保障和基础。实际上，任何理性的文化选择，都离不开文化本体的支撑。埃德加·莫兰说得好："为了拯救未来，必须拯救过去。……与一种强大的外国文化或文明的相遇提出了以下选择：吸收同化或者被吸收同化。吸收外来文化的能力是以自有文化的强劲生命力为前提的，这种强劲的文化生命力又是以某种经济、社会条件为前提的。而正是在这里，保护自己的文化与重回本体文化源泉是吸收外国文化时不可或缺的。"②

最后，文化选择离不开文化比较。人们如果将文化的视野仅仅局限在自身文化范围内，就容易陷入文化自我中心主义，无视自身文化的相对性和独特性，将自身文化绝对化、教条化和神圣化。只有在与其他文化的比较中，才能克服文化偏见，消解文化傲慢，客观地认识自身文化的本来面目。也只有通过日益全面深刻的文化比较，才能以他者的眼光对自身文化

---

① 转引自武安隆：《文化的抉择与发展》，天津人民出版社 1993 年版，第 41—42 页。
② ［法］埃德加·莫兰：《反思欧洲》，三联书店 2005 年版，第 124—125 页。

进行多维透视，获得认识自身文化的新视角。"通过比较，人们更深刻地理解事物和现象的实质，找出最优秀的东西，选择更完美的东西，学习创造美好的东西。文化财富的相互交流为它们的比较和精选优秀的、最富生命力的、经过考验的东西的无限可能性。"① 在文化比较中，人们对文化世界的历史源流、现实状况和未来命运有了更深刻的理解，对自身的文化地位和文化使命有了更正确的认识，这无疑有助于文化主体自觉地进行文化抉择。此外，当今世界文化处在快速发展的进程之中，由于发展的不平衡，势必呈现出不同的发展阶段共存于同一文化空间的现象，这无疑为文化选择提供了可资借鉴和比较的对象，在多元阶段共存于世的开放状态下，文化主体就能找准文化发展的坐标，对当前文化发展进行全方位的审视，对自身文化发展状态进行准确定位，发现其中存在的问题，这无疑有助于检验、评判文化，进而作出正确的文化选择。

当然，文化选择不是简单的拿来主义，文化根基决定文化的最终走向。外来文化要进入一种新的文化体系、结构中，必须契根、契理、契机。只有经过充分的"咀嚼"和"吸收"，文化才能为我所用，只有当其被全社会理解、接受、采纳、认同时，才能被建构到整个的社会文化之中去，并真正成为该社会文化系统的一个有机部分。文化系统通过自身的选择机制，从不同的文化系统中选取一些有利于自身文化系统生长的因素，但这本身不是目的，而只是为文化系统实现整合提供了前提条件。因为被选择的文化因素不可能原封不动地被原有文化系统所采纳，必须通过系统内部的吸收、消化、改造、创新等环节，才可能为原有文化系统所采用。毛泽东在《新民主主义论》中说："中国应该大量吸收外国的进步文化，作为自己文化食粮的原料，这种工作过去还做得很不够。这不但是当前的

① 〔苏〕尼·瓦·贡恰连科：《精神文化进步的源泉和动力》，求实出版社 1988 年版，第 75 页。

社会主义文化和新民主主义文化，还有外国的古代文化，例如各资本主义国家启蒙时代的文化，凡属我们今天用得着的东西，都应该吸收。但是一切外国的东西，如同我们对于食物一样，必须经过自己的口腔咀嚼和胃肠运动，送进唾液胃液肠液，把它分解为精华和糟粕两部分，然后排泄其糟粕，吸收其精华，才能对我们的身体有益，决不能生吞活剥地毫无批判地吸收。"① 实际上，也就是被选取的不同文化要素的重新组合过程，这些渊源、性质、取向、风格均不相同的文化因素，经过彼此适应、重新组合、互相协调，使它们各自在内容与形式、性质与功能、目标与取向等方面发生巨大变化，从而更加合理地纳入原有文化系统中，成为文化机体的有机组成部分。

（四）文化管理机制

文化管理机制是文化优化的核心机制。所谓文化管理机制，是指用文化去规范、塑造和教化人或对文化进行自觉的调节、控制、规划、设计等管理手段，以实现文化优化的运作方式和原理。文化管理机制也就是发挥文化管理在文化优化中的作用的机制，它是维护文化稳定性和有序性的控制机制，是文化优化得以运作的根本方式。

文化管理是人对文化的管理和用文化去管理人的文化创造活动，是文化优化的重要手段和途径。文化管理包括人文教化、文化决策、文化规范、文化协调、文化统合、文化批判等诸多方面。人文教化是柔性的文化管理，教育就其功能和目标及其发生机制而言，是最根本、最重要的文化管理方式，它通过人文教化实现人的本性的塑造和提升，人格的建树和完

① 《毛泽东选集》第 2 卷，人民出版社 1991 年版，第 706—707 页。

善，科学文化知识的普及和推广，人类文化精神的弘扬和更新，以此推动和促进人及其文化不断向人的自由全面发展的方向和目标努力。"教育是一个伟大、全面的公式，我们希望通过它使我们的文化永存并日趋完善。到目前为止，通过发现和应用关于生活中各种紧迫问题的正确公式它就能做到这一点。"① 文化决策、文化规范、文化制度、文化措施是硬性的文化管理，是对文化创造的推动、促进、保护和保持，是对文化创造的资源和条件最有效的开发和利用，是对人的潜能和积极性的最大限度的挖掘和调动。只有对文化进行调节、控制、规划、设计等的管理，使其更加符合真善美的要求，符合人类文明演进的规律和人类自身全面发展的取向，才能使人的存在更健康、更人性，使人的发展更合理、更科学。

从人的文化主体性角度看，文化管理是必要的。随着人的主体性的提高，人已不像过去那样被动地接受文化，而是主动地控制文化。只有通过积极的、建设性的态度对待文化及其发展，才能使文化为我所用。一方面，文化并不必然为人类带来幸福，"文化拥有极好和极坏的潜在性，为世界带来这多好处的这种力量，同样能带来大量暴力、苦难、残忍和压迫。这完全取决于怎样使用文化权力。如果以积极的、建设性的和富有想象力的方式使用文化权力，那么它是愉快和满足的源泉，因为它要对生活和世界上最有价值的东西以这种或那种形式负责。然而，如果以消极的、破坏性的和阻碍生产力的方式使用文化权力，那么它是不公正的源泉，因为它要对复仇、剥削和不平等以这种或那种形式负责"② 另一方面，文化也并非完美无缺、一劳永逸，它需要人的不断地创造和更新，为其注入新的力量。"事实上，由于历史和文化对人类心灵的作用，有某些不健康的、

① ［美］克拉克·威斯勒：《人与文化》，商务印书馆 2004 年版，第 13 页。
② ［加］D·保罗·谢弗：《文化引导未来》，社会科学文献出版社 2008 年版，第 78—79 页。

不适合于现时代文化创造要求的价值观念和心智习俗，需要加以改造和更新。"①

从文化于人的重要影响而言，文化管理同样不可或缺。人生活在文化环境之中，文化弥漫于人的生活的每一个角落，人的任何文化经历都积淀到人的灵魂深处，影响其未来的文化实践，"文化经验的一个层面总是为另一个层面所中介：我们对于一个电视节目、一本小说或一篇报纸文章的想法、观感，总是受到我们现实生活的百般遭遇之影响。但同样并存的事实是，我们的亲身生活又受到了种种再现文化的影响，……每一本我们阅读的浪漫爱情小说、每一出我们收看的肥皂剧，都在增加了、塑造了或是中介了我们的'真实'经验。"② 此外，生活在文化中的人的一言一行，都对他人具有导向和示范作用，影响他人未来的文化实践。因此，文化行为的规范和约束，对消极文化因素的遏制，对良好文化风范的提倡，也就是对人进行文化管理，显得尤为重要。有鉴于此，要对文化进行自觉控制，如建立书报检查制度、影视审查制度，消除黄赌毒对人尤其是青少年的毒害，提倡良好道德风尚、崇高理想、美好人格、价值信念，塑造人的文化理想，等等。

文化管理是以人为本的管理。文化管理机制的设定一方面有利于文化稳定、协调发展，另一方面就其根本目标而言，它从实现人切身利益出发，是为了人、依靠人、发展人、提升人、教化人的观念和活动。文化管理是一种全面的、根本的、终极的管理，以从根本上解决人与人的世界的矛盾为宗旨，以人的解放和自由全面发展为终极追求目标。文化应该是人道的，"为了做到这点，在发展、关心和共享、同情、合作、尊重别人

① 李燕：《文化释义》，人民出版社 1996 年版，第 126 页。
② ［英］汤林森：《文化帝国主义》，上海人民出版社 1999 年版，第 120—123 页。

的权利和传统以及承诺公正、平等和多样性中，应把人的因素放在优先位置。不这样做，文化就会受部分人的利益、政治独裁和特殊利益集团的侵害。因为各种文化形态，像文化和所有其他力量一样，会分成两个方向。一方面，它们可以是满意、解放、享受和幸福的源泉；另一方面，它们可以是野蛮、压迫、不公正和奴役的源泉"①。以人为本的文化管理目标取向，有助于克服文化的异化、恶化和劣化，从而确保文化沿着人性的轨迹发展和演化。

文化管理机制是对文化自身的排异、控制机制的主动提升和自觉应用，文化管理将自在存在的机制变成人为的机制，确保文化发展方向朝有利于人生存和发展的目标前进，从而使文化创造更加主动和自觉。任何社会都有维护自己文化核心价值的机制，正如拉兹洛所言："每一个社会都选择同它内部占主导地位的结构和过程最一致的认知图像。这就意味着，每个社会都要发展出某种特有的机制，用它来铲除偏离的认知图像，保护它自己的统治制度。古典时期的希腊用贝壳放逐法放逐那些具有危险性偏离认知图像的个人；中世纪的西班牙则把这种人交给宗教裁判所去制裁；同时，当代社会的法制系统容许对其偏离的认知图像据信会产生颠覆行为的人进行制裁。"②文化管理机制是对这一特有的、自在的机制的超越，通过对文化的批判和自觉，实现人对自我文化精神的掌握和占有，从而能够产生和形成一种自觉的对文化的管理，而不是诉诸盲目的、狭隘的力量。与传统意义上依托于文化自身特有机制的盲目的文化交往相比，在文化管理的视野下，文化交往应是双方既门户开放，又有一定的保留和抵抗。莱维—斯特劳斯的这段话精辟至极："每一个文化都是与其他文化交流以自

① ［加］D·保罗·谢弗：《文化引导未来》，社会科学文献出版社 2008 年版，第 98 页。
② ［美］E. 拉兹洛：《系统哲学讲演集》，中国社会科学出版社 1991 年版，第 106 页。

养，但它应当在交流中加以某种抵抗。如果没有这种抵抗，那么很快它就不再有任何属于它自己的东西去交流。"① 文化管理使文化间的交往更加理性、顺畅和安全。

文化管理机制意味着向文化注入计划性、科学性和合理性原则，但这并不意味着对文化及创造者加以某种专断的、不以现实需要为根据的限制，给它规定超过文化内在限度的指标，而是通过把人的目的、意愿、理想内化到文化创造中，使文化发展更加合目的性，通过自觉遵守文化发展、传播、交流的规律，使其更加合规律性，从而实现合规律性与合目的性的统一。"对文化进行科学管理的实质首先在于确定社会文化发展的主要目的和方式——达到一切人的美好、崇高而有益的、最合理、最人道的理想的方式，正在成长的一代应当有意识地以这样的目的和方式为目标。"② 文化管理是文化的科学性与人文性的统合，是文化哲学的理念在实践中的体现。文化管理作为自觉的社会实践活动，凝聚着人类创造中的主体性精神。它通过主动地、自觉地对文化的设计、控制、协调，确保文化保持自身特性，维护文化秩序的稳定性。从某种程度上说，文化管理也是一种文化控制。人不仅仅能进行文化创造，而且还能够进行自我的文化控制。真正的主体性应该是一种有自我控制的创造活动，真正的创造者应该是懂得合理节制的自我管理者。"我们生活在一个高速度、快节奏发展和高度创造性与自我毁灭性并存的社会里，那种高消费的生活方式，那种迷信技术万能的新的自我迷信，那种盲目扩张不计后果的放纵必须得到节制。当代社会发展的合理战略，首先是提高自我控制程度，其次就是加强

---

① 转引自河清：《破解进步论》，云南人民出版社 2004 年版，第 91 页。
② ［苏］尼·瓦·贡恰连科：《精神文化进步的源泉和动力》，求实出版社 1988 年版，第 325 页。

全球合作。"① 只有通过文化管理才能从根本上找到解决文化矛盾、化解文化冲突、超越文化悖论的途径和方法。

文化管理具有十分重要的意义。"在当今时代，文化作为一种核心竞争力，谁忽视文化质量管理，谁轻视高质量文化的塑造、培植，谁就必将在新一轮的文化竞争与文明冲突中败阵。"② 文化管理通过对已有文化创造成果的保护和利用，对文化创造资源的最优开发和挖掘，对文化危机进行干预和防范，对反文化现象有效抵制和预防，对背离人本价值取向的及时纠正等一系列措施和活动，最大限度地调动人的积极性和创造潜能，为人及其文化的进步和发展营造良好的、健康的、安全的文化环境，从而使文化充满生机和活力。文化管理已经成为人类社会自我规划、自我拯救、自我创造的手段和理念。文化管理机制对于人及其文化的可持续发展，人类文化精神自觉塑造和提升不无裨益。"文化创造的过程如何调控和结果如何掌握等问题，经历了痛定思痛，遭受了无序纷扰，文化管理不仅十分必要，且已被推到了极为突出的地位。"③ 文化管理机制的确立，对于文化冲突的调节和解决，文化异化的克服和扬弃，反文化和非文化的治理和清除，具有积极的不可替代的作用和意义。

（五）文化创新机制

如果说文化管理机制是使文化具有稳定性和有序性的控制机制，那么文化创新机制就是使文化具有生机和活力的动力机制。在所有的人类活动中都有一种基本的两极性，即维护和坚持生活形式的稳定性与打破这种僵

---

① 郗正：《马克思主义文化哲学》，吉林人民出版社 2007 年版，第 60 页。
② 天河水：《文化全面质量管理》，中国社会科学出版社 2006 年版，第 6 页。
③ 李燕：《文化创造与文化管理的战略思维》，《管理世界》1997 年第 5 期。

化格式的创新性，在稳定性和创新性的观照下，人被分裂成两种倾向，一种力图保存现有形式，而另一种则努力要产生新形式。可以说，每一种文化生活领域甚至每一种文化形态，都存在着稳定力量与创新力量的博弈和较量，在这一过程中，作为整体的文化实现了动态的平衡。在文化优化论视野下，前者被自觉为文化管理机制，后者被提升和转化为文化创新机制。文化优化是文化创新和文化管理的统合，没有创新，文化就失去动力，就不会发展、进步；没有管理，文化就失去方向，必然导致混乱、无序。文化创新是文化优化的根本，文化创新并不必然导致文化进步与优化，但没有文化创新就一定没有真正意义上的文化进步与优化。文化创新机制是文化优化的基础原则。五兹指出，文化创新的形式有四个基本变种：长时期的变异、发现、发明和传播。"长时期的变异"，是指固有的思想和行为模式经长期微弱的变化的逐渐积累，最终成为本质上全新的事物。"在任何文化系统中，其构成要素即文化特质之间都存在着持久的交互作用。它们相互影响，彼此反应，不断变动和互为限定，从而形成了新的结合物和综合体。"① 所谓"发现"，是指某些已经存在但过去不为人所了解的事物变得为人所知的行动。而"发明"是对先前存在的材料、条件和风俗的新综合。任何发明创造无不是人们在长期实践中，在文化积累和文化综合长久作用下发生的。"传播"是文化创新的最普遍形式，传播是意义的共享，是文化空间的对话。如四大发明在欧洲近代文明产生之前陆续传入西方，成为"资产阶级发展的必要前提"，对世界文化的发展和繁荣做出巨大贡献。当然，文化的变异、发现、发明及传播只是文化创新的一般形态，具体情形要复杂得多，正如威斯勒所指出的那样："文化进程是由于发明、趋同和扩散而沿着自己的道路发展前进的，它们因为自己

---

① 　[美] L.A. 怀特：《文化的科学》，山东人民出版社 1988 年版，第 195 页。

的过去，因为环境和其他未知的因素而发生某种程度的变形。"① 就内容而言，文化创新既包括对影响人的素质和创造力发展的某些文化价值观念和思想方法的纠正和创新，也包括对文化知识基础和文化根基状态的改善和增进，还包括对人的精神心理状态、文化素养和创造性的提升等等。

文化的发展过程，就是人类建设理想世界和不断追求自我解放的过程。文化创新就内在于文化发展过程之中，文化创新的发生根源于：

第一，人及其文化潜能的永无止境。人及其文化潜能巨大无比、没有极限，具有无限的可开发空间。作为文化主体的人蕴含着巨大的文化潜能，人脑好像一个沉睡的巨人，我们只用了不到 1% 的脑力。一个正常的大脑记忆容量大约 6 亿本书的知识总量，相当于一部大型电脑储存量的 120 万倍。如果一个人发挥出一小半潜能，就可以轻易学会 40 种语言，记住整套百科全书，获得 12 个博士学位。这仅仅是一个人所具有文化潜能，整个人类所具有的文化潜能真是无以数计。② "人作为自然界进化阶梯上最高层次的存在物，机体内凝聚着亿万年生命演化的积极成果，积淀着人类自身百万年来文明进程的精华，二者的结合使人身上潜藏着种种创造潜能。"③ 文化本身同样蕴含着巨大的潜能，文化具有无限的可利用性、累加性，随着文化的利用，一部分物质文化可能会被消耗掉，但人类创造的宝贵的精神文化不会因应用而消失，而是因不断地积淀变得越来越丰厚，文化的意义不会因文化消费而越来越少，而会不断地扩展和推广。"每一种文化当然都各有其特征；然而这是因为在任何特定的文化中，人类文化所蕴含的全部潜能只有一个有限的数量得到了实现。"④ 这些潜能潜伏着

① [美] 克拉克·威斯勒：《人与文化》，商务印书馆 2004 年版，第 177—178 页。
② 参见高占祥：《文化力》，北京大学出版社 2007 年版，第 106 页。
③ 邹广文：《当代文化哲学》，人民出版社 2007 年版，第 347 页。
④ [荷] 冯·皮尔森：《文化战略》，中国社会科学出版社 1992 年版，第 27 页。

无限的创造力，一旦释放，人将拥有无限的文化力量。人及其文化的潜能，使文化创新具有无限的拓展空间和可利用的资源，也为文化创新提供了无限的可能性和源源不断的力量源泉。

第二，人对未知领域探索的永不止息。人的好奇心和求知欲是人的天性，推动人类向未知领域进军。由于未知领域是无限的，人类的已知领域是有限的，人类已知领域越广，人需要了解的未知领域就会更大，因此，随着人类文化的发展和进步，人类对未知领域的探索不是越来越少，而是相反，而且人类对未知领域的探索永远不会停止。在向未知领域进军的过程中，人不断开辟新的文化空间，形成新的文化观念，需要发明新的知识、技术、手段和方法，因而人向未知领域每前进一步，都会改变原有的文化的程序和取向，形成对原有文化的改变和创新。一句话，人对未知领域的探索势必带来文化创新，人也需要通过文化创新向未知领域进军。

第三，文化现状于人的永不如意。人是一种超越性存在，人总是对于自身所处的现状感到不如意，渴望一种更加美好的生活和正当的文化状态，不愿顺从现有文化的秩序，从而不断追求优于文化现状的目标，不断实现对自我和文化现状的超越，而文化超越势必导致创新，通过创新改善和优化现状，使文化世界更加符合人的意愿。"在'认识与创造同一'的情境中，人类不仅可以反映现实世界，在世界不能满足人的时候，人就会改变它，改变它的存在方式和相互联结的网络结构，使之更加合理性、合目的性。"[1] 这样，人就会获得更大的解放和自由，从而进一步地进行文化创新。

第四，人之文化需要的永不满足。作为文化的存在，人的需要已经超越动物式的自然需要，变成属人的文化需要。动物的需要停留于单一的生

---

[1]　李燕：《文化释义》，人民出版社 1996 年版，第 218 页。

理需要，人的文化需要则非常丰富，有衣食住行等诸多方面，而且随着低级需要的满足，会逐渐提出更高的需要，在人的需要推动下，人创造了一个形式多样、内容丰富的文化世界。不仅如此，人的文化需要同样永远不会停止，也不会得到永久性满足，这就决定人不断进行文化创造同时，更要进行文化创新，创造新的文化形式，建构新的文化内容，开辟新的文化领域，形成新的文化观念，以此满足人的永无止境、不断提升的需要。

文化创新机制的确立，必将实现文化创新的自觉。创造并不总是按照人的意图产生合意的结果，有时结果与意图相悖，有时有意外收获，很少的时候它完全与意图一致。以往文化创新依靠偶然性因素，来自盲目的力量，文化创新机制把文化创新提升为文化发展的动力和目标，使文化创新更加依靠系统的科学的认识、创新的规律和方法，使文化创新更加自觉和主动。对于创新的利用也更加科学化和人性化，使文化创新在社会上得到更好的传承、推广和应用，让文化创新的成果不因个体死亡而消失，而是通过一定的结构和机制保存下来。文化创新机制要求文化创新要建立在保持文化传统的基础之上，因为只有当它保持过去文化业已取得的一切优秀的因子，才会具有良好的结果并在长时期内保持自己的影响。此外，文化创新机制的形成，为文化创新提供有利条件，因为文化创新的关键，就在于创造一种个体自由发展的社会氛围。只有无数个体自觉地追求和奋斗，才能形成一个朝气蓬勃的时代。无数个体创造性的实现，就会无限地丰富和发展人类群体的力量。

文化创新引导文化未来，文化创新只有走在时代前沿，站在时代大潮浪尖，才能够引领人类前进的航向。一切伟大的文化时代，都是文化创新的时代，"历史上的以往文化的每一次'复兴'都足以证明这一点，任何名副其实的'复兴'，都不是某种单纯的接受，也不是历史文化的单纯的延伸。……世界历史上真正伟大的复兴运动无一例外地都是创造性的胜利，而不是纯粹接受性的结果"①。文化创新意义十分深远，"创新不仅为社会历史的发展与进步提供着物质基础、制度保障与思想导引，还具有化害为利、化消极为积极、化危机为进步的'神奇功能'，即创新是由危机通往进步的中介和桥梁"②。落后文化只有通过文化创新，改变文化理念、文化思路，形成新的文化路向，才能够实现文化的跃迁，否则尾随所谓先进文化的路径，在别人设计的文化逻辑下亦步亦趋，只会验证芝诺的悖论，速度再快的阿基里德也撵不上乌龟，永远实现不了文化的超越。但这也不是说，创新完美无缺，实际上，任何真正的创新都是对以往常规活动内容和形式的一种扬弃，扬弃意味着选择和否定，这不可避免地导致一部分价值的丧失。一种貌似创新和进步的社会形式，换一个视角，很可能是一种倒退，可见，文化创新需要进一步修正和改良。文化创新机制要求我们正确对待文化创新，辩证地看待创新，充分考虑到创新内蕴的消极和积极因素，把消极后果控制到最小范围内，最大限度地扩大其积极影响。因而对待文化创新决不能听之任之，否则创新也会导致异化，成为人的异己力量。

综上所述，文化优化的运作机制，是人进行文化优化所利用和凭依的文化机制，文化优化的运作机制不在文化之外、之上，而是蕴含在文化之中，是通过对文化发展和演化的客观规律的正确认识，以及对主体人的理性意愿的自觉运用而获得的。文化优化运作机制的存在使文化优化具有了实践性、可操作性，为文化优化在文化发展、传播、传承等方面的推广和应用奠定了基础，使文化优化成为一种重要的文化力。

---

① ［德］恩斯特·卡西尔：《文化哲学·哲学知识》，吉林大学出版社 2004 年版，第175 页。

② 邹广文：《辩证思维方法的成功运用》，《科学社会主义》2007 年第 4 期。

三、文化优化依何存在：尺度与标准

文化具有内在矛盾性，文化是对象性和非对象性的统一，是自在性与自为性的统一，是人的尺度和物的尺度的统一，是客观独立性与主观能动性的统一。文化的内在矛盾性为文化优化提供了理论前提：一方面，文化是对象性的、自在的、物的尺度，具有客观独立性，不以人的意志为转移。因此，只有遵循文化的客观规律，对其进行研究、考察和优化时达到合规律性，文化优化才是可能的。另一方面，文化又是非对象性的、自为性的、人的尺度，具有主观性，文化是人的目的的反映，因此修正、改变文化现实，提升文化境界，从而使文化符合人的理想，达到合目的性，文化优化才能成为现实。

（一）客体尺度：合规律性

规律是天然的尺度，文化优化首先要以规律作为衡量的依据、标准和法则。马克思主义认为不论是自然界、社会还是人类文化的发展都有其内在的规律，只有在文化认识与文化创造中，严格地遵循、把握和运用这些规律，才能实现人的世界合目的性的发展。文化优化与否首先取决于其是否符合规律的要求，只有遵循规律的要求进行优化，优化的结果不违反和背离规律及其要求，这时我们才能称文化优化是科学的、合理的。规律是文化优化的客观标准，也就是文化优化要最大限度地合规律性。在这里，规律主要包括自然规律、社会规律及文化自身规律。

首先，文化优化要遵循自然规律。人类天然地生活在自然界之中，人及其文化的发展离不开自然界，人类文化创造的资料要取之于自然界，人类生存和发展都要依赖于自然界。自然是人类文化的母体，相对于社会规律和文化规律而言，自然规律是一切规律中最原始、最根本的规律，文化虽然是对自然的超越，但文化创造并不能脱离自然界而独立发生，自然规律对文化发展和演化具有终极的规范和制约作用。文化优化违背自然规律就会变成谬误，永动机就是一个例子，就其追求的目标而言，永动机是一个很好的文化创意，但因违背自然规律，并没有转化为现实，结果造成人力和物力的巨大浪费，不得不以失败告终。在文化创造和优化过程中，一旦违背自然规律，必然导致自然对人的惩罚，造成文化创造的浪费和文明的退步，使文化陷入恶化、劣化、退化，甚至危机之中。因而，人类要进行文化优化创造和实现文化优化目的，就必须研究认识自然规律，从而正确掌握自然规律，更要遵循自然规律，而不能违背自然规律，当然，也要自觉运用自然规律为人类文化生活、文化实践服务。只有以此为尺度和法则，文化优化才能实现人及其文化可持续发展的美好愿景。

其次，文化优化要服从社会历史规律。社会历史规律是文化发展和演化的根本规律，是文化自身特有规律的基础和实质，因而也是文化优化必须遵循和服从的规律。因为文化的本质和表现，都在人的社会生活和历史活动之中，在此之外，文化不可能有其他不同的本质规律。如马克思唯物史观所揭示的人类社会在生产力和生产关系、经济基础和上层建筑矛盾运动的推动下，从低级向高级发展的规律。这是人类社会历史发展的一般规律和原理，当然也是文化发展的根本原理和一般规律。只有正确掌握社会历史规律，才能从根本上把握文化发展和演变的整体面貌，并大体预见其未来。而违背社会历史规律，逆历史潮流而动，必然受到规律的惩罚，从而破坏社会历史发展的进程，如中国近代史上的袁世凯和张勋复辟帝制，中国共产党在探索建设社会主义道路过程中的"大跃进""人民公社化运动"以及后来的"文化大革命"，无不因违背社会历史发展规律，而最终导致失败。文化优化作为一种特殊的社会实践活动，并不是超脱于人类社会历史之外的人的主观臆想和抽象思辨，而是内在于人类社会历史活动之中，文化优化必须遵循社会历史规律，接受社会历史规律的检验。只有正确掌握和认识社会历史规律，才能了解文化发展的过程、趋势、方向，才能认清推动文化进步的原因和动力，才能理清文化中蕴含的丰富关系。如果离开这一切，文化就成了"无源之水"，使人无法捉摸，文化优化就会"无法可依"，失去其合法性。①

最后，文化优化要依据文化特律。所谓文化特律，也就是文化自身所特有的规律。文化作为人类特有现象，必然有其独特的发生机制和原理，在其发展、传承、创新等演进过程中，必然呈现出一定的规律性。由于文化是一个非常庞大复杂的体系，文化又处在不断的发展变化之中，因此，文化规律需要长期的总结、归纳和探索，而且从不同角度、不同层面，针对文化不同面向，能概括出各种各样的文化特律，如从文化结构角度总结出的"三大文化协调发展规律"，从文化发展角度得出的"文化继承和超越规律"，从文化演化角度提出的"文化积累和渐进规律"，从不同文化间关系角度概括出的"文化间协同共进的规律"，从文化的主客体关系角度提出的"文化主体性和选择规律"和"文化与自然环境协调发展规律"，以及有的学者提出文化创造活动特律包括：文化创造系统整体与诸层次间的关系特律，文化创造的极场同构共振关系特律，文化创造主体及其间性关系特律，等等。② 文化特律是文化优化最切近的依据、标准和尺度，文化是文化优化的主要对象，文化优化必须参照文化规律来操作和运行，以符合文化特律与否作为评价文化优化的尺度。

---

① 参见李德顺、孙伟平、孙美堂：《精神家园——新文化论纲》，黑龙江教育出版社2010年版，第110—112页。

② 参见李燕：《文化创造活动特律》，《中国人民大学学报》1996年第4期。

列宁说："规律就是关系。……本质的关系或本质之间的关系。"① 在这里，列宁不仅明确指出规律是"本质的关系"，而且突出强调规律更是"本质之间的关系"，有鉴于此，文化优化除了要严格遵循自然演化的基本规律、社会发展的一般规律及文化自身特有的规律外，还应统筹协调自然环境、社会发展和文化建设之间的关系，这样才能确保文化优化的科学性、合理性和长效性，为文化的科学发展提供实践规律的指导。

（二）主体尺度：合目的性

文化优化的主体尺度，即人的尺度，也就是文化优化要反映主体的本性、需要、利益、目的、意愿和理想。一句话，文化优化要合乎目的性。在诸多的文化可能性中如何进行文化选择，人自有其合理性的、合目的性标准，使人的行为符合人的道理、原则、人的发展规律。马克思指出："那就必须这样安排经验的世界，使人在其中能体验到真正合乎人性的东西，使他常常体验到自己是人。"② 人在文化的进步、管理、创新，也就是文化的自觉优化中，起着核心的作用，而且随着文化自觉的生成，人的自觉控制、管理、创造的行动将在文化良性循环中起着决定性作用。"今天世界文化中的矛盾已达到极限的程度，文化自身的存在已受到威胁。那些思考着文化的未来命运的人们发出惊慌的呼叫。一些人预言文化必然毁灭，另一些人则相信它'会得到改善'，会得到拯救。可是对人们行动的'控制'这个词似乎更多地团结了那些对人文主义文化的进步真正感到兴趣的人们。能够拯救文化的不是科学进步和技术进步的停滞，尤其不是

---

① 《列宁全集》第 55 卷，人民出版社 2017 年版，第 128 页。
② 《马克思恩格斯文集》第 1 卷，人民出版社 2009 年版，第 334—335 页。

返回到过去时代的文化，无论这个和那个都不可能。但也不是轻率的'一味前进'，只有从任何发现、任何发明中可以吸取最大限度的东西才能拯救文化。人道应当成为一切进步的尺度，而不只是进步成为人道的尺度。相信这一点不应建立在'人会突然醒悟'和'在最后时刻能够作出良好反应'的基础之上。……信念应当以日益渗透到人们的日常生活，深入到他们的行动和行为中的科学世界观，以建立精神文化发展的科学管理办法为根据。"① 人及其发展状态本身就具有检验文化发展的意义，在某种程度上说，是否有利于人的需要和自身的发展，是否有利于提高人们物质文化生活水平，是否有利于维护整体的人的利益，是否有利于人的解放和自由全面发展，是衡量文化优化的重要尺度。

文化优化也是一种文化创造，是文化发展前进的一个方面、一个手段、一个动力，因此文化优化的尺度也从属于文化的尺度。但文化优化尺度的要求要高于一般文化尺度，它不像进化论维度下的文化尺度只关注文化现实，而是指向文化理想的存在，诉诸一种超越现实的追求，奔向真善美的状态即文化自由的境界。"文化超越的对象就是现状。这个现状包括现有的自然状况和现存的文化状态。超越现存的自然状况，从而使自然更加人性化，更好地为我所用。超越现存的文化，祛除现存文化中的糟粕，革除那些限制人、压抑人的东西，使之成为更适合人的自由发展的文化。文化是人的存在方式，它超越的指向必然是真、善、美的状态，即自由的境界。"②"人类如果要生存和发展，就必须趋向真、善、美。如果人们趋向假、恶、丑，不要说发展，就连生存都将成为不可能。……人们如果不能以真、善、美，而是以假、恶、丑作为自己行动的目标和标准，那么，

---

① ［苏］尼·瓦·贡恰连科:《精神文化进步的源泉和动力》，求实出版社 1988 年版，第 269—270 页。

② 郑广永:《文化的超越性研究》，黑龙江人民出版社 2006 年版，第 10 页。

人类就会陷入混乱、灾难乃至灭亡。"① 文化优化是文化主体对文化超越性这一属性的自觉，文化优化创造使文化更加积极主动地趋向主体的需要、利益、目的，向有利于主体理想意愿的方向发展。人优化文化的目的、原则或出发点是，寻找更好、更优、更有意义、更合理的生存方式，以这一原则为标尺，对文化加以改造、管理、规划和设计。正如冯·皮尔森所分析的那样："文化是人调整世界的方式，也可以说是进入世界的方式，因而自然的东西是经由符号—行为，在事物的'意义'、'含义'的范围内被改造。这种意义伴有种种基本需要，如维持生命的需要、性欲、对周围世界的探索。但是对于人来说，这些东西是经常变化的，而且从来不是纯粹地为本能所决定的：他改造它们，压制或升华它们，把它们转变成犯罪的动机或艺术创造的动机，用爱邻居和信上帝的观点对它们加以估价和批评，让它们把自己带进革命、科学发现和闲暇活动中去。一句话，人从怎样有意义地生存这一问题出发对它们加以改造。"②

文化优化的主体尺度应是客观的。主体不等于主观，文化优化的标准就是指作为主体的人之客观需要和利益。它本身来自主体的本质、存在和内在结构规定性，来自人同整个世界的联系。作为主体的内在尺度，文化优化标准本身与主体存在直接同一，它本身就是客观的。换句话说，主体的客观存在本身，在人的文化活动中，就具有尺度的性质和功能。在文化创造过程中，文化给人的任何影响，都会同人的客观需要和利益之间形成一种效应关系，积极的、消极的或中性的效应，这些效应不是文化本身的属性，也不以人们是否意识到它们为转移，而是以作为主体的人的结构规定、需要、利益为尺度。正如马克思所言："我们判断一个人不能以他对

---

① 郑广永：《文化的超越性研究》，黑龙江人民出版社 2006 年版，第 10 页。

② ［荷］冯·皮尔森：《文化战略》，中国社会科学出版社 1992 年版，第 184 页。

自己的看法为根据，同样，我们判断这样一个变革时代也不能以它的意识为根据；相反，这个意识必须从物质生活的矛盾中，从社会生产力和生产关系之间的现存冲突中去解释。"① 文化优化标准不以人们的主观评价为标准，而是人的一种主体性尺度，它必须通过对主体及其客观活动过程的考察来把握。

文化优化的尺度应是一个积极的、正向的尺度。文化优化的评价根据与判断标准，只能是文化优化对人类发展与人性完善的文明意义与价值。只有那些合理的、健康的、有益的主体需要才能成为推动文明进步的动力，也才能提升为衡量文化优化与否的尺度。因为主体需要有健康与不健康、合理与不合理、有益与有害、消极和积极、正向和负向之分，以主体需要作为主体内在尺度必然产生混乱，必然导致出满足不健康的需要也有价值的结论，如与社会文明进步相悖的卖淫、嫖娼、赌博、吸毒、贩毒等腐朽丑恶需要的满足与否，就不能成为文化的尺度，更不能成为文化优化的判断标准。恩格斯在谈到未来共产主义社会时说，应"并通过有计划地经营全部生产，使社会生产力及其成果不断增长，足以保证每个人的一切合理的需要在越来越大的程度上得到满足"②。可见，应当满足人们的是"一切合理的需要"，而不是任何需要。美国著名伦理学家罗尔斯也认为："善被定义为合理欲望的满足。"③ 即善是合理要求的满足。实际上，也正是由于人的正向的价值取向的引领，才使人类以文化的方式逐步消除弊端，完善自身，逐步趋向文化自由的境界。

文化优化的主体尺度应是一个全面的尺度。文化是进步还是退步，是先进还是落后，如果以物质需要的满足、物质发达为标准，可以说今天的

---

① 《马克思恩格斯选集》第2卷，人民出版社2012年版，第2—3页。
② 《马克思恩格斯选集》第3卷，人民出版社2012年版，第724页。
③ ［美］罗尔斯：《正义论》，中国社会科学出版社1988年版，第29页。

文化世界无疑是进步了，但如果以人的安全需要、精神需要、爱的需要的满足程度来衡量的话，很难说今天的文化世界比过去进步。"人们对文化价值的理解不同，而对文化目的设定存在着领域和方面的偏好。有的人们视物质财富为文化中最重要的东西，因而把进步目标主要地设定为财富的经济增长；有的人们把秩序和交往规则及道德规范视为基本价值，因而把文化进步主要地看作制度、秩序和道德规范的建设以及与此相关的人的道德本体的建设；有的人们把精神自由及其创造性活动视为基本价值，故而把文化进步的最高要求设定为人的自我精神修养和艺术境界的提高。所以可见，由于人们对作为进步概念的基础的价值有不同的理解和不同的侧重，所以，对进步的实行就发生分歧。"[1] 因此，文化优化的主体尺度应该是一个综合性的，全方位地反映人不同层次需要的尺度。

文化优化的主体尺度应是一元与多元的统一。主体是多元的，文化优化也决不能以某一个人、某个民族作为唯一尺度。必须承认多元文化的合理性，反对用一种文化模式为标尺，来品评、框定其他文化样式，只有这样才能解放人的创造力，实现文化的优化。"面对人类辉煌的历史和不可预知的未来，发展再也不能被看作一个单一的、整齐划一的、直线型的路径。如果这样做，不可避免地将会忽略人类的文化多样性和不同的文化经验，从而限制人类的创造力。"[2] 但是，这也绝不意味着不承认一些公认的标准和尺度，因为"只强调多样性和多元化也可能产生负面作用。在全球化的时代，这样做可能会产生新的极端的文化相对论，即认为人们无论怎么做都是有理的，所作所为都是好的。如果承认这种观点，就意味着我们

---

① 李鹏程：《当代文化哲学沉思》，人民出版社 1994 年版，第 392—393 页。

② 联合国教科文组织：《文化多样性与人类全面发展》前言，广东人民出版社 2006 年版，第 1 页。

对人类的社会行为失去了鉴别和比较的标准"①。可见，文化优化的主体尺度只能是一元与多元的统一。

（三）实践尺度：合规律性与合目的性的统一

人类文化纷繁多样，文化环境千变万化，作为文化主体的人更是具有不确定性，这就决定了要把文化优化看成一个不断演进和修缮的过程，在文化优化过程中，要因地、因时、因人而异，具体问题具体分析，而不能墨守成规，更不能急于求成，因为文化优化的结果不可能和文化优化的目标完全一致，正如恩格斯所指出的："人离开狭义的动物越远，就越是有意识地自己创造自己的历史，未能预见的作用、未能控制的力量对这一历史的影响就越小，历史的结果和预定的目的就越加符合。但是，如果用这个尺度来衡量人类的历史，甚至衡量现代最发达的民族的历史，我们就会发现：在这里，预定的目的和达到的结果之间还总是存在着极大的出入。"② 因此，文化优化要不断地接受实践的检验与修正，在不断地反复推进的过程中，与实践共同发展。客体尺度并不是那么尽如人意的，按照客体尺度的优化，在促进文化物质生产力发展的同时，既有促进文化主体人发展的一面，又有限制、阻碍甚至牺牲文化主体发展的一面。主体的尺度也并不总是合乎规律的，仅以主体尺度作为衡量标准，在满足人的需要的同时，既有遵循、维护文化规律的一面，也有违背、破坏文化规律的一面。文化优化的两种尺度如果单独行使，必然导致荒谬，只有二者有机地结合起来，才能达致主客体的统一与一致。而实现两种尺度统一的只能是

---

① 联合国教科文组织：《文化多样性与人类全面发展》，广东人民出版社 2006 年版，第147 页。

② 《马克思恩格斯选集》第 3 卷，人民出版社 2012 年版，第 859 页。

实践。实践既是客体尺度形成的过程，也是主体尺度创造的过程。两种尺度只有通过实践才能达到协调和一致，实现合规律性与合目的性的统一。

实践是客体尺度和主体尺度的汇聚，是人们物质生活方式和精神思维方式的统合，是人们把握文化世界的最终尺度。实践批判在文化世界形成和发展中具有决定性的意义，文化世界不是单纯的物体组合，也不是单纯的思维集合，文化世界在本质上是实践的，实践是文化世界的存在方式。实践既是客观世界的尺度，同时也是主观世界的尺度。"人的思维是否具有客观的真理性，这不是一个理论的问题，而是一个实践的问题。人应该在实践中证明自己思维的真理性，即自己思维的现实性和力量，自己思维的此岸性。关于思维——离开实践的思维的现实性或非现实性的争论，是一个纯粹经院哲学的问题。"① 离开实践，就不能正确地和有效地测度我们生活其中的文化世界的问题。

实践尺度内蕴着一种历史的视野。实践在无限发展过程中，展现为一个历史过程，从而使文化优化的尺度有了纵向比较的可能和持续发展的逻辑依据，实践尺度使文化优化尺度获得了持续变化发展的动力支撑，有了实践的尺度，文化优化的衡量标准就不再是僵死的教条，而是随着时代要求和文明进步不断地提升和调整。文化优化的实践尺度具有现实性、能动性、历史性、时代性，没有永恒不变的尺度，尺度也在不断地变化、发展和创造之中。实践尺度还包含着一种价值维度。实践是人的实践，反映着人的价值取向、价值诉求、价值理念和价值维度，实践尺度不仅仅是一个客观的、冰冷的物的尺度，更是映射出人性光辉的人的尺度。在价值维度观照下，判断文化优化与否，也就不仅仅要诉诸客观规律，而是更要看其是否能够维护主体的利益、需求、理想，也即是否

① 《马克思恩格斯选集》第 1 卷，人民出版社 2012 年版，第 134 页。

有利于主体的价值的生成、创造和实现。

在现实生活中，评价文化的方式极其多样。从无意识、不自觉地反应，到有意识、自觉地论证，从难以名状的感受，到有计划有步骤地行动，人的一切活动形式，都在一定情况下成为评价的形式。而作为自觉的实践文化评价，则是在最高水平上表达着人对文化及其发展的评价。这是一种自觉的、系统的、物化的评价活动，是把对文化肯定和否定、正价值和负价值区别开来，把可能价值变为现实价值，使评价获得外部现实性的活动。通过实践的文化评价，该否定的价值现实地否定，该肯定的价值现实地肯定。因此，实践的文化评价是真正彻底的、完整的评价，更能反映出人对文化的一种进步的诉求，实践是判别文化优化与否的根本标准，实践尺度是文化优化的最终尺度和衡量标准。

四、文化优化如何存在：属性与特征

作为一种特殊的人类文化实践，文化优化在人类文化发展过程中，尤其是在文化转型时期，具有不可替代的作用。但由于受到人及其文化存在和发展状态以及人的文化自觉程度等原因影响，文化优化没有成为人类社会显性的文化实践，而往往以片面的、极端的、盲目的、无意识的方式，存在于人类以往的文化活动中。时至今日，文化优化已经被越来越多的文化共同体所意识，尽管还没有人明确提出文化优化，但人们已经开始对文化进行自觉的管理、创新、选择、批判，开始不断地进行文化交流与对话、借鉴与创新、保护与利用，也越来越重视文化教育在维护世界和谐与促进世界进步中的作用，而且还不断加大力度对恐怖主义、法西斯主义、无政府主义等反文化力量予以防范和打击，事实上，人们正在自觉不自觉地从事着文化优化。伴随成熟文化优化实践日益凸显，文化优化也逐渐呈现出其应有的属性与特征。

（一）阶级性和时代性

文化是一种社会性的存在，在阶级社会中，文化具有阶级性，不同的社会阶级或阶层，具有不同的价值观念、道德信仰、风俗习惯，具有不同思维方式、生活方式和行为方式，也就是具有不同的文化。文化优化具有阶级性，在阶级社会，文化优化是为统治阶级服务的，对统治阶级是优化，对被统治阶级是劣化。在阶级社会里，为了维护统治阶级的地位，加强统治阶级的统治，统治阶级不惜践踏人类文明的成果，排除异己，控制人们的言行，如焚书坑儒、文字狱就是明证。"佛教传入中国后，不仅一直受到儒、道二教思想上的批判，而且还遭受到组织上的毁灭性打击。最著名的是所谓'三武一宗'（即魏太武帝、周武帝、唐武宗和周世宗）的灭佛活动。寺院被废者动辄以数万计，僧尼被难者以数百万计。"[①] 在阶级社会里，所谓的文化优化只是建立在片面的、狭隘的"自觉"基础之上的，具有鲜明的阶级性，从人类文化发展的历史长河来看，这种具有鲜明阶级性的文化优化，只有相对的价值，不是真正意义上的文化优化。"对待精神文化完全漠不关心或是听之任之的国家是不存在的。问题只是在于，国家是怎样、以什么样的手段和用什么样的代价来促使文化的发展；国家发展的是什么样的文化；国家首先关心的是谁家的文化利益。"[②] 因此，文化优化为谁服务关系到文化优化的性质和实现程度，只有超越阶级的、民族

---

① 武安隆：《文化的抉择与发展》，天津人民出版社 1993 年版，第 134 页。

② ［苏］尼·瓦·贡恰连科：《精神文化进步的源泉和动力》，求实出版社 1988 年版，第 31 页。

的狭隘视野，文化优化才能走向本真，文化优化才能称其为"优化"，针对这一点，马克思以浪漫的笔调写道："只有在伟大的社会革命支配了资产阶级时代的成果，支配了世界市场和现代生产力，并且使这一切都服从于最先进的民族的共同监督的时候，人类的进步才会不再像可怕的异教神怪那样，只有用被杀害者的头颅做酒杯才能喝下甜美的酒浆。"①

文化也是一种历史性的存在，文化不是从来就有的，更不是一成不变的，它本身有一个产生、发展、丰富和完善的过程，不同的时代具有不同的文化，随着时间的推移、时代的变更，文化也在不断地变化，文化具有时代性。各个时代有各个时代的文化问题，每个时代都有每个时代独特的境遇，人总是现实地生存于特定的时代，以解决文化矛盾为核心任务的文化优化，也必然展现出与此相连的特征，打上时代的印痕。事实上，文化优化只有植根于现实的生活土壤，才能更加贴近生命本身，文化优化必须思索时代的问题，在特定的历史境遇中探讨文化优化的路径、原则和方案。文化优化并不能凌驾于时代之上，超越于时代之外，而是内在于时代之中，是对时代的整体把握的基础上，作出正确的判断和抉择，文化优化具有鲜明时代性。"原始人为食物不足发愁；封建社会的农民为天灾人祸发愁；在马克思时代的工人为呼吸不到新鲜空气发愁；现代人为环境污染发愁。这些矛盾的确都属于人与自然的矛盾，但产生的根源却在不断变化。"② 因此，文化优化要紧扣时代主题，把握文化的时代脉搏，正视时代向人类提出的问题，抓住机遇，迎接挑战，从而不断地矫正人类发展的方向，引导人类及其文化走向未来。

---

① 《马克思恩格斯选集》第 1 卷，人民出版社 2012 年版，第 862—863 页。
② 郏正：《当代人与文化》，吉林教育出版社 1998 年版，第 23 页。

（二）人为性和为人性

文化从来不是"自然存在物"，而是一种"人为的"和"为人的"存在。文化产生于维系人之生存和发展的需要，它伴随着人的文化创造能力的发展而发展，具有为人的目的取向。文化因人而生，因人而发展，为人而存在，文化具有人为性和为人性。人是文化产生与发展的动因，人是文化的创造者、发展者、管理者，文化由人发动、掌握、控制、运营，没有人及其人的实践，就没有文化，在这个意义上，文化具有人为性。人也是文化取向所在，人是文化的被塑者、接受者、享受者，人之文化是为了人、归于人、依靠人、服务人的，由人获得的成果，服从和满足人的需要与利益，在这个意义上，文化具有为人性。① 事实上，文化的人为性与为人性是人的文化活动不可分离的两个方面，它们的有机统一是文化意义得以实现的重要保证，是文化的本质充分展现因而得以发展的内在根据。

文化本身是人为的和为人的，但在现实的文化发展过程中，文化并不总是在人为的掌控之中，也并不总是有利于人的生存和发展，文化常常处于盲目的、无意识的状态，往往背离人的意志和意愿，人为的文化并不一定为人服务，为人的文化也会失去人为的控制，也就是人为的文化会偏离为人的取向。因此，文化需要通过优化，使人控制、占用和掌握文化，使文化符合人的需要、利益和意愿。文化优化就是通过对文化的人为的规划、设计、管理和创新，使其重新为人所控制、占用和掌握，向着有利于人的积极的进步的方向发展。文化优化意味着人对文化的一种积极的、主动的态度，是对文化的无序化、劣化、恶化的一种主体性的抗争，是对文化的进步和良性循环的一种主动诉求，是对文化理想自觉基础上的自为的

---

① 参见郭湛：《文化：人为的程序和为人的取向》，《中国人民大学学报》2005 年第 4 期。

努力；文化优化内含着人的积极的、健康的、正向的价值取向，反映了人对真善美的文明状态的追求，文化优化满足和服从人的需要和利益，迎合和趋近人的旨趣和意愿。总之，在文化优化的活动中，文化的人为性与为人性得以对象化且实现统一。

文化优化是对文化本身的人为性和为人性的自觉运用，文化优化因而具有高度自觉的人为性和为人性。文化优化是人为的，具有人为性。文化优化不同于自在的、自为的进化，而是需要文化主体发挥积极性、主动性和创造性，通过文化主体的有目的、有意识的文化创造与文化管理，向文化注入计划性、目的性、理想性，对文化进行主动的、自觉的设计、规划、预测和管理，从而使文化向为人的方向发展。文化优化又是为人的，具有为人性。文化优化旨在自觉解决文化的创造与发展过程中出现的问题，从而为人创造一个和谐、宽松、舒适的文化环境，使人过上良好的文化生活，促进人的解放和自由全面发展。文化优化是人为性和为人性的统一。失去"人为性"，文化优化就变成了虚无，失去"为人性"，文化优化也就没有了灵魂。"人为性"与"为人性"的统一程度从根本上决定了文化优化的实现程度。

（三）相对性和绝对性

文化具有阶级性、时代性、民族性、区域性等相对性特征，生活在一定文化时代的人同样具有相应的局限性和狭隘性，虽然文化优化是对自身文化性的超越和自觉，是人们建立在对自身文化自觉认识基础上的自为创造，但人的理性是有限度的，文化优化不可能毕其功于一役，更不可能存在尽善尽美，放之四海而皆准的文化优化方案，任何文化都有自我保护的功能，都有着自己内在的程序和取向，由于各民族文化各具特色，因此文化优化没有千篇一律的方法、机制。有时对一个阶级、民族、国家是优化，对另一个阶级、民族、国家是劣化；有时从眼前看是优化，从长远看是劣化。文化优化也是相对的，文化优化具有相对性，从优化的路径看，由于文化主体所处的文化形态不同，相应地他们所面对的文化问题也大相径庭。人与人、文化与文化之间尽管有相通之处，但每一个文化个体和文化共同体都是世界上唯一的、不可替代的个性存在。正如马克思所指出的："在不同的财产形式上，在社会生存条件上，耸立着由各种不同的、表现独特的情感、幻想、思想方式和人生观构成的整个上层建筑。整个阶级在其物质条件和相应的社会关系的基础上创造和构成这一切。"① 因此，追求具体的文化优化模式及行为的完全一致是荒谬的，各国家、各民族应根据变化的现实自主选择文化与人的发展道路。从结果上看，任何一次文化优化都不是静止的最终的完成，它都是下一个阶段的准备和起点，是进一步优化的前提，文化优化具有相对性。

人类的文化虽然具有民族性、地域性、独特性，但因这些千姿百态、各具特色的文化都共同生存与发展在同一个空间中，所以它们具有共相，文化具有普遍性、共同性的一面。文化优化作为一种特殊的文化创造活动，同样具有绝对性，文化优化的绝对性是指，尽管文化优化的境遇不同，但仍有普遍性和共同性的地方，正如马克思指出的："人的个体生活和类生活不是各不相同的，尽管个体生活的存在方式是——必然是——类生活的较为特殊的或者较为普遍的方式，而类生活是较为特殊的或者较为普遍的个体生活。"② 因此，文化优化又会体现共同性、相通性和有规律性，这为文化优化经验的相互交流、学习借鉴提供了可能性和必要性，也

---

① 《马克思恩格斯选集》第 1 卷，人民出版社 2012 年版，第 695 页。
② 《马克思恩格斯文集》第 1 卷，人民出版社 2009 年版，第 188 页。

使人们能够从总体上揭示与把握文化优化的发展趋势及道路。从结果上看，文化优化也具有绝对性的一面，它是特定主体在特定条件下的理性表达，是人的本质力量的最大化的彰显和实现，是不可复制的，具有绝对意义。

文化优化既有相对性又有绝对性，认识到文化优化的相对性有利于防止人类的自我满足，但只强调相对性也会产生负面作用。在文化优化过程中，这样做可能会产生新的极端的文化相对论，即认为人们无论怎么做都是合理的，所作所为都是优化的。如果承认这种观点，就意味着我们对人类的社会行为失去了鉴别和比较的标准，从而使文化优化陷入片面的、狭隘的视野之中。认识到文化优化的普遍性、共通性、绝对性，有助于人们确立文化优化意识，在文化中形成文化优化的动力机制，但只强调绝对性同样造成弊端，往往会使文化主体在文化优化中，不能具体问题具体分析，无法应对瞬息万变的文化境遇，从而陷入文化绝对论不能自拔。因此，必须把文化优化的相对性和绝对性有机地结合起来，才能使文化优化不会停留于任何一次具体的、相对的文化优化的探索和尝试，而永远处于对更好、更优、最好、最优的文化状况和水平的无限追求之中。

第四章　文化优化的人学意义：文化优化与人的存在和发展

只有为了人和以人的名义、为了人的幸福和和谐发展而创建的文化，才能永远无止境地进步，把它的创造者的不断完善反映在、体现在自身的价值中。

　　　　　　　　　　　　　　　　——尼·瓦·贡恰连科①

人改变着他生活在其间的世界，但在改变世界的同时，他也极大地改变了作为人的自身。

　　　　　　　　　　　　　　　　——B.F. 斯金纳②

----

　　① ［苏］尼·瓦·贡恰连科：《精神文化进步的源泉和动力》，求实出版社 1988 年版，第 270 页。

　　② ［美］B.F. 斯金纳：《超越自由与尊严》，贵州人民出版社 1988 年版，第 210 页。

人及文化的问题古老而常新。个人事件只有关涉文化才具有永恒的意义，"假如个人从其作为人所处的文化环境中脱离出来，则我们对他就鲜有兴趣。同样，对低于人类的动、植物界中的个体，如引起芝加哥大火的牛，拯救罗马城的鹅，为洛穆卢斯和瑞缪斯喂奶的狼，害死苏格拉底的毒芹等，每一桩事件只是因为关涉到人类文化史才有意义"①。同样，文化问题只有通过人才能获得最终的解决，为了解决人类面临的文化困境，选择人类文化发展前景和进步方式，人们必须对人的存在、人的本质、人的认识、人的历史、人的价值、人的传统、人的发展、人的进步等一系列人的问题，进行新的更加深入的哲学思考。人与文化高度相关、紧密相连，其中任何一方的改变都必然对另一方产生重要影响。文化优化作为一种自觉的文化创造活动，直接关涉到人的存在和发展，具有重要的人学意义。

一、文化本体：人的存在和发展之依据

人是文化的主体，人是目的，人是价值的归宿，作为文化主体的人之存在，才是人的真实存在。文化是人的存在本体，文化是人的寓所，文化是人类发展的尺度，文化是反映人之存在状态和发展水平的镜子，立在文

---

① 〔美〕L.A.怀特：《文化的科学》，山东人民出版社1988年版，第19页。

化本体之上的人，才是大写的人。人与文化内在一致、高度相关、不可分离。文化本体对人的存在的确立、人的本质的生成、人的价值的创造和人的发展的实现，起着根本性的支撑作用。人只有通过文化才能直观自己的行为及其后果，人之存在的确立、人之本质的生成、人之价值的创造与人之发展的实现，必须依托文化本体的支撑，文化本体是人之为人的依据。

（一）人的存在确立之文化本体

文化本体使人的存在得以确立，脱离文化本体的支撑，人就无从谈起。在马克思的人学中，人的存在是一种实践的、现实的、自为的文化存在。

实践是人的存在的文化方式。在《1844 年经济学哲学手稿》《关于费尔巴哈的提纲》《德意志意识形态》《资本论》等著作中，马克思把实践定义为"自由的有意识的活动""感性的人的活动""对象性的活动"，论述实践的内容和特征，内在结构及活动方式、理论意义与实践意义。把实践看作是人的自我创造的活动，即人的存在方式，把实践批判看作是人的文化创造活动的本质。在《关于费尔巴哈的提纲》中，马克思在批判旧唯物主义和唯心主义对人及人的世界的片面理解后，简明扼要地阐述了实践批判的意义。马克思指出："从前的一切唯物主义——包括费尔巴哈的唯物主义——的主要缺点是：对对象、现实、感性，只是从客体的或者直观的形式去理解，而不是把它们当做人的感性活动，当做实践去理解，不是从主体方面去理解。因此，结果竟是这样，和唯物主义相反，唯心主义却把能动的方面发展了，但只是抽象地发展了，因为唯心主义当然是不知道现实的、感性的活动本身的。费尔巴哈……不了解'革命的'、'实践批判的'

活动的意义。"① 从中可以看出，马克思提出的新世界观的萌芽、新哲学，就是实践哲学、人学、文化哲学，三者是同一概念的不同角度的概括。

人的存在是现实的文化存在。马克思对脱离文化本体的"抽象的人"展开了批判："费尔巴哈没有对这种现实的本质进行批判，因此他不得不：（1）撇开历史的进程，把宗教感情固定为独立的东西，并假定有一种抽象的——孤立的——人的个体。（2）因此，本质只能被理解为'类'，理解为一种内在的、无声的、把许多个人自然地联系起来的普遍性……因此，费尔巴哈没有看到，'宗教感情'本身是社会的产物，而他所分析的抽象的个人，是属于一定的社会形式的。"② 所以，要从费尔巴哈抽象的人转到现实的人，就必须从人与文化的内在相关性出发，把人当作在历史中进行文化创造活动的人去研究。在《德意志意识形态》中，马克思进一步批判费尔巴哈，"他还从来没有看到现实存在着的、活动的人，而是停留于抽象的'人'，并且仅仅限于在感情范围内承认'现实的、单个的、肉体的人'，也就是说，除了爱与友情，而且是理想化了的爱与友情以外，他不知道'人与人之间'还有什么其他的'人的关系'。"③ 脱离人的现实的文化存在和活生生的文化创造活动，也就扼杀和消解了人和人的世界的丰富的有机联系，把文化的有机体变成内容贫乏、没有活力的僵尸，在马克思看来，这种脱离文化本体的人只在哲学家头脑中存在，没有任何现实意义，马克思特别指出："现实中的个人，也就是说，这些个人是从事活动的、进行物质生产的，因而是在一定的物质的、不受他们任意支配的界限、前提和条件下活动着的。"④ 不同文化历史条件下的人是不同的，同一

---

① 《马克思恩格斯选集》第 1 卷，人民出版社 2012 年版，第 137 页。
② 《马克思恩格斯选集》第 1 卷，人民出版社 2012 年版，第 135 页。
③ 《马克思恩格斯选集》第 1 卷，人民出版社 2012 年版，第 157 页。
④ 《马克思恩格斯选集》第 1 卷，人民出版社 2012 年版，第 151 页。

文化历史条件的人因所处的社会环境不同也是有差异的，人创造和发展着人的文化现实，从而生成和延续人的存在。

人的存在是自为的文化存在。人的存在与自然存在物的根本区别在于，人的存在是一种意识到的存在。"动物和自己的生命活动是直接同一的。动物不把自己同自己的生命活动区别开来。它就是自己的生命活动。人则使自己的生命活动本身变成自己意志的和自己意识的对象。他具有有意识的生命活动。这不是人与之直接融为一体的那种规定性。有意识的生命活动把人同动物的生命活动直接区别开来。"① 而且，"自然界，无论是客观的还是主观的，都不是直接同人的存在物相适合地存在着"②。人要确证和实现人的存在，必须实现对自然存在物进行为我的创造，因为"被抽象地理解的、自为的、被确定为与人分隔开来的自然界，对人来说也是无"③。只有发挥人的主体性，进行文化本体性创造，把人的自然存在和物的自然存在升华为自主自创的为我存在，才能使自己的存在变成真实的人的存在，从而在这种存在中彰显自身的价值，马克思说："人不仅仅是自然存在物，而且是人的自然存在物，就是说，是自为地存在着的存在物，因而是类存在物。他必须既在自己的存在中也在自己的知识中确证并表现自身。"④ 总之，人在批判和反省中自觉文化的精神，在继承和创新中把握文化的现实，通过自为的文化创造活动，不断地丰富和发展着文化的世界，从而确证和创造人的存在。

---

① 《马克思恩格斯文集》第 1 卷，人民出版社 2009 年版，第 162 页。
② 《马克思恩格斯文集》第 1 卷，人民出版社 2009 年版，第 211 页。
③ 《马克思恩格斯文集》第 1 卷，人民出版社 2009 年版，第 220 页。
④ 《马克思恩格斯文集》第 1 卷，人民出版社 2009 年版，第 211 页。

（二）人的本质生成之文化本体

人的本质是一个生成过程，在其生成过程中，文化本体起着根本性的决定作用。人的本质包括人的类本质、群体本质和个体本质三个方面。实践使人不断克服自身的自然性，不断创造体现人性的文化性，逐渐把人从动物界中提升出来走向文化创造，从而在人的类生命活动中生成人的类本质。"一个种的整体特性、种的类特性就在于生命活动的性质，而自由的有意识的活动恰恰就是人的类特性。"① 人正是通过类生命活动来实现、确证，从而创造自己的本质，完成从动物性到文化性的超越，"动物只是按照它所属的那个种的尺度和需要来构造，而人却懂得按照任何一个种的尺度来进行生产，并且懂得处处都把固有的尺度运用于对象；因此，人也按照美的规律来构造"②。人的生产和生活的全过程，即一切物质文明、精神文明、政治文明、社会文明、生态文明的创造过程，都是在人类的实践和对人的实践批判中自我创造、自我生成、自我发展的，马克思以实践批判作为文化哲学的起点，真正地揭示出作为类的人的文化本性。

人的群体本质的生成离不开文化本体的支撑和创造。人是一种群体性动物，或者说是社会动物，具有群体本质，正所谓"人的本质不是单个人所固有的抽象物，在其现实性上，它是一切社会关系的总和"③。人的群体本质的获得、生成和丰富，离不开文化本体的支撑，社会关系是人在社会实践和交往中确立和生成的，是世世代代人文化创造活动累积、转换和传承的结果，文化是社会关系的灵魂和实质，只有在文化中，人类的实践、认识和审美活动才是现实的，人与人之间的关系才符合人为的程序和为人

---

① 《马克思恩格斯文集》第 1 卷，人民出版社 2009 年版，第 162 页。
② 《马克思恩格斯文集》第 1 卷，人民出版社 2009 年版，第 163 页。
③ 《马克思恩格斯选集》第 1 卷，人民出版社 2012 年版，第 139 页。

的取向。人在文化积淀和创造的社会关系制约下，通过创造文化世界的活动、延续、传承和发展历史，认同、超越和完善自我，生成、创造和实现人之为人的真正本质，成为具体的、历史的、现实的人。离开文化创造活动，就不可能有社会关系的形成，人就成为费尔巴哈笔下的"类"的抽象物，人类社会和人也就失去现实的基础，人的社会本质也就变为无源之水、无本之木。

人的个体本质的生成离不开文化本体的支撑和塑造。人也是个体的存在，个体之间存在不同程度的差异，每一个个体都是独立存在的，独一无二的，具有独特的个体本质和自由个性。马克思说："在任何情况下，个人总是'从自己出发的'，但由于从他们彼此不需要发生任何联系这个意义上来说他们不是唯一的，由于他们的需要即他们的本性，以及他们求得满足的方式，把他们联系起来（两性关系、交换、分工），所以他们必然要发生相互联系。"[1] 这就是说，"需要"这一人的个体本性与满足需要的方式紧密相连，文化是个体本质生成的本体，不同时代的文化环境不同，人的个体本质也迥然不同，在同一时代的不同发展阶段人的个体本质呈现不同特色，在同一发展阶段的不同时空境遇，人的个体本质存在巨大差异，在同一时空境遇的不同文化选择，人的个体本质往往大相径庭。但不管个体本质怎样不同，相互之间存在差异多大，有一点是共同的，即文化在人的个体本质的生成过程中起着根本性的作用，没有文化模式的导引、文化精神的塑造、文化环境的熏陶、文化实践的磨炼，就不可能有丰富的人类个体和多样的人类个性，当然也不会有多元的文化和人的解放与自由全面发展。整个人类发展史就是一部在文化认识与创造中人的个体本质不断生成、发展、完善的历史。

---

① 《马克思恩格斯全集》第3卷，人民出版社1960年版，第514页。

（三）人的价值创造之文化本体

人在持续地改造自然环境和资源，制造各种文化产品的过程中，超越了自然的自在存在和人的动物属性，创造为我的人的世界，也就是文化的世界。所以，人是通过自己的文化创造活动，创造人和人的价值。所谓人的价值是居于客体地位的人对居于主体地位的人及社会所具有的意义或作用。但是，人的价值与物的价值不同，物的价值体现的是人与物的关系，而人的价值体现的是人与人的关系，物只具有单向价值，而人的价值是双向的，人的价值是社会价值与自我价值的统一。在从事丰富多样的社会实践过程中，人创造和实现着社会价值，同时也创造和实现着自我价值。又因为人既是主体又是客体，因此人的价值同时是手段价值和目的价值的统一。"每个人为另一个人服务，目的是为自己服务；每一个人都把另一个人当作自己的手段互相利用。这两种情况在两个个人的意识中是这样出现的：（1）每个人只有作为另一个人的手段才能达到自己的目的；（2）每个人只有作为自我目的（自为的存在）才能成为另一个人的手段（为他的存在）；（3）每个人是手段同时又是目的，而且只有成为手段才能达到自己的目的，只有把自己当作自我目的才能成为手段"①。

无论是人的社会价值与自我价值，还是人的手段价值和目的价值，都不是自然存在的，人的价值的获得、确立、形成、评价和实现，都是在文化的世界中完成的，都是文化创造活动的结果。人通过实践不仅创造人自身，作为结果也创造人的对象性存在、第二自然、人的世界、文化的世界，从而获得了价值的源泉和意义的指向。"由于文化创造和文化存在，人类才能够生活在这个由人创造的世界里，或者说是由现实性和历史性、

---

① 《马克思恩格斯全集》第 30 卷，人民出版社 1995 年版，第 198 页。

个别性与普遍性、可能性与理想性等编织而成的时空统续体中。文化创造和人的文化存在给予人的不只是一个实体性的物质世界，或一个纯粹知识论的世界，而是一个价值的世界和意义的世界。"① 文化使人类个体、群体乃至全人类生成人的本质的同时，把人引入到一个意义和价值的维度，在文化创造中，人创造着为我和为人的价值，把整个世界变成一种为我的意义存在，使人自身变成人的世界，从而人通过文化创造活动为自身确立价值旨归。

在文化指引下，人了解他人的需要意向和自身的自我需要，确立努力的目标、方向、方法和途径，从而在获取人的社会性和社会价值的同时，也实现了自我的升华和超越。离开文化价值和文化精神的指引，一切行为就是自然物的相互作用，不可能有真正的人的诞生，人的价值和价值创造更是无从谈起。文化规约着人类社会的存在秩序和人类文明发展的价值取向，以此创造和规定人的价值的内容、形式、性质和意义。"作为与人类自我相关聚集物的中介系统，文化具有意义和实际操作的两种功能层次。所谓意义功能，是指文化具有表达主体观念，转达意义的功能，使人能够理解其创造性活动的目的、动力的价值。……所谓操作功能，是指人们在运用文化创作和文化形式符号系统展开和进一步转化的过程中，显示出来的文化意义，它们是可以实际操作的，对它们的操作是对认识过程和实践过程的目的和具体目标加以完成。"② 文化在人的价值创造的过程中发挥本体性的功能和作用，把人和人的世界的内在一致变成现实。

---

① 李燕：《文化释义》，人民出版社 1996 年版，第 88 页。
② 李燕：《文化释义》，人民出版社 1996 年版，第 76 页。

（四）人的发展实现之文化本体

人通过实践的文化创造活动创造、调节和优化人的客观世界，但同时也改变、创新和提升人自身及人的主观世界，使人不断克服自身的有限性，使人的本质不断丰富、全面，使人的发展的不自由性、片面性逐渐递减和自由性、全面性不断递增。"人，作为人类历史的经常前提，也是人类历史的经常的产物和结果。"① 人是文化的创造者，人通过文化创造活动，构建了一个属人世界、第二自然，但文化一经产生，就成为人的生存和发展的舞台，在某种程度上，对人的发展起到决定作用，引导着人的发展方向，规定着人的发展道路。在文化的秩序下，人的发展具有合目的性与合规律性，人通过文化创造活动实现人和人的世界的生成与发展的一致，昭示着只有在不断的文化创造过程中，在形式多样、内容丰富的文化本体支撑下，人的发展才能根深蒂固，才能把物的尺度和人的尺度有机结合起来，去超越自在存在和人为设定的阈限，最终实现全人类的解放和自由全面发展。

人的解放和自由全面发展是马克思人学的文化理想、终极旨归。人的解放是一个历史的过程，是对政治解放和社会解放的超越和扬弃，"政治解放的限度一开始就表现在：即使人还没有真正摆脱某种限制，国家也可以摆脱这种限制，即使人还不是自由人，国家也可以成为自由国家"②。因此，必须批判和超越政治解放阶段，"只有对政治解放本身的批判，才是对犹太人问题的最终批判，也才能使这个问题真正变成'当代的普遍问题'"③。但社会解放是政治解放和人的解放的过渡阶段，不能忽视，"共和

---

① 《马克思恩格斯全集》第 35 卷，人民出版社 2013 年版，第 350 页。
② 《马克思恩格斯文集》第 1 卷，人民出版社 2009 年版，第 28 页。
③ 《马克思恩格斯文集》第 1 卷，人民出版社 2009 年版，第 25 页。

国只有作为'社会共和国'才有可能存在；这种共和国应该剥夺资本家和地主阶级手中的国家机器，而代之以公社；公社公开宣布'社会解放'是共和国的伟大目标，从而以公社的组织来保证这种社会改造"①。只有经历社会解放这一不彻底的解放形式，才能彻底走向人的解放。人的自由全面发展同样是一个历史过程，是对人的依赖性阶段和人的独立性阶段的超越和扬弃，随着社会历史实践活动的不断展开，人的发展依次经历"人的依赖性阶段""人的独立性阶段"和"人的自由个性阶段"。其中后一阶段以前一阶段为基础和前提，前一阶段为后一阶段的发展提供条件，每一个阶段都不可逾越。人的解放和人的自由全面发展是一种人类文化创造和社会实践的历史活动，"是由历史的关系，是由工业状况、商业状况、农业状况、交往状况促成的"②，是人与自然、人与社会、人与人自身关系和谐一致的全面实现。

马克思不仅仅从人的创造物来确证人的本质和人的发展，更不是把人的创造活动抽象化为自我意识和绝对精神，而是通过人的创造性活动，以及在对这一活动及其结果之间关系能动性的批判、控制、调节中，来证明人的本质生成和人的发展实现。因为实践的过程也是创造美好人生、美好社会、美好历史的过程，但异化劳动使人丧失了人的本性，异化了人的存在，使人不成其为人，人的优点变成缺点，人被剥夺了无机的身体即自然界，人的非特定化的优势被异化为与动物特定化相比的相对劣势，使人下降为动物，甚至比动物的境遇还悲惨。只有通过进一步的文化实践批判，对异化的克服、扬弃，真正地、现实地实现人对人的本质的重新占有，创造更高级、更合理、更人性的文化形式，才能使问题得到真正解决。可

① 《马克思恩格斯文集》第3卷，人民出版社2009年版，第205页。
② 《马克思恩格斯文集》第1卷，人民出版社2009年版，第527页。

见，人的发展只有以文化创造和文化批判作为动力和手段，才能克服历史和逻辑的疏离，真正实现人类自由全面发展的终极文化理想。

总之，文化是人的根本、根基，是反映人的存在状态和发展水平的镜子，透过文化之镜，人类看到的是自身的是非、善恶、美丑、优劣。人是文化的创造者和所有者，人的存在和发展状态会毫不保留地外显为文化的水平，规约着文化进退优劣的走向。人与文化是辩证统一的关系，人离不开文化本体的支撑，文化也不能脱离人而存在。只有在人与文化的逻辑相关意义层面，理解人的存在、本质、价值和发展，才能找到人自我认识、自我创造、自我发展和自我实现的正确路径。在这里，人不再是自然的人，而是通过文化创造活动感性生成的作为主体的现实的人；文化也不再是狭义的文化，而是与人高度相关的对人起着本体支撑作用的"诗性的智慧"。

二、以人为本：文化优化之原则

相对人的价值而言，文化不是目的，而是手段，人创造文化的目的无非是为了满足人的需要和利益，增强人的本质力量，使人更好地适应变化的环境，最大限度地实现人的价值，从而更好地存在和发展。文化优化作为一种高层次的文化创造活动，是对人及其环境的优化，它直面人的生存和发展的现实境遇，从对人的对象化过程和结果的批判入手，为全人类寻找摆脱困境的出路，文化优化的直接目标与结果是文化的和谐发展和全面繁荣，而文化发展和繁荣的最终目的又是人的发展和解放，因此，文化优化就是以人的发展和解放为终极旨趣的一种文化创造，是一种依靠人、批判人、改造人、为了人的以人为本的特殊文化实践，以人为本是文化优化的原则。

（一）人：文化优化之主体

人是文化优化的主体，只有人才能对文化进行规划、设计、管理，制定文化优化的策略，实行文化优化的方案，进行文化优化的创造，没有人也就无所谓文化，更谈不上对文化的优化。但实际上，这样一个貌似不争的命题，并不是得到广泛认同的。文化决定论者就认为，文化要素的相互作用规定文化的前进和倒退，文化虽然由人创造，但人不能控制自己所创造的文化，文化支配、控制和决定着人的存在和发展，人在文化面前没有自主性可言，不是人决定文化，而是文化决定人。文化决定论的主要代表人物 L. A. 怀特指出："应当把文化看作是自成一体的事物，具有自身的生命和规律。"[①]"在任何既定时期中，任何民族的文化都是先前文化力量的产物，而且依据文化本身加以说明。"[②] 在怀特看来，文化是自给自足、自我规定、自我完善、自成一体的，文化的发展、承继只能依靠文化本身来解释，人类在文化面前无所作为。不得不承认，怀特看到了文化对人的制约性，其观点不乏合理之处，但怀特片面强调文化于人作用的一面，而忽视、轻觑人对文化作用的另一面。人是万物的灵长，是世界上唯一具有自觉意识的存在物。"唯有人才能认识和理解世界，说明和解释世界，评判和驾驭世界，并且能够处处按照人自己的本性、需要、目的、意志和能力去改变世界、塑造世界和创造属人的世界。因此，人就是这个世界的主体，而且是当之无愧的主体。"[③] 无视人的存在的理论是不自洽的，马克思说得好："理论只要彻底，就能说服人。所谓彻底，就是抓住事物的根本。

---

① ［美］L. A. 怀特：《文化的科学——人和文明的研究》，浙江人民出版社 1988 年版，第 121 页。

② ［美］L. A. 怀特：《文化的科学——人和文明的研究》，浙江人民出版社 1988 年版，第 78 页。

③ 王永昌：《走向人的世界》，中国工人出版社 1991 年版，第 2 页。

而人的根本就是人本身。"①

文化优化直接关乎人的命运，一些重大文化优化战略成功与否，带来的影响是不可挽回的，这就对文化优化的决策者、实施者都提出更高要求。"文化的'实验'并不像自然科学的实验那样简单，涉及的只是物以及它们之间的关系，文化实验必然有许多持有自己的生命存在的人的参与，因而，实验结果如何，直接地涉及许多人的生命存在的'命运'，也就是说，它以许多人付出自己的部分以至全部生命存在为代价，如果实验失败，这对于作为'实验品'的那些人来说，无疑是一场历史的悲剧。因而，人们有理由要求文化进步的实验必须谨慎从事，这一事件的管理者必须具有真正卓越的文化修养、健全的理智和对人民的真挚的热爱。尽管如此，因为文化'目标'本身就意味着对现实态的超越，因而在现实态中用各种办法都是无法把握它的，而一旦它'实现'了，就成为新的无法更改的文化事实。所以，进步的举措总包含'冒险'的意味在其中。"② 此外，文化优化并不是主体的主观臆想，文化优化从提出、设计到实施，需要一定的条件，从主体角度讲，文化优化有赖于人的素质、觉悟和文化水平，"一个能不断作修正性和稳定性改进的活泼文化必得仰赖其受过教育的国民，特别是他们的批判能力和理解深度"③。当人的整体文化水平还没有达到时，任何改革都不会彻底。

文化教育是避免文化陷入恶性循环、保证文化可持续发展进而实现文化优化的一个根本条件。简·雅各布斯就曾发出警告："在文化败坏到培养和教育下一代都成问题时，大部分的思想上和其他的优势就变成是精英阶级的专利了。这就是在罗马帝国崩塌后的黑暗时代——封建欧洲所发生的情况。重复性不够用的时候，就被当做奢侈而以定量配给。少数幸运的

---

① 《马克思恩格斯文集》第 1 卷，人民出版社 2009 年版，第 11 页。
② 李鹏程：《当代文化哲学沉思》，人民出版社 1994 年版，第 389 页。
③ ［美］简·雅各布斯：《集体失忆的黑暗年代》，中信出版社 2007 年版，第 76 页。

人能有家庭教师和文化导师，其他人也就只有那么过了。即使那些幸运的少数，其中有许多也是与所学的格格不入。一个文化最大的愚蠢就是以效率为指导原则来让自己生存下去。当一个文化足够富裕也足够复杂到明明可以负担重复的培育者，而却以奢侈为由铲除他们，或是因记忆丧失而失去了他们的文化服务，那么结果就是自戕的文化集体灭绝。之后就等着看恶性循环开始运作吧！"①

　　人是文化优化的主体，这就要求人要对文化高度负责，要不断地追求文化的进步和发展，自觉解决文化面临的困境和危机，从而不断地去追求文化的自由。文化自由不是人的幻想，而是人的文化现实；文化自由并不是遥不可及，它就存在于人类文化创造的过程之中，就存在于现实的人的生存之中，是人的生存现实，是人的文化现实。文化优化要求作为文化主体的人不能消极对待自身的发展，即把人的发展、人的解放诉诸外在环境的自然变化，诉诸自己所创造的物质产品，而应当积极地对待自身的发展，即通过主动地改变自身而改变世界，通过优化世界而优化自身。文化困境和文化危机是由人自己不当的或盲目的文化行为造成的，人只有通过调节观念、改变行为，以新方式、新姿态对待和处理人类面临的困境和危机，才能使自己摆脱危机、走出困境，获得新的发展，获得更大的自由。因此，人的文化主体性的发挥和实现是文化优化顺利进行的主导性因素，也是文化主体自身获得文化自由的根本保障。

（二）人：文化优化之对象

　　人不仅是文化优化的主体，也是文化优化的对象。文化优化不仅仅是

---

①　[美] 简·雅各布斯：《集体失忆的黑暗年代》，中信出版社 2007 年版，第 200 页。

对文化本身的优化，而且还包括对作为文化主体的人的优化。一种优化的文化也不仅仅是文化本身的大发展和大繁荣，它更意味着人的素质的全面提高，人的文化水平的全面提升。只有通过对人的全方位的塑造和教化，才能使文化优化持久有效。某种程度上说，文化优化也就是人的优化，即对个人和群体的全方位塑造。作为主体的人自身的优化构成文化优化的重要内容。人自身的优化，包括人的身心素质的提高、健康人格的养成、良好生活习惯的形成、人的价值的充分实现等等，这些构成文化优化的前提和最重要的内容，但这仅仅是文化优化在主体方面的表征，要想真正保证文化优化持续发生，使之成为一种长效机制，从主体角度讲，文化优化必须深入到人的意识中。只有确立文化优化意识，才是文化优化的长久之计和发展之道。

人之文化意识决定文化的发展轨迹，不同时空条件下的文化，由于人的生成、发展和完善方式的迥异，往往大相径庭、各具特色，而人的存在方式是由文化意识来导向和规约的。一种文化的进化与优化必须有相应文化意识的形成和支撑，现代人和现代文化的最终生成和完善，离不开现代文化意识的培养。文化意识是人的主体意识的核心内容，是人对自身存在状态的自觉，它直接反映着人之主体性的发展水平。对于个人而言，一个人是否具有文化意识，是衡量一个人发展水平的重要标尺，一个人如果没有文化意识，那么证明他还不是完整意义上的人，还处在半人半兽状态；对于一个民族而言，文化意识是一个民族的灵魂，它反映着这个民族的素质和文明程度，一个没有文化意识的民族，是没有个性和生命力的民族，终将会失去独立存在的价值。

文化优化的核心是提高人的文化意识。人作为文化存在，从生到死，每时每刻都处在文化之中，用文化的方式去思考、生活和创造。没有无文化的人，也没有无人的文化，一定的文化都与一定的人相关，一定的人都有相关的文化。但是，不同的人的文化意识是不一样的，很可能有的人活了一辈子，并没有感觉到文化的力量、文化的存在，尽管他每时每刻都生活在文化之中，他并没有觉悟到自己的文化，也就是自己的存在，这种情况无论是在个人还是群体都经常发生。没有意识到文化存在的人实质是一种文化动物，还不是真正意义上的人。只有人对文化有了自觉意识，并主动地去进行文化认识和创造时，才可以说人从文化的动物走向了文化的人。对于个人和群体而言，上升到文化意识的自觉状态非常重要，要激发文化的生机和活力，实现文化的大发展和大繁荣，就必须强化文化意识，只有意识到自己的文化的局限及其发展水平的高低优劣，才能主动地、有选择地去改变文化的状况，进行文化创新和创造，借鉴那些最有利于自己和自己民族发展和进步的优秀的"文化拟子"，使文化向最优化的方向发展。

只有唤醒人们的文化优化意识，才能走向文化优化自觉，从而使人们能够正确面对人类所遭遇的文化困境。人是文化创造的主体、文化发展的目标，只有重视人的精神文化需求，提高人的文化创造力，发挥人自身的文化属性，才是实现文化优化的旨趣所在。因此，必须提高人们的文化意识，使人们自觉到自己的类生命和类本质，积极地开发人的潜能，发挥人的力量，最大限度地实现人的价值和意义。到那时，"我们将领悟，与地球和宇宙一样，我们不是机器——无论多么复杂和巧妙，并且我们不是真的互相分离。我们将理解，我们必须彼此共同进化，并和我们自己塑造的世界共同进化。我们将明白，我们要么加入弥漫于自然和宇宙的和谐，要么跌落路旁，成为产生生命、文化和意识的伟大实验的过时的残留物"①。

---

① ［美］欧文·拉兹洛：《布达佩斯俱乐部全球问题最新报告——第三个 1000 年》，社会科学文献出版社 2004 年版，第 151—152 页。

（三）人：文化优化之依据

马克思认为，人的"解放"的根据是双重的：一方面，人的"自由自觉活动"的"类的特性"构成人的解放的可能性"根据"；另一方面，人的"类的特性"的"异化"状态则是人的解放的必要性"根据"①。文化优化作为一种自觉追求人之解放的活动，与其根据不谋而合、如出一辙。

其一，人的自由自觉的文化创造本性，为文化优化提供了可能性的依据。德国哲学家米切尔·兰德曼指出："人类的非特定化是一种不完善，可以说，自然把尚未完成的人放到世界之中；它没有对人做出最后的限定，在一定程度上给他留下了未确定性。"② 因此，人是未确定的、永远未完成的、自己创造自己的动物。马克思在《1844年经济学哲学手稿》中写道："诚然，动物也生产。动物为自己营造巢穴或住所，如蜜蜂、海狸、蚂蚁等。但是，动物只生产它自己或它的幼仔所直接需要的东西；动物的生产是片面的，而人的生产是全面的；动物只是在直接的肉体需要的支配下生产，而人甚至不受肉体需要的影响也进行生产，并且只有不受这种需要的影响才进行真正的生产；动物只生产自身，而人再生产整个自然界；动物的产品直接属于它的肉体，而人则自由地面对自己的产品。"③ 这里，马克思指出人的实践活动就是文化创造活动，人通过文化的方式"生产"人的世界，不断超越自然对人的限制和制约，获得越来越大的自由。在改造客观世界的过程中，一方面人获得对自然规律的认识，使自己的本质力量不断增强；另一方面人又能够自觉服从自然规律，按照自然规律法则去改造自然界，把自己的意志注入客观世界，使其合目的化。因此，人通过

---

① 孙正聿：《思想中的时代》，北京师范大学出版社2004年版，第196页。

② ［德］米切尔·兰德曼：《哲学人类学》，贵州人民出版社2006年版，第192页。

③ 《马克思恩格斯文集》第1卷，人民出版社2009年版，第162—163页。

认识自然，而自觉地改造自然，从动物的盲目生产中脱离出来，进行自觉地、有意识地、有目的地创造。由于人能够通过文化创造摆脱生物性、肉体性需要的限制，而进行属人的创造，所以人的生产相对动物生产而言，具有更大的空间和自由，不仅能够进行物质生产、自身生产，还能进行精神生产、制度生产，并且不断地对这些生产进行改善和优化，因而能够"自由地对待自己的产品"。

其二，人的文化困境和危机构成文化优化必要性的依据。文化优化源自人的文化需要，当人的生存境遇状况已经严重阻碍人的生存和发展时，需要有一种自觉的文化反省、改革。当今世界，科学技术及随之而来的现代工业文明在全球范围内的推广和应用，极大地改变人类的生存境遇，从物质到精神、从现实到虚拟、从自然到文化，人类世界的方方面面都发生天翻地覆的变化，尤其是物质生活领域，无疑越来越文明，但同时也导致人与自身、人与社会以及人与自然关系的全面割裂、疏离甚至冲突。人的活动不是增强人的本质力量，而是否定和消解人类的主体性和能动性，对人的存在和发展构成威胁。人的发展远离自然，文化的发展背离人的本质，人及其文化处于深度的异化和危机之中。人类遇到前所未有的困境，全球性的生态危机、恐怖主义、能源危机、人口危机等一系列难题，其中的任何一个危机一旦失控，都具有不可逆转、无法挽回的倒退性质，这就造成人及其文化的极度不安全。此外，这些危机不是一般意义上的自然灾害、社会骚乱、局部失控，它不是自然界自发产生的，而是由人类的实践活动引起的，是由人类现有的文化程序和价值取向的不合理，带来的社会秩序的混乱、环境质量的下降以及生态秩序的紊乱。在这些造成危害人的利益、威胁人类生存和发展的现象背后，实质是文化危机和人的危机。由此可见，文化总要回到人自身，文化的好坏优劣直接决定着人的命运，人的文化困境和危机破坏和阻碍人及其文化进步和发展，需要文化优化来改变文化的面貌，调适各种层面的文化关系，从而使人类摆脱文化困境，走向人文共进的美好愿景。

人的文化需要、文化利益、文化理想，是文化优化发生的根本性原因，古希腊著名哲学家普罗泰戈拉认为："人是万物的尺度，是存在者存在的尺度，也是不存在者不存在的尺度。"[①] 在他看来，只有人才是衡量万事万物的尺度。当人的世界背离人的意愿时，人类应该同时也能够通过人的努力去进行文化优化的创造。

（四）人：文化优化之归宿

文化虽与人俱来，但并不是一切的文化创造都是为人的。从"认识你自己"到"人是目的"，人的自我发现，经历了一个漫长的历史过程，即使是在现代，人的主体地位已经得到确立和认定的情况下，也不能确保文化是完全为人的，各种各样的文化异化现象，背离和消解人的价值和意义，形形色色的霸权主义打着为人的旗号，却干着灭绝人寰的勾当。一般而言，文化追求的目标是人本身的发展，而在商品经济逻辑中，商品交换的目的是谋取交换价值，即追求利润的最大化。尤其是在市场经济条件下，只要畅销就是好东西，而满足人的生存和发展需要的使用价值、文化价值的生产却被贬为手段，这必然导致文化商品化、市场化、世俗化。人创造的文化成为反对人、压抑人、破坏人的异己力量，"人为物役"成为普遍的事实，现代价值危机日益凸显，因此，需要文化优化来矫正文化发展的取向，反思传统文化的价值观，重新思考自身活动的合理性及其限度，重新确立人在文化中的地位和尊严，使文化回到人性发展的轨迹。

---

① 转引自北京大学哲学系：《西方哲学原著选读》，商务印书馆 1981 年版，第 54 页。

文化优化是依靠人、为了人的文化创造活动，人及其发展是文化优化的最终目的。如前所述，文化优化作为一种高级的文化创造活动，只能依靠高度自觉的人来完成，"人过去是，现在和将来依然是精神文化发展的主要动因。因此，只以改变文化发展手段的方法、改造现有的技术装备、改变文化组成部分的相互关系、促进加速或优先发展它的某些方面，都不能在本质上改变精神文化和丰富它的内容。文化的质的发展是以人本身质的变化的手段取得的。人，一方面作为社会文化的产物，另一方面是文化发展最重要的主体，这个统一体的两个方面的辩证的相互依存关系，表现在它们中的任何一个都不能独立地发展。只有有利于人的社会的根本改造，才能使人本身及其文化得到改造"[①]。同时，文化优化也是真正的"为人的"文化创造活动，文化优化通过选择、批判、创新、改革、协调等途径，使人与文化能够可持续发展，提高文化对人的效益，提高人对文化的控制力，提高文化的生命力、创造力、竞争力，提高人的文化水平，这是一切文化活动的终极价值和目的所在。

文化优化旨在理解人与文化的内在本质，确定人在文化世界中的地位、作用和使命，反省人作为人的应有形象、价值、意义、责任和命运，呼唤人的理性、良知、情感、意志、创造和理想，激励人们更踏实、更果敢、更合理地去创造和拥抱一个更加美好的文化世界。通过文化优化的实践和探索，有助于人们确定和校正自己的价值目标和行为导向，有助于人们更自觉、更合理、更有效地去进行文化创造，尽最大限度地减轻文化世界的异化程度，扩大和改善人们生活其中的文化世界，维持和推进人类的生存和发展，从而使文化创造和文化生活更有价值、更为美满、更加丰富多彩。"人的文化活动不是为了创造某种现实的存在物，而是为了创造人

[①] [苏]尼·瓦·贡恰连科：《精神文化进步的源泉和动力》，求实出版社1988年版，第173页。

自身，实现人存在的价值。正是在这个意义上，我们可以把文化看作是人的自我创造的活动。"① 从人本身的角度看，人是文化优化的接受者，人按照应该如此的原则不断优化文化，但文化优化作为结果仍要回到人本身。从文化向人而化的角度看，应不断追求人的内在完善性。文化优化内蕴着人的现代化，人的自由全面发展，人的本质的升华与完善，文化优化也是对人的素质的全面提升，人的本质力量的充分展现，以及人的异化的彻底克服。通过文化优化，进一步提升人的自我创造的境界，改善人的文化境遇，提高人的文化自由程度和发展水平。可以说，文化优化的主旨就是促进人的美化、完善化，促进人的解放和自由全面发展，使人更高雅、更崇高、更完美、更自由，使人成为真正的人。

总而言之，文化优化凝聚着人类创造中的主体性精神和能动性作用，作为自觉的社会实践活动，文化优化充分体现出文化的人学取向，所谓"优化"无疑是为人的，是与人的需要与利益、存在与发展、价值与理想相契合的，是文化内蕴的各种关系的提升、改善和协调，是人自身的文化水平的提高。"人必须依靠自己完成自己，必须决定自己要成为某种特定的东西，必须力求解决他要靠自己的努力解决自己的问题。"② 文化优化要坚持以人为本，人是文化优化的最终决定力量。

三、人文化成：文化优化之作用

人创造文化，但文化也塑造人。人文化成就是用人的方式去改造世

---

① 何萍：《马克思主义哲学与文化哲学》，武汉大学出版社 2002 年版，第 92 页。

② ［德］米切尔·兰德曼：《哲学人类学》，贵州人民出版社 2006 年版，第 192 页。

界，使客观世界由自然世界提升为文化世界，同时再用改造世界的成果去教化人，把人从自然人塑造为文化人。《易传·贲卦·彖传》说："刚柔交错，天文也。文明以止，人文也。观乎天文以察时变，观乎人文以化成天下。"人文化成作为最早出现的文化概念，也是文化的本真蕴含和存在方式。在这里，人文与天文相对，天文指一切自然现象，人文则指人的一切文化活动及其产品，天文是人文的范本，是人文赖以产生的逻辑起点，人们自创人文，必须上观天文下察地理，从天文那里获得启迪；人文是对天文的提升和超越，观乎人文的目的，在于对人性的深刻洞察与理解，只有按照符合人性的法则去教化民众、治理国家，才能使天下得以"化成"。人文化成就是在人对文化的创造和文化对人的塑造，也就是"人化"与"化人"的人文互化过程中实现的。

（一）文化优化与人文教化

人文教化是人文创造赖以存在的重要条件和表达形式。从发生学的角度看，文化对人的塑造与教化与人的文化生成过程，也就是客体主体化和主体客体化的过程，二者是同步的。文化通过对人的塑造和教化，使"无文化"的人掌握、占有了文化，变成了一个地地道道的"有文化"的人，从而完成了文化的向人而化到人的文化化的转化。"我们不同的过去使我们不同。各种文化在人形成它之后，又反过来形成人，因此他通过形成文化而间接地形成了他自身。"[1]动物通过直接地利用自然，来完成个体生命和种族的延续，人则通过文化的创造，间接地创造自己。文化是人的类生命和类本质，它不因个体的死亡而死亡，它是整个人类生命存在的形式

---

① ［德］米切尔·兰德曼：《哲学人类学》，贵州人民出版社 2006 年版，第 213 页。

和内容，它依托于一代又一代人的创造、教化和传承，"文化在时间中的流传，是通过一代一代人的生命存在的世代接续而实现的，人一代一代地逝去了，而文化还活着；文化以仍然生存着的人的活动而'活着'"①。

文化是人类特有的生活方式和存在状态，人的成长、教育、发展和创造，离开文化便一切都不可能，更不可能得到解释。"我们的文化不仅规定了社会的生活方式，而且，还指导每个人如何编排自己的思维和信仰，如何与别人交往，如何从事政治、经济等各种各样的活动，乃至语言习惯、吃喝方式，诸此等等，无不打上了特定的文化烙印。一个人从一声啼哭来到人世到头脑停止了思考而告别人世，我们的文化始终以一种不可抗拒的方式影响我们。是文化给了我们技能、知识、习俗和传统，也是文化使一个人在其下意识中仍然受其限制而趋于特定的意向传播。文化是人们生活的脚本。所以，根据文化的中介，根据一个人所习得的文化方式，我们就可以来预期他的行为、反应和今后的发展。而一个人一生的发展轨迹，则不过是对于文化的一种脚注。"②可见，文化为人提供人生在世的行为规范，造就人的心理、人格和生活习惯，培养对身份、地位、角色的认同，给人以经验、知识、技能，使人形成一套特有的世界观、人生观和价值观。

就文化个体而言，生活在文化世界中的每一个人，从一出生开始，就接受文化的恩泽与滋养，如果没有文化的熏陶与影响，文化个体就无法生成和确立。如果没有人的世界的保护和呵护，人就会处在自然界带来的各种威胁之中，就不会有文化安全感。文化使人完成由生物人向文化人的生成、转变与提升，使人成为传统的存在、历史的存在、社会的存在，从而成为文化的存在、人的存在。在文化发展的高级阶段，这种过程变得越来

---

① 李鹏程：《当代文化哲学沉思》，人民出版社1994年版，第370页。
② 王政挺：《传播：文化与理解》，人民出版社1998年版，第137页。

越需要人的自觉控制，越来越需要人的理性设计，体现出越来越优化的倾向，人文教化逐渐摆脱盲目自发的状态，人越来越通过主动地、系统地、自觉地教育，来实现人的文化塑造，使人的教育更加具有目的性。"由动机向目的的转化，由无意识向有意识活动的转化，又促使人扩大和改变现有的文化环境，形成反映主体需要、主体价值的文化认知场。在这里，文化—心理活动通过塑造主体，建构文化环境，建立了现实的文化联系，体现了人的自我创造性，并通过主体的塑造、文化环境的建构，表现和实现人的价值。"① 在这里，人文教化与文化优化达到人为的一致与契合。

事实上，文化优化也是一种文化创造活动，因而是通过文化的方式发生作用的。《中庸》的开篇词："大学之道，在明明德，在亲民，在止于至善。"② 意思是说人文教化的最高意旨，就是要光大美好的道德，亲近民众，追求最好、最佳、最优的人的存在境界。人文教化的目的就是要追求文化优化，人文教化与文化优化是内在一致的。可见，文化优化不仅是对文化进行优化，而且更重要的是用文化去优化。文化优化视野下的人文教化不是对文化的盲目传播，而是在千锤百炼、深思熟虑之后，通过自觉的、有目的的、有意识的人文教化方式，实现文化对人的占有和人的文化自觉生成，使文化教化更加自觉、更加具有目的性，从而更加充分地反映人的要求。

（二）文化优化与文化异化

文化是人的本质力量的对象化或外在化，这种对象化或外在化本身，

---

① 何萍：《人类认识结构与文化》，武汉出版社 1991 年版，第 331 页。
② 王仁明：《四书五经》，远方出版社 2004 年版，第 3 页。

可能产生某种远离人、偏离人，甚至否定人的可能和倾向，也就是产生文化的异化现象或非人道化现象。文化一旦被创造出来，就有其独立性，并以其特有的方式对人呈现出肯定和否定两重作用，表现出人类文化的二重性。随着人类文化的发展，文化二重性往往也表现得越来越突出，如文明与野蛮，和谐与冲突，真善美与假恶丑，人道化与非人道化，等等。野蛮的、非和谐的、假恶丑的、非人道化的文化现象，是人类文化不可避免地要产生的现象。我们把这些限制或有碍于人类文化自由自觉地全面发展的现象，统称为文化异化现象。文化异化是指文化发展过程中与人的本质相一致的文化，发展为与人的本质相对立、相背离的文化现象。各种文化形式，经济、政治、军事、科技、艺术、宗教，在文化演进过程中，都会成为人的束缚，变成压抑人、反对人、束缚人、控制人的力量，这就是文化的异化。经济的非控制发展会给文化和人的安全带来隐患。政治上更是如此，"绝对权利等于绝对的腐败"，缺乏有效的监督机制和管理机制，政府就变成统治人民的工具，成为压在人民头上的大山。社会主义本来是为无产阶级和全人类寻求永恒福祉的理想社会形态，但在斯大林和赫鲁晓夫手里，却成为独裁的工具。科学技术大大提高文化生产力发展水平，但也产生高科技犯罪、网络病毒等破坏人类文化秩序的不良现象，尤其是原子弹的发明对人类的可持续发展构成极大威胁，某种程度上成为反文化、反人类、反科学的破坏性力量。影视娱乐、文学作品可以宣传远大理想、浪漫情怀，也可成为传播色情、暴力、恐怖等消极价值观的途径。

文化越发展，人就显得越远离自然，也就越来越失去同自然的感性交流；文化越进步，物质文化、制度文化、精神文化间的失衡往往也就越严重，从而产生种种文化异化现象。所以当人们反思人类文化的发展历程及现状时，难免产生一种始作俑者的负罪感和被逐出家园的失落感。人类文化史上的许多悲观主义观点和反文化、反发展思潮，可以说都是对种种非和谐、不平衡发展的畸形文化和旧文化发展观的不同程度地反抗和挑战。当文化异化严重阻碍人类文化进步时，彻底消除文化异化现象，使人类文化得以自由和谐的发展，就成为人们亟待解决的文化问题。当前，人类文化的异化和面临的危机，已达到无以复加的程度，人类文化的畸形发展已趋近临界点。"任何时候都要注意防止人创造出来的用以提高人和解放人的文化异化成贬低人和压制人的异己力量；还要防止人创造出来的缓解人同自然的紧张关系的文化，由于不恰当的应用，转而加剧人同自然的紧张关系，甚至危及人的存在。"① 在没有文化自觉的关怀和导引的情况下，文化一味地自在发展和盲目前进，对人来说是非常危险的。"人类为了主宰物理世界而发明了科学技术，然而，这些科学技术却实际上反过来反对人。科学技术不仅导致日趋严重的人的自我疏远，而且最终导致人的自我丧失。那些看起来是为满足人类需要的工具，结果却制造出无数虚假的需要。技术的每一件精致的作品都包含着一份奸诈的礼品。"② 由于对科学技术的"无知"，人类陷入对科学技术的盲从和崇拜，人们没有意识到科学技术给人带来的限制和奴役，更没有意识到给人类文明带来的威胁和破坏，因此，在科学技术盛行的 20 世纪，"人们看到人道主义的、理性的和科学的文明，一头撞进两次世界大战的疯狂屠杀里。人们看到技术理性和政治理性同意识形态神话一起联手共同制造了奥兹维辛和科利玛集中营的人间惨剧；看到在以历史进步为名义下最恶劣的历史倒退；看到在科学唯物主义名义下的对永远伟大正确的英明领袖的个人崇拜；看到理性的机器工具摆脱理性的目的，不但不替人道主义服务，反而成为强权，压迫和暴力等原始野蛮行径的帮凶。鼠目寸光的技术主义，没有人味的官僚体制，

---

① [荷]冯·皮尔森：《文化战略》中文版前言，中国社会科学出版社 1992 年版，第 5 页。

② [德] 恩斯特·卡西尔：《文化哲学·哲学知识》，吉林大学出版社 2004 年版，第 66 页。

麻木不仁的科学主义，一起效劳于原始野蛮，由此创造出来的文明化的野蛮，其罪恶力量趋于无限"①。

文化异化是人的异化的外在展示。人的存在的劣化，人的发展的片面化，人的意识的狭隘性等人的异化表征，构成人对文化的盲目和不自觉，从而导致文化的异化，文化异化则进一步恶化人的生存和发展的境遇。这样，文化世界就呈现出形形色色的文化危机、人的危机。近代以来，人类所遇到的危机绝大部分都是文化危机，都是由于人类自身不当的文化价值观念和由此决定的错误实践导致的。要改变目前人类文化的现状，必须改变人的价值观念，确立正确的价值取向，使人类文化的发展回到为人的轨道上。从广义上讲，人类历史上任何一次革命都是文化革命，都是对人与自然、人与社会、人与自身关系的重新梳理和建构，都是对原有核心价值体系的颠覆、改革和重建，通过对文化的改革、改良、优化，拨正文化发展的方向，协调各种文化关系，形成良好的文化秩序和为人的文化取向。只有不断地对现有文化进行反省、批判、管理等优化举措，才能形成人与文化的良性互动关系。

除此之外，我们看到人本身的异化存在状态和发展状况，也是需要克服的。现代化使人的物化世界越来越进步和发达，但形成鲜明对比的是，人的精神世界则越来越苍白和匮乏，当今世界道德的滑坡、人性的沦丧、人格的扭曲、精神的分裂、幸福感的下降等现象已司空见惯。人类在创造物质生产力的同时，并没有随之产生与之相适应的精神生产力，物的现代化实现的同时，也并没有相应导致人的现代化，目前的现代化是头脚倒置的。只有人的现代化才是可靠的、本真的现代化。所以，文化优化的最重要途径和方法是人文教化的运用和创造，只有通过人文教化及人之文化创

---

① [法] 埃德加·莫兰：《反思欧洲》，三联书店 2005 年版，第 53—54 页。

造力的发挥，才能使人的现代化真正实现，提高人的素质、能力、知识、素养、道德水准。但人文教化借以发生的方式也是会异化的，教育为政治服务，为经济服务，为军事服务，为某个利益集团或个人服务，总之为某一狭隘目标服务，而不是为人的自由全面发展服务，这是教育的异化，当教育背离人文教化这一永恒主题时，教育也就失去其本真及价值所在，成为工具化的手段。不难看出，教育作为一种文化形式，也是需要优化的。只有教育回归人文教化这一主题时，教育才成为文化优化真正的手段和途径。否则，教育只能把文化变得越来越狭隘，离人的根本目标越来越远。因此，仅仅是外在的、以客体形式发生的文化优化并不能真正摆脱异化的困扰，还必须通过自觉的人文教化去实现人自身的革命。

（三）文化优化与文化进步

文化进步可以从两个角度来认定，一方面，从文化的外在展现看，文化进步体现的是文化各个层面的整体性提升，"如果谈到文化的进步，必须把它理解为向社会创作活动的更完善和更高水平的前进，更高级文化成果的获得，文化创作者及其代表人物数量的增长，他们自由的、精神的、道德的和美感的发展，文化信息的复杂化及其传递方式的完善"①。另一方面，从文化的主体性角度看，文化进步反映的是人的效益和文化效益的提升，"任何发展目标，只有真正地联系于文化的全面进步，即人的生命存在的全面优化，它才可能是'进步'的"②。因此，文化进步与否，要从文化和人的双重尺度来衡量。文化不必然走向进步，这样，文化优化就显得

---

① ［苏］尼·瓦·贡恰连科：《精神文化进步的源泉和动力》，求实出版社1988年版，第23页。

② 李鹏程：《当代文化哲学沉思》，人民出版社1994年版，第401页。

尤为重要。文化优化对文化自身的演化和变迁具有重要意义，它通过一系列的方法、途径和手段，改变文化的境遇，为文化进步提供动力和保障，从而促进文化进步的发生和实现。作为客观存在的文化发展条件，不一定是文化进步的动力，"只有当文化发展的条件不仅仅是文化存在所必要的外部环境，而是促使文化进步，推动文化向完美的境界前进时，文化发展的条件才能变成文化发展的积极因素"①。一种理性的、成熟的文化不是靠文化自然生长来实现文化进步的，而是通过有意识、有目的地创造文化进步的条件，自觉地推动文化的进步。

在人们缺乏文化优化意识，或者说处于文化不自觉的状态时，文化进步只能靠偶然的、不确定性的、自发的"涨落"来完成，"文化进步起源于对现状的批判性思考，即一种优化人自身的意向的产生。人如果'安然地'生活着，觉得一切都很满足，就会形成人们常说的'安于现状'、'故步自封'的局面。'无所求'的思想不能促使人有任何作为。那么，'不安于现状'的优化自身的意向又是怎样产生的呢？一般说来，是由于人在自己的生命存在和活动过程中，通过自己的活动，已经看到并意识到某种'改变'的可能性。而这个'看到'并'意识到'，是以人对自己在其中生活的世界和以自己对他人的关系为实际思考对象的。人觉得自己在某种规模和水平上'调整'并'优化'这些关系，从而把这些'想法'付诸行动，行动的结果证实了人们原先的'想法'的正确性，'改变'确实给人们带来了某些好处，于是，人们就抛弃以前的做法而按'改变'后的办法去做，于是就实现了一个'进步'"②。文化优化帮助文化进步由自发走向自觉，作为文化优化主体的人，通过对自身素质、能力的提高，文化优化

①　[苏]尼·瓦·贡恰连科：《精神文化进步的源泉和动力》，求实出版社1988年版，第34页。

②　李鹏程：《当代文化哲学沉思》，人民出版社1994年版，第387页。

意识的培养，以及对文化进步条件的认识、掌握和控制，就会在某种程度上实现文化进步的自觉。"随着人们的文化意识的日益成熟，文化进步虽然在不少情况下仍然会由偶然事件或偶然想象的激发而产生，但在更多的情况下，人是依靠自己的'思想'——即对现实的文化状况的考虑、检查、评价等等——来产生'改变'的意向的。同时，'改变'的进行，也日益更少地依赖于一些随机事件，而更多的采用首先设计方案、然后按规定的程序去加以实行的方法。也就是说，人已经自觉地把改变现状、优化生活看作自己生命存在的根本任务，从而，对这个任务的实现作出越来越精细的、合理的安排。也就是说，文化进步成为人们自觉进行的事。"[1]

　　文化进步是要付出代价的，文化进步也会带来弊端，需要文化优化去进一步的调节和改善，"文化进步是一个以人的劳作所实行的文化活动过程，而不是一个'从天上飞来'或'从地下钻出来'的福利。在取得文化进步的过程中，往往要人付出辛勤以至艰苦的劳动，包含着人的体力、智力的付出，在一些情况下，还必然地涉及对人的现有的生命存在状况的文化质量的暂时的破坏，对人们在漫长的岁月中辛苦建设和积累起来的文化成果的破坏以至部分的毁灭"[2]。同时，文化优化也会带来人的全方位提升，文化与人是相得益彰的，当文化优化推动文化进步的同时，必然带来人的进步和发展，"文化的进步不仅是作为整个社会生产一部分的文化生产、生产组织形式和物质与精神价值的消费形式、人类社会生活组织、社会关系的进步，而且是人本身，其智力、情感、世界观的进步，也是人的自我意识的发展"[3]。当然，人的综合素质与文化水平的提升，同样会进一步优

---

　　① 李鹏程：《当代文化哲学沉思》，人民出版社 1994 年版，第 388 页。

　　② 李鹏程：《当代文化哲学沉思》，人民出版社 1994 年版，第 390 页。

　　③ [苏] 尼·瓦·贡恰连科：《精神文化进步的源泉和动力》，求实出版社 1988 年版，第 22 页。

化文化，使文化越来越进步，从而使人与文化进入到良性的循环过程中。

四、人的自由全面发展：文化优化之诉求

一部人类文化发展史，也是一部人类自觉不自觉地追求人的自由全面发展的历史。人的自由全面发展是人类社会的共同的理想旨归，但这一理想的实现，却不单单是一个遵循自然历史发展的过程，更是人的主动追求的自觉过程。文化优化，作为一种自觉的文化创造活动，通过对人的使命和发展方向的自觉，确保文化的发展与人的发展趋向一致，为人的自由全面发展提供动力支持。从归根结底的意义上讲，人的自由全面发展是文化优化的终极诉求。通过实践的文化创造活动，人创造、调节和优化人的客观世界，但同时也改变、创新和提升人自身，使人的本质不断丰富、全面，不断克服自身的有限性，逐渐向人的解放和人的自由全面发展的目标迈进。实现人的解放和人的自由全面发展是马克思主义哲学的文化理想、终极旨归。

（一）文化优化的现实境遇：人的异化与缺场

当代人类社会处在马克思所描述的"以物的依赖性为基础的人的独立性"阶段，在这一阶段，人与物、人与社会、人与自身都处于激烈的冲突和对峙状态之中，人不断在拥有和丧失、统一与分裂、幸福与不幸之间徘徊，正如柏曼在《现代性的经验》一书所描绘的那样："有一种经验模式非常重要，是一种对于时间与空间的经验、对于自己与他人的经验、对于人生之可能性与灭绝之经验，现今全世界的人，男男女女都共同拥有这种

经验。这整个的经验体，我称之为'现代性'。身入现代，也就发现我们进入了一个环境，它允诺我们机会、权力、欢乐、成长以及我们自己和世界的转变。同时，这样的环境却也对我们产生了威胁，我们所拥有的每件东西、我们所知道的每件事情，我们所具有的各种身份，似乎都要灰飞烟灭。现代环境贯穿了所有的地理疆界、所有的氏族、所有的阶级与民族，贯穿了所有的宗教与意识形态：就此而言，现代性可以说造成了人类的统一。但这却是一个似是而非的统一、分裂中的统一：它将我们丢进了恒久解体与更新的漩涡、卷起抗争与矛盾的漩涡、模棱两可兼有焦虑的漩涡。进入了现代状态，也就成为普遍现象的一部分，于此，马克思说：'所有坚定不移者，转瞬消融于气尘。'"①

在工业社会，科学技术的发展速度、人类的交往方式、人同自然的关系、文明之间的交流频率等，同以往各个时代相比，都发生了重要变化。我们正处于人类历史的一个特殊时期，东方与西方的冲突、传统与现代的对立、物质与精神的紧张、现实与虚拟的排斥等共同构成我们所属时代的文化景观。人类不当的实践活动把人引向物欲的深渊，人的环境的破坏、人的本质力量的丧失、人的价值取向的扭曲，正在把人变成动物、机器、符号，使人成为没有创造力、感情麻木、需求单一的"单向度的人"，"西方马克思主义"学派代表人物、美国哲学家赫伯特·马尔库塞认为，在高度发达的工业文明中，人的自由完全被社会剥夺，人的精神家园彻底丧失，人们过着舒服、平稳、安逸、合理而又民主的不自由的生活。生活在这种环境下的人，已经没有个人的独立性、创造性和自觉性，人被社会机械整合成一个零件，马尔库塞称之为"单向度的人"，"政治意图已经渗透进处于不断进步中的技术，技术的逻各斯被转变成依然存在的奴役状态

---

① 转引自［英］汤林森：《文化帝国主义》，上海人民出版社1999年版，第276页。

的逻各斯。技术的解放力量——使事物工具化——转而成为解放的桎梏，即使人也工具化"①。因此，现代人是单向度的人，现代社会是单向度的社会，现代文化是单向度的文化，人的本质力量的丰富性，人的社会的繁华景象，人的文化的丰富多彩，被"武器的批判"彻底摧毁。

工具理性作为技术合理性，一方面它推动了工业文明的发展；但另一方面又成为统治合理性，它不仅导致人与自然关系的异化，而且造成人与人关系的异化，甚至引起人本身的物化。于是，工具理性发展引发了极权主义统治，导致了个性压抑和人性的丧失。最终，工具理性变成一种非理性，使整个世界变成"人间地狱"。人对自然的支配，"不仅仅为人与支配对象相异化付出了代价，而且随着灵魂的对象化，人与人的关系本身，甚至于个体与其自身的关系也被神化了，个人被贬低为习惯反映和实际所需的行为方式的聚集物。泛灵论使对象精神化，而工业化却把人的灵魂物化了"②。文化已经失去本来的意义，"今天，自从人们把精神创造总结成文化，并使其中性化以后，审美的野蛮特性就使那些能够对精神创造构成威胁的因素荡然无存了。当人们谈论文化的时候，恰恰是在与文化作对。文化已经变成了一种很普通的说法，已经被带进了行政领域，具有了图式化、索引和分类的含义。很明显，这也是一种工业化。结果，依据这种文化观念，文化已经变成了归类活动"③。

弗洛姆认为，马克思低估了异化的力量和异化的持久性。"历史在马克思的异化概念中只作了一个更正。马克思相信，工人阶级是最异化的阶级，因此从异化中解放出来必然要从工人阶级的解放开始。马克思的确没

---

① [美]赫伯特·马尔库塞：《单向度的人》，上海译文出版社 2006 年版，第 145 页。

② [德]霍克海默、阿道尔诺：《启蒙辩证法》，上海人民出版社 2003 年版，第 21—22 页。

③ [德]霍克海默、阿道尔诺：《启蒙辩证法》，上海人民出版社 2003 年版，第 118 页。

有预见到异化已经变成大多数人的命运，特别是那部分人数愈来愈多的居民的命运，这部分人主要不是与机器打交道，而是与符号和人打交道。说起来，职员、商人和行政官吏在今天的异化程度，甚至超过熟练的手工劳动者的异化程度。"① 自然对人的控制并没有消除，今天正以异化的形式对人类进行报复，社会对人的控制更加深化，每时每刻都在对人的物质生活和精神生活予以束缚，盲目性认识仍支配着人类的思想和行为，使人们的意识自由不能充分实现。事实上，人只有对自然和社会的规律有清楚的认识，才能对自然过程进行自觉地控制和管理，人与人之间才能和谐相处。因此，必须提高对自然、社会乃至整个文化的认识，不断反省人、自然、文化之间的关系，重新审视自身的价值取向，自觉拷问现有文化环境的利弊，使人的本质力量全面、完整而非扭曲性地发挥，把异化控制到最小限度，让人的实践完全融入人的创造性活动中。

（二）文化优化的当代蕴涵：对人的存在的关注与掌握

文化优化根源于对人及其文化现实的忧虑，统观当代世界，不难得出，我们处在一个危机空前深重的时代。"我们这个世纪的创新，以及将使本世纪与过去截然划分的改变，并不完全在于世界的俗化以及它进步的技术，就是那些对这个主题没有明确认知的人，也会非常清楚，他们生长在一个过去几千年以来，前所未有的世界大变动的时代中。我们时代的精神处境充满着严重的危机和种种的可能；如果我们对这种处境应付不当，整个人类将会面临失败的命运。"② 当代美国未来学家阿尔文·托夫勒指

---

① 《西方学者论"1844年经济学哲学手稿"》，复旦大学出版社1983年版，第67—68页。
② ［德］卡尔·雅斯贝尔斯：《当代的精神处境》，三联书店1992年版，第21页。

出:"历史上从来没有一个文明使用这么多新方法来摧毁整个地球。海洋上方满是毒气,整个物种一夜间从地球上消失,这都是人类贪婪和疏忽所带来的后果。矿井在地球表面造成伤害,发胶使得臭氧层宣告枯竭,热污染威胁地球的气候。"① 因此,需要我们对自身的生存方式、生活理念进行重新审定,积极探索一种可持续发展的文明之路。

"20世纪的历史同时告诉我们,在理性的光辉似乎照亮了人类的未来,照亮了人类历史道路的时候,理性把它可怖的一面展露无遗:如奥斯威辛的焚化炉、广岛的原子弹、核军备竞赛等,无一不是理性的杰作。尼采曾宣布'上帝死了',然而,在现代技术理性面前,我们惊恐地发现,'人'也将消亡了。因此,在上帝死去之后,理性又被送上了审判台。那么,人类将靠什么来拯救?"② 面临现代文明带来的危机,人们从多个角度和侧面对文明问题进行了深刻的反思,从而形成各具特色的文明理论,乐观主义者相信人自身的力量以及由此带来的社会进步,预言人类正迈向更高级、更发达的文明阶段。托夫勒认为:"绝望不仅是一种错误的态度,而且是毫无根据的。……只要运用智慧,加上少许的运气,新生的文明就会比我们以往熟知的一切更为健全、明理、持久、高尚,也更民主。"③罗马俱乐部为代表的悲观主义者,把当代人类社会的加速发展看成是危机的前兆,建议人类社会转变生存方式,他们提出自然主义的解决方法,提倡零增长式的发展,尽量减少浪费和能源消耗,放慢发展节奏,与大自然保持平衡与和谐的生态状态。这两种理论各有不同积极意义:悲观主义如警钟长鸣,时刻提醒我们立即采取措施,以防患于未然;乐观主义使我们保持自信,勇敢地去创造美好未来。事实上,针对未来文明发展的走向,

① [美]阿尔文·托夫勒:《第三次浪潮》,中信出版社2018年版,第124页。
② 龚群:《道德乌托邦的重构》,商务印书馆2003年版,第1页。
③ [美]阿尔文·托夫勒:《第三次浪潮》前言,中信出版社2018年版,第11—12页。

历来都有悲观与乐观两种论调。前者主张文明是不断倒退的，后者认为文明是不断进步的。但无论是悲观主义者，还是乐观主义者，都强调人在文化面前的主动性，悲观主义者认为文化不断退步，于是需要人的保护、控制和管理；乐观主义者认为文化不断进步。于是需要人的加强、提升和创造。可见，面对文化问题，无论持消极的悲观的态度，还是盲目的乐观的态度，都是不可取的，对于文化与文明，必须采取一种积极的理性的态度，充分发挥人的文化主体性，对其进行人为的管理、控制和设计，使其更加有序、更加合理、更加人性，从而使人类的文化环境更加和谐、有序、健康，进而促进人的自由全面发展的生成和实现。

另外，从主体人的存在状态角度看，人的异化和缺场构成当代人的存在状态，因此，化解文化危机，克服人的异化，实现人的回归，就成为文化优化的当代展现。"马克思主义是一种人道主义，它的目的在于发挥人的各种潜能。（在马克思主义看来）人不是从观念和意识中演绎出来的，而是具有生理和心理特性的人；现实中的人，不是生活在真空中的人，而是生活在某一背景中的人。……马克思关心的是人，而且他的目标就是让人从物质利益的支配下解放出来，让人从他自己的安排和行为所造成的束缚自身的囚笼中解放出来。"[1] 异化的力量构成人的发展的障碍，"我们在这里不再与直接同自然相联系的力量打交道，而是与人本身以某种灾难性的方式不断产生的力量打交道。所以，一种正面战略的目的必定是把这些力量置于控制之下，把它们引导到正确的方向"[2]。而且克服和控制这些人为的破坏性力量，要远远难于控制自然力量，因为这些异化的力量是作为人为形式的非为人力量。不对这种异化力量进行人为的控制和消解，就不

---

① ［美］弗洛姆：《人的呼唤——弗洛姆人道主义文集》，上海三联书店 1991 年版，第11—12 页。

② ［荷］冯·皮尔森：《文化战略》，中国社会科学出版社 1992 年版，第 221 页。

可能有真正的人的自由全面发展。因此，人类要作为真正的人而存在，就应该克服重重困难，更好地去创造人的世界及人本身，而每一次的革新，都使人的解放和发展向前推进了一步，正如卡西尔所言："作为一个整体的人类文化，可以被称为人不断自我解放的历程。语言、艺术、宗教、科学，是这一历程中的不同阶段。在所有这些阶段中，人都发现并且证实了一种新的力量——建设一个人自己的世界、一个'理想'世界的力量。"①

（三）文化优化的未来向度：文化理想与文化自觉

文化是人的目的性活动，文化发展的目的性要求人们对未来作出种种理性的、理智的规定。这种理性的、理智的规定对文化的未来发展有极大的参考和规范意义，体现人的文化自觉程度。它既来自对文化发展趋势的把握，又出于人顺应自然、驾驭文化的目的和需要，是二者结合生成的理性规定体系。因而，它不简单地等于趋势规定，而是具有明确目的性的规定。

1. 文化理想：对人的自由全面发展的昭示和渴望

文化优化不仅关注当下，更要引导人们走向未来。文化理想是人们自觉把握和引导未来文化发展的观念形式，反映人们对现有文化模式及人的存在境遇的希望、追求和憧憬，是作为文化主体的人，对人类文化发展的趋向和人类自身的价值诉求的深刻把握。文化理想一旦被人们所认可，它就成为人们进行文化优化创造的灯塔，为人及其文化的发展指明方向。文化理想是文化主体认定的对其最有价值的文化追求和目标。文化理想具有

---

① [德] 恩斯特·卡西尔：《人论》，上海译文出版社 1985 年版，第 288 页。

重要的文化优化意义，当其成为人的价值取向时，人就被赋予一种新的意义和力量，如果这种意义和力量加以科学的引导，就会产生巨大的文化创造力。"文化理想可以使每个成员从世俗短浅的价值目标中解脱出来，而去追求更高、更伟大的价值目标。特别是那种体现一个国家、一个民族根本精神或价值体系的文化理想，乃是国魂、民族魂之所在，它维系着每个国民的生命价值及其取向。对不同国家民族的人们来说，魂在生命在，魂的丧失就会变成一具僵尸。只有伟大的文化魂，才能构成伟大的生命、伟大的人格，才能超越卑俗的目的和琐碎动机而变成高尚的文化生命。"①

文化理想使文化超越性成为现实的力量，文化从不满足于现有的存在状态，人们通过设定理想，获得超越现实的目标，在人类文化史上，人类从来没有停止过对文化理想的追求，孔子的"大同世界"、老子的"小国寡民"、庄子的"至德至隆之世"、柏拉图的"理想国"、奥古斯丁的"上帝之城"，都是具有"类"意义的文化理想，但限于当时人们的认识水平和发展状况，这些文化理想往往带有某种空想性质，包含着种种不合理性，但不管怎样，都是当时人们所理解的最美好、最有价值的文化体系。马克思在扬弃前人思想基础上，科学地解释了人类社会的发展规律，进而提出"共产主义"文化理想模式，表达了对人及其文化的终极关怀，使人类文化理想达到科学形态。马克思认为："共产主义是对私有财产即人的自我异化的积极的扬弃，因而是通过人并且为了人而对人的本质的真正占有；因此，它是人向自身、也就是向社会的即合乎人性的人的复归，这种复归是完全的复归，是自觉实现并在以往发展的全部财富的范围内实现的复归。这种共产主义，作为完成了的自然主义，等于人道主义，而作为完成了的人道主义，等于自然主义，它是人和自然界之间、人和人之间的矛

---

① 司马云杰：《文化价值论》，陕西人民出版社 2003 年版，第 200 页。

盾的真正解决，是存在和本质、对象化和自我确证、自由和必然、个体和
类之间的斗争的真正解决。"①"代替那存在着阶级和阶级对立的资产阶级
旧社会的，将是这样一个联合体，在那里，每个人的自由发展是一切人的
自由发展的条件。"②共产主义的文化理想充分反映人类对人的自由全面发
展的内在要求和渴望。

2. 文化自觉：人的自由全面发展的人为之路

人的自由全面发展实现的自然历史过程是不可逾越的，从不自由到自
由，从片面到全面，从个体的自由到自由的个体，是一个复杂的过程，但
并不意味着人在其面前无能为力，它除依赖于社会和文化的进步所创造的
历史条件和现实基础外，更需要人不断地把新的社会文化内化为自我意识
和价值理念，人类正是通过不断地文化创造，矢志不渝地为实现人的自由
全面发展而努力。在人类走向自由全面发展的过程中，人的文化自觉扮演
着重要的角色，它使人的自由全面发展从自然历史阶段进入到理性自觉的
阶段。文化自觉是对文化优化使命的自觉，只有自觉意识的形成，才能免
受盲目性力量的支配，使人类摆脱异化困境。在谈到无产阶级反对资产阶
级的斗争时，卢卡奇指出："'自由王国'、'人类史前史'的结束恰恰意味
着，人与人的具体关系，即物化开始把它的力量交还给人。这一过程越是
接近它的目标，无产阶级关于自己的历史使命的意识，即它的阶级意识的
作用也就越重要；阶级意识也就必然越强烈地、越直接地决定着它的每一
次行动。因为驱动力的盲目力量只要它的目标，即自我扬弃还没有近到可
以达到的地步时就会'自动地'趋向这一目标。当向'自由王国'过渡的

---

① 《马克思恩格斯文集》第 1 卷，人民出版社 2009 年版，第 185 页。
② 《马克思恩格斯选集》第 1 卷，人民出版社 2012 年版，第 422 页。

时刻客观上到来的时候，这一点就更明显地表现为，真正意义上的盲目力量将盲目地、用不断增长的、看来是不可抗拒的力量冲向死亡，而只有无产阶级的自觉意志才能使人类免遭灾祸。换言之，当最后的经济危机击中资本主义时，革命的命运（以及与此相关联的是人类的命运）要取决于无产阶级在意识形态上的成熟程度，即取决于它的阶级意识。"①

　　文化自觉使文化更加明确地指向人的自我优化、自我完善，而人的自我优化、完善的最高境界，就是人的自由全面发展。可见，文化自觉催生文化优化从理论走向现实，从而推动人们自觉从事人的自由全面发展的创造，也只有当这种自觉内化到人的生命存在中，成为人们进行文化认识和文化创造的依据时，人才找到通往幸福、自由和全面发展的文化路径。当下人的生存发展困境，根源于以片面的、极端化的生存方式和发展理念为主要特质的文化观念，人们极端盲目地通过外在化的对自然的掌握，来确立人的主体地位，而忽视了更根本的内在化的对人类自身及人的世界掌握，只有实现人的自觉和文化的自觉，才能真正确立人的主体地位。人的自由全面发展既是一个自然历史过程，更是一个文化自觉过程，只有在文化自觉基础之上，通过具体实践进行现实人和社会的改造，对人类社会的生产方式、生活方式和价值观念等进行全方位的文化革命，从而摆脱束缚人的传统的生存观念和发展方式，探索符合人类社会发展规律的生存发展之道，才能从根本上解决问题。

　　文化优化的终极诉求是一切人和人的一切方面的自由、和谐与完美发展，马修·阿德诺指出："文化是对完美的追寻，文化引导我们认识到，在人类全体普遍达到完美之前，是不会有真正的完美的。……在普天下人

---

① ［德］卢卡奇：《历史与阶级意识》，商务印书馆 2009 年版，第 133—134 页。

还没有同我们一道完美起来的时候，个人是不可能达到完美的。"① 作为一种特殊的文化创造，文化优化是人类对光明、幸福和完美的自觉追求和自为创造，它展现的是真、善、美，是人的美好的心灵。"完美最终应是构成人性之美和价值的所有能力的和谐发展，这是文化以完全不带偏见的态度研究人性和人类经验后所构想的完美；某一种能力过度发展、而其他能力则停滞不前的状况，不符合文化所构想的完美。"② 人的自由全面发展是文化的本性诉求和人性的理想旨归，当然也是文化发展的未来走向和文化优化的终极蕴含。文化优化推动文化朝人性全面与丰富的方向发展。在文化优化视域下，人真正成为文化的核心，人类自身的完善与发展，成为一切文化认识和文化实践的最终目的。文化优化就是人的自由全面发展的追求和创造过程，是人类自觉从必然王国展翼向自由王国的飞翔。一句话，人是文化优化的目的与归宿，人的自由全面发展是文化优化的终极诉求。

---

① [英] 马修·阿德诺:《文化与无政府状态》，三联书店 2002 年版，第 178—179 页。
② [英] 马修·阿德诺:《文化与无政府状态》，三联书店 2002 年版，第 11 页。

第五章 文化优化的现实表征:文化环境优化

环境的改变和人的活动或自我改变的一致,只能被看作是并合理地理解为革命的实践。

——马克思①

我们不仅是文化的建造者,我们也为文化所建造;决不能单独以个体本身去理解个体,而只能根据支撑和渗透个体的文化先决条件去理解,这也是真正具体的理解。……因而随着人改变环境,人也被改变了。

——米切尔·兰德曼②

---

① 《马克思恩格斯选集》第 1 卷,人民出版社 2012 年版,第 134 页。
② [德] 米切尔·兰德曼:《哲学人类学》,贵州人民出版社 2006 年版,第 213 页。

我们生存的时代是一个全球化的时代，全球化是我们这个时代的文化标志。通过全球化的冲突与融合，人类彻底改变以往的文化景观。当今世界，文化信息纷繁复杂、优劣杂陈、良莠不齐，文化交往频繁，文化冲突不断，文化安全受到空前挑战，民族国家的传统的文化秩序不断地被打破，一些固有的民族习俗、风尚、仪式和心理不断受到冲击，无论是物质文化遗产还是非物质文化遗产均遭到前所未有的破坏，作为人类生存和发展条件的文化环境正异化为现代人的文化困境，这些文化冲突与文化危机共同构成我们今天的文化现实。人类作为具有自觉意识的理性文化主体，绝不能任其自生自长，因为在现代化普及和全球化泛滥的时代，放任自流便意味着自我毁灭。提出文化环境优化，就是要通过对文化环境进行理性的控制和管理，使人类摆脱文化困境，找到人类和谐发展、和谐共处的出路，充分发挥文化对人的积极效应，减少甚至消除文化对人的负面效应，使文化更好地为人类服务。

一、理解文化环境

人作为一个开放的系统，从生到死，都处在一定的环境之中，与环境进行物质和信息的交流，但与其他生命存在形式所面临的环境不同的是，"形成人的环境的那个世界，不仅仅是自然环境，如在动物那里那样，而且是一个文化的世界"①。人是文化的存在，人的环境是文化环境。

（一）众说纷纭的文化环境

与文化的定义一样，文化环境同样是一个备受争议的概念，由于文化环境问题属于综合性跨学科问题，因此，学者们从不同专业、不同视角、不同层面对其做出多种界定，可谓众说纷纭、莫衷一是。概而言之，主要有以下几种观点：

第一种观点，着眼于文化环境的物质性因素，认为文化环境就是文化产生、发展的客观条件，着重强调文化环境的客观性。有的学者指出，所谓文化环境，就是文化发展的物质基础及其他客观条件。文化环境是一个复杂的系统，是一个多元复合体。构成文化环境的基本因素包括历史的因素、地理的因素、宗教的因素、经济的因素、政治的因素、群体的因素、个体的因素等，所有这些因素凝聚汇合、互相交叉、互为因果、连贯一体，形成独特的文化环境。②

第二种观点，从文化环境的精神性因素出发，把文化环境等同于精神文化环境，着重强调文化环境中精神因素的力量。这种观点相当普遍，如有的学者认为，所谓文化环境，就是影响主体活动、存在于主体周围的各种精神文化条件的总和。构成文化环境的要素包括教育、科技、文艺、道德、宗教、哲学、民族心理、传统习俗等。这种观点凸显文化环境的独特性，使文化环境区别于经济环境和政治环境，变成一个独立的问题域。③

第三种观点，从文化环境的功用角度剖析，把文化环境看作是一种效

---

① ［荷］冯·皮尔森：《文化战略》，中国社会科学出版社 1992 年版，第 256 页。

② 参见董丁诚：《略论文化环境》，《西北大学学报》1986 年第 4 期。

③ 参见王安：《文化环境的塑造功能及其再营造》，《新长征》2007 年第 9 期。

应环境，凸显文化环境对人的功能性和效应性。如有的学者指出，文化环境指主体实践和认识赖以进行的各种文化条件的总和，它是一个由物质文化、精神文化及文化传统状况等文化要素耦合而成的文化效应场。作为一种社会存在，文化环境常常表现为一种内控自制的历史与现实的惯性运动，它影响社会生活的各个方面，造成各种不同的社会效应。如果我们以历史功能性的眼光审视人类文化发展史，文化环境是累积的文化传统的历史再现，是历史对现实的干预，又通过这种干预去塑造未来的历史。①

第四种观点，从文化哲学及人学的立场出发，文化环境是指人类存在的社会文化的历史境遇，或是人进行创造活动的处境。在这种观点看来，任何环境，不管是自然的物质的环境，或是社会环境和精神文化环境等，都是文化环境，都是人的环境。对个人和群体共同适应的文化环境可分为物质文明状态、社会组织和制度文明状态、社会意识和精神文明状态及其他方面。对于个体的存在和发展产生巨大影响和交互作用的文化环境包括个人外在的文化环境、个人内在心智－人格等的环境、人的脑神经系统活动的生理过程和机制。②

以上是关于文化环境的几种主要观点，除此之外，人们还从不同的立场和角度，对文化环境进行诸多解释和界定。

综上所述，不难得出以下结论：首先，文化环境研究具有学科渗透性和交叉性的特点，涉及文化生态学、政治学、经济学、文化哲学、人类学、环境哲学等诸多研究领域，研究者的视角不同，往往导致对文化环境的理解不同。因此，要想获得关于文化环境的准确理解和明晰界定，先要明确研究者的立场和角度。其次，文化环境的界定与对文化的理解息息相

---

① 参见朱人求：《文化环境研究的多维透视》，《学术月刊》2002 年第 3 期。

② 参见李燕：《文化释义》前言，人民出版社 1996 年版，第 3—4 页。

关，对文化的理解不同，往往导致对文化环境的内涵、外延的不同界定和理解。要弄清文化环境是何物，还要对文化作出明晰的规定和解释。再次，文化环境是人的存在境遇，人是文化环境的主体。人与文化环境具有效应性的价值关系，只有从文化环境和人的需要、发展和目的联系起来，才能理解文化环境，对其作出合理的评价。最后，文化环境是具体的、效应性的环境，是可控制、可管理、可改变的，必须充分发挥人的主体性本质力量，优化文化环境，协调好人、文化和文化环境之间的关系。

文化优化论从文化哲学的立场出发，认同关于文化环境的广义性理解。文化环境与自然环境相对称，文化环境是人在自己长期的历史实践中形成的人与自然、人与人之间诸种关系的总和，是由人创造的和人发生效应的人的境遇。人的文化环境是人一旦出生就被抛入并生存其中的整个文化氛围，它既是人的文化创造的结果，又对人及其活动具有先在制约性。因此，文化环境是人的存在和社会发展赖以存在的各种文化条件的总和。由于任何文化总是与特定的社会相联系的，没有脱离社会的文化，也没有脱离文化的社会，因而，在现实中文化环境往往表现为社会文化环境。

（二）文化与文化环境

人是文化的存在，文化是人类社会独特的存在形式。自从地球上有了人类，也就有了文化。人与文化相伴而生，可以说，人类社会的发展史，也是文化的进步史。大到民族、国家，小到个人、家庭，无不有属于自己的独特文化。文化是由人创造的，人创造自身的过程，也就是文化生成的过程，人创造了文化，也创造了人本身。人与文化互为条件，人一方面通过实践改造自化世界，创造人化世界；另一方面又通过实践创造活动，促进人的感性生成，提升人之主体价值和生存环境。在这一过程中，人将自身的本质力量外显与对象化为人的世界，同时也实现了人的本质力量的生成与发展，从而把环境的改造与人的自我改变，社会的发展与人的自身发展统一起来。

环境是一个属人概念，它反映的是人与外界的关系，只有人才能和外界发生关系，也只有人才有环境，"凡是有某种关系存在的地方，这种关系都是为我而存在的；动物不对什么东西发生'关系'，而且根本没有'关系'；对于动物来说，它对他物的关系不是作为关系存在的"①。动物不和外界发生真正意义上的关系，也就没有环境可言。环境，即"环人之境"，在人类产生之初，环境主要指自然环境，"意识起初只是对直接的可感知的环境的一种意识，是对处于开始意识到自身的个人之外的其他人和其他物的狭隘联系的一种意识。同时，它也是对自然界的一种意识，自然界起初是作为一种完全异己的、有无限威力的和不可制服的力量与人们对立的，人们同自然界的关系完全像动物同自然界的关系一样，人们就像牲畜一样慑服于自然界，因而，这是对自然界的一种纯粹动物式的意识"②。但是，随着人类产生而产生的文化，从其对象化为客观存在的那一刻起，就具有客观独立性。文化虽然是人的主体性活动的产物，但这种创造物并不是抽象的僵死物，而是以其客观性反过来影响、制约、塑造人的活动。这样，人除生活在自然世界中，与自然世界发生关系外，人还生活在文化世界中与文化世界发生关系。人在自然环境的基础上，创造人为的文化环境。

文化与文化环境并不是完全等同的两个概念。某种程度上讲，文化环境是外在于人的，文化是内在于人的，人能离开某一具体的文化环境，但

①《马克思恩格斯选集》第1卷，人民出版社2012年版，第161页。
②《马克思恩格斯选集》第1卷，人民出版社2012年版，第161页。

不能离开文化。文化环境是从环境角度出发把握社会、文化时确立的概念，是文化中构成人类活动的场景、氛围、原因、条件等的总和；文化是人类活动的过程和结果。文化要比文化环境的外延广，有些文化现象例如原始宗教，某些古代的风俗、习惯、制度等，无疑从属于文化，但已不是现实的文化环境。文化环境是具体的、当下的空间性概念；而文化是具体与抽象、历时和共时、结果和过程的统一。环境强调的是人的在场，强调的是人境之间的内在联系，网络与网络环境的不同在于，网络是一种实体性存在，而网络环境是一种功能性存在，只有人上网，网络才构成网络环境，对网民产生积极的或消极的效应；人若不上网，网络只是客观存在，一个可能性的文化交流平台，而不构成人的文化环境。并不是所有的文化内容、文化形式都构成文化环境，只有那些和人发生效应关系的部分才构成文化环境。那些被遗忘的文化作品，被弃用的语言、习俗、仪式、生产方式等都不构成文化环境。但文化环境不是固定不变的，而是动态的，过去不构成文化环境的，可能随着时间的推移、实践的发展、文化的交流与传播，变成文化环境，也可能曾经是文化环境内容，逐渐地被人们抛弃，如一些陈规陋俗，经过几代人的努力，已从社会中逐渐消失，退出人之境遇的范围，但这不排除沉渣泛起的可能以及在人的内环境中仍发挥作用的现实。

文化环境与文化又是紧密相连的，它们是从不同角度对同一问题作出的人为区分，绝不能把文化环境与文化割裂开来。文化环境是文化的环境，是人的文化创造活动成果的总和，随文化创造活动的改变而改变，有什么样的文化，就会形成什么样的文化环境。文化环境是以往历史所创造的文化的累加和积淀。"历史的每一阶段都遇到一定的物质结果，一定的生产力总和，人对自然以及个人之间历史地形成的关系，都遇到前一代传给后一代的大量生产力、资金和环境，尽管一方面这些生产力、资金和环境为新的一代所改变，但另一方面它们也预先规定新的一代本身的生活条件，使它得到一定的发展和具有特殊的性质。"① 每一种文化环境都是人类历史进程的延伸和文化传统的现实拓展，某种意义上说，凡是历史上存在过的文化，都参与今天的文化创造，影响和干预当下和未来人们的文化生活。虽然并不是历史上所有的文化都是现实的、有用的，其中有些文化已经灭绝和消失，有些文化已经发生蜕化和变异，更不用说有些文化走向反面，成为阻碍进步的社会力量。但是，有关它们的知识都在文化中深留着，所以文化环境有着深厚的历史背景和深远的历史渊源，文化环境不是"一张白纸"，而是以强大的文化本体为支撑的客观物质力量。任何现实的文化环境的改变和创造，都不能脱离文化传统的支撑。从某种意义上说，根源于文化本体的文化环境熏陶着一代又一代的现实的个人，把他们塑造成传统的存在、历史的存在、文化的存在，因而也是独特的人的存在。

文化环境与文化如影随形、密不可分，文化环境是人类文化进步的条件，文化环境的变化以及人的积极应对，既构成文化的重要内容，又是文化变革的内在动力。人类文化环境千变万化，不断地作用于人及其文化，要求每一代人作出新的反响和应答。"环境的确是人类得以发展的无止境的、经常的、'永久的'源泉，并且它既是人类存在之前就有的自然环境，又是由于人的创造活动而形成的人为环境。人在适应环境、改造环境的同时也必然使自己得到改造。人本身的改变、人的适应环境以及人为了自身的利益改造环境的活动，所有这些经常进行着的过程，是构成文化的最重要的因素。"② 人不断地和环境进行交流，以此推动人及文化的和谐发展和共同进步。

---

① 《马克思恩格斯选集》第 1 卷，人民出版社 2012 年版，第 172 页。
② ［苏］尼·瓦·贡恰连科:《精神文化进步的源泉和动力》，求实出版社 1988 年版，第 28 页。

（三）人与文化环境

人与文化环境的关系是人与文化关系的现实表征，二者都是相互创造的关系。人的文化创造活动形成文化环境，文化环境又反过来影响人。一方面，文化环境创造人，人是文化环境的产物。文化作为人类的一种生活方式、生活习惯，往往成为人生活环境中天经地义、理所当然的存在。人是被"抛入"到这个世界中来的，不得不被某一特定的文化环境所铸造。文化环境通过各种各样的途径，潜移默化地对生活于其中的人的思维模式、行为方式、道德标准、价值观念等，打上它特有的印记，并且逐渐积累下来，形成深层的文化结构。人类生来虽然就具有掌握文化的能力，但他们掌握哪种文化、如何掌握，却完全依赖于他们所生存的文化环境。文化环境规约着人的存在方式和发展路向，"正是文化，使人们得以相互沟通、联系，也正是文化，使每个个体的发展成为可能。同样，文化规定了人如何与自然、与周遭的物质环境发生联系，文化决定了人如何看待人与地球、人与宇宙之间的关系，文化决定了人对其他生命形式的态度"[①]。另一方面，文化环境又是由人创造的，文化环境是人的创造物。"大多数人的物质环境都主要是人造的。人行走的路面，栖居的房屋，穿戴的衣着，所吃的多数食物，所用的多数器具，所乘的交通工具，所看、所听的多数东西，它们全都是人的产物。社会环境也是如此，它产生出人讲的语言，人遵循的习惯，以及人在道德制度、宗教制度、政府制度、经济制度、教育制度和心理治疗制度等方面的行为。这些制度控制着他，但是，这种社会环境本身却显然是人造的。"[②] 文化环境塑造人，这并不意味着人只是被

---

① 联合国教科文组织：《文化多样性与人类全面发展》，广东人民出版社 2006 年版，第 3 页。

② ［美］B. F. 斯金纳：《超越自由与尊严》，贵州人民出版社 1988 年版，第 209 页。

动地接受文化环境的塑造。事实上，人类每时每刻都在不断地通过实践与文化环境发生关系，在革新原有不适合人的存在和发展的文化环境的同时，也积极地创生着符合人性的新环境，推动文化环境由低级走向高级、由落后走向进步、由传统走向现代，从而使其更好地为人类服务。

人与文化环境相辅相成、互为条件，人在文化环境面前既是被动的又是主动的。起初，人在文化环境面前是被动的。就个人而言，婴儿从呱呱坠地的那一刻起，就处在一定的文化环境中，在文化环境的影响、熏陶、塑造和引导下进行认知、实践和创造。文化环境以不可抗拒的方式支配和制约其行为，对其成长具有决定性作用，逐渐使其从自然人变成文化人。正像著名人类学家露丝·本尼迪克所指出的那样："个体生活历史首先是适应由他的社区代代相传下来的生活模式和标准。从他出生之时起，他生于其中的风俗就在塑造着他的经验与行为。到他能说话时，他就成了自己文化的小小的创造物，而当他长大成人并能参与这种文化的活动时，其文化的习惯就是他的习惯，其文化的信仰就是他的信仰，其文化的不可能性亦就是他的不可能性。"[1] 人对待文化环境又是主动的，文化环境的形成过程，也是人的文化创造过程。随着人的文化的获得和生成，人逐渐成为具有独立意识的认识和行为主体，开始自觉地进行文化认识和文化创造，建构符合自己意愿、反映自身特质以及对自己有利的文化环境，把自身的本质力量对象化为文化环境。人对文化环境的主动性首先表现在，个人可以通过流动改变自身文化环境，在全球化时代，人们通过选择放弃自己的国家、民族，改变自身所处的环境，改变自身的文化命运。人对文化环境的主动性还表现在，人对待传统文化的态度上，人通过对传统的选择，选择自身文化环境的存在样态，"对传统的反应带有选择性。即

---

① ［美］露丝·本尼迪克：《文化模式》，华夏出版社 1987 年版，第 2 页。

使那些自认为正在接受或抵制'全部内容'的人，也是有选择地接受或进行抵制的；即使当他们看来在进行抵制时，他们仍然保留着相当一部分传统"①。实际上，人们对待传统的每一部分都要经过接受、修改或抵制这样一个主动选择过程，以此实现文化的绵延和承继。

人与文化环境的相互创造关系，对个人及社会发展具有极其重要的意义。首先，文化效应环境对人的塑造具有重要的人学意义。人是一个未完成的动物，只有在文化环境中，才能实现人的本质创造。人由自然人向文化人的转变，人的文化本质生成，只有在文化环境中才能实现。文化环境决定一个人是中国人、日本人、美国人还是法国人，文化环境决定一个人说汉语、日语、英语还是法语，文化环境决定一个人更喜欢打太极拳、玩棒球还是喝香槟。通过文化环境的塑造，人才能被社会和文化所认可和接纳，变成具有文化创造力的社会人、文化人，去从事具有建设性的文化创造。其次，文化效应环境对人的塑造还具有文化意义。文化不具有生物遗传的稳定性，文化的保存、巩固、传播只能靠人对文化的掌握和创造，一旦脱离人，文化就丧失载体和意义。作为一种累积性存在，只有通过文化环境对人的塑造，才能实现文化的可持续发展，为人类的发展提供意义指向。文化传统是文化环境作用于人的一个重要途径，通过传统对人进行塑造，"传统是一个社会的文化遗产，是人类过去所创造的种种制度、信仰、价值观念和行为方式等构成的表意象征；它使代与代之间、一个历史阶段与另一个历史阶段之间保持了某种连续性和同一性，构成了一个社会创造与再创造自己的文化密码，并且给人类生存带来了秩序和意义"②。文化环境把传统、现实和未来联系起来，为人们学习历史上遗留下来的丰富的文

---

① [美] E. 希尔斯：《论传统》，上海人民出版社 1991 年版，第 60 页。

② [美] E. 希尔斯：《论传统》译序，上海人民出版社 1991 年版，第 3 页。

化成果创造条件，并且人们能以此为基点进行新的创造，从而为未来人类的存在和发展提供文化前提，这样人类通过文化环境的塑造，实现了文化的传承和拓展。最后，人对文化环境的创造和革新具有革命的实践意义。就现实性而言，文化环境是人的本质力量的对象性的现实，它直接反映人的整体素质和发展状态。人在文化环境中直观自身，认识自身的本质，同时人通过文化创造活动，不断地改造和创新文化环境，巩固已有的本质力量，为其进一步丰富、发展和完善提供现实基础。人正是通过文化环境的改变，促进人类社会的进步和人的本质的丰富，推动人的世界日新月异地发展和变化。

总而言之，文化环境是人的本质力量的发展程度、文化自身的发展程度以及对传统文化和外来文化的扬弃程度的现实展现，就此意义而言，马克思指出："人就是人的世界，就是国家，社会。"[1] 文化环境是通达文化和人的本质的入口，就现实性而言，文化优化直接体现为文化环境优化。因为**抽象**地谈论人、文化以及人与文化之间的关系，是没有力量的、苍白的，"非对象性的存在物是非存在物"[2]，人的本质的特性，只有与周围世界发生对象性关系，才能现实地表现出来，同样文化世界只有在与人的效应性关系中，才能确立其意义。

二、文化时间与文化空间：文化环境的本体论维度

任何存在都必须在一定的时间和空间中，人类文化当然也不例外。人

---

[1] 《马克思恩格斯选集》第 1 卷，人民出版社 2012 年版，第 1 页。

[2] 《马克思恩格斯文集》第 1 卷，人民出版社 2009 年版，第 210 页。

类生活在大自然提供的现实环境中，地球的旋转、天体的运行、自然的循环都对人在意识中模拟世界的方式有直接的影响。时间观念来源于人类的实践，在文化创造的实践过程中，人类与之打交道的客观世界，包括自然、社会和生命的运动、发展和变化，都是具有连续性的过程。这种连续性、无间断性反映到人的意识中，就形成持续与间隔的时间观念。"凡有东西活着的地方，都摊开着记载时间的账簿。"① 时间与人的意识和文化具有内在的逻辑关联，时间观念一旦形成，就成为人类认识事物的基本形式，同时也构成人类文化环境的重要维度。空间观念同样源自人的实践，与时间观念相伴而生，是事物的关联性、结构性、有序性在人头脑中的反映，是人在文化创造过程中形成的认识世界、感知世界的基本形式。从文化哲学角度看，时间与空间不仅仅是物质的存在方式，它更是人的生命和文化的展开方式。时空观念的演变直接反映人类文化的历史变迁和人类自身生存与发展的现实境遇，文化时间和文化空间构成文化环境的基本维度，离开文化时间和文化空间，文化环境就无从谈起。

（一）文化时间：人的积极存在

人是文化的存在，文化是人的存在方式，人的存在的时间性直接表现为文化的时间性。作为个体的人，他的一生是划分为不同阶段的，作为人类的总体同样以阶段来划分。到目前为止，人类至少已有 300 万年历史，经历若干发展阶段。文化时间并不在人与文化之外，它就内蕴于人的文化存在方式之中，文化时间与人的生命存在即人的文化存在内在一致。在《1861—1863 年经济学手稿》中，马克思指出："时间实际上是人的积极存

---

① 〔法〕昂利·柏格森：《创造进化论》，时代文艺出版社 2013 年版，第 96 页。

在，它不仅是人的生命的尺度，而且是人的发展的空间。"① 在这里，马克思把时间、空间同人的存在、发展和自由等人生切要问题紧密地联系在一起，赋予时间和空间一种人学意义。在马克思看来，时间和空间与人的生命发展历程相一致，是人的生命存在的基本形式，时间与空间不是客观物质世界的自然规定，而是人类社会的历史文化规定。文化的时间性表现为文化的过程性、连续性、非间断性、变化性以及发展的方向性。

1. 文化是一个历史过程

文化是人有目的、有意识的活动，是人的自我创造活动。人通过文化创造活动，把整个自然界纳入人的活动体系中，变成属人世界，创造出人类社会，从而实现自然存在向人的存在的转变，体现人的生命活动和人类进步，实现人的存在价值，凸显人的创造本性。这样，人与自然的关系不再是一体的、直接的，而是通过人的创造性活动形成，并以"人化"和"物化"的形式表现出来的能动的、生成的、间接性的关系。事实上，自从有了人类，就有了文化，也就有了人类的历史。一部人类史，其实就是一部文化史。文化就是人类自我创造、自我发展、自我实现的历史过程，文化的时间性就来自于人的文化创造，也就是人的自我创造。"时间是创作，否则时间便是'全非'。"② 只有在自我创造中，人才能形成一种过程意识、时间意识和历史意识，没有人的创造及人对自然和自我的改造，世界就处于万物一体的混沌状态，也就无所谓历史。正因为世世代代的人们不断地进行着文化创造，才推动文化经过去、现在而走向未来，才能实现文化的可持续发展。

---

① 《马克思恩格斯全集》第 47 卷，人民出版社 1979 年版，第 532 页。
② ［法］昂利·柏格森：《创造进化论》，时代文艺出版社 2013 年版，第 369 页。

历史记录着人的文化生成与创造、发展与繁荣、传播与演进，是人之所以为人的文化确证。依此而言，历史是人的积极的存在，是人的自觉存在，是人的自我创造的过程。"一般说来，动物是使自己适应于周围世界，而人则是使周围世界适应于自己。动物行为所展示的多样性和发展是非常有限的，而人的历史则表明为是一个非常动态的历史，因而不断地创造出越来越能够加以控制的新形式。"① 历史作为过程是文化时间性的集中表现，从类生命与类意识的角度看，文化时间首先表现为人的历史，二者在某种程度上是一致的，都是人生命存在的积极表现。文化的历史性与时间性把人的过去、现在和未来统一起来，使人超越物理时空的限制，超越自身的不完全性和有限性，从而达到一种永恒和完美。"所有生物彼此相互关联，一切都遵从强烈的同一推动力。动物依存植物，人类跨在动物上。整个人类在时空上已形成一大军团，在我们每个人的前后左右疾驰。此一惊人的进攻击败了一切抵抗，克服了许多障碍，甚至也克服了死亡。"② 正是人的超越性和创造性，使人类的历史过程呈现出丰富多彩而又持续上升的特质，"文化是人的活动，它从不停止在历史或自然过程所给定的东西上，而是坚持寻求增进、变化和改革。人不是单纯地问事物是怎样的，而是问它应该是怎样的。以这种方式，他能够通过确立超出实际状况的规范，而突破自然过程中或历史过程中所产生的确定条件"③。

从时间角度审视文化，文化是作为一种历史过程的时间性存在，只有在不断的累积和创造中，文化才能发展、延续、创新和传播。"即使时间，最初也不是被看作人类生活的一个特殊形式，而是被看作有机生命的一个一般条件。有机生命只是就其在时间中逐渐形成而言才存在着。它不是一

---

① ［荷］冯·皮尔森：《文化战略》，中国社会科学出版社1992年版，第155页。
② ［法］昂利·柏格森：《创造进化论》，时代文艺出版社2013年版，第309页。
③ ［荷］冯·皮尔森：《文化战略》，中国社会科学出版社1992年版，第4页。

个物而是一个过程——一个永不停歇的持续的事件之流。"① 文化只有在时间中才能存在，时间性是文化的一个重要属性。从文化角度审视时间，时间就是人的历史和生活本身，时间与人的生活世界直接相通，只有在人的文化创造活动的实践中，时间才获得形式、内容和意义。"时间性来自人的创造性，在文化这个价值和意义世界中，时间和空间的巨坐标系不是静止不动的，不是单一规定的或绝对的，它们是构架在人类实践活动和文化创造活动中，构架在人类与文化的内在相互创造关系的和进化历程中的，形成了表征人类文化和历史进程的时空连续统一。"② 由此可见，时间根源于人的文化创造，文化性是时间的根本属性。

2. 文化是一种传统的存在

文化的传统性是文化时间性的重要表征。作为传统存在的文化，使每一个人类个体的文化创造都获得永恒的意义，它通过文化传承对传统文化和未来文化发生影响。文化的传统性使文化超越物理维度的时空限制，获得一种永恒的、神圣的价值。在文化哲学视野下，时间不是一维的、单向的、不可逆的、机械的绵延，而是多维的、非线性的、可重复的、累积的意义创造过程。

任何一种现实的文化，都是人们在长期历史发展过程中创造和累积而成的，文化在产生、发展、繁荣、衰落、复兴等历史演进过程中形成文化传统，文化传统构成文化的价值实质，是文化发生和演进的方式。简言之，文化是一种传统的存在。虽然文化的历史性与文化的传统存在是内在契合的，通常表现为历史与逻辑的统一，一种文化只有在历史中世代相

---

① [德] 恩斯特·卡西尔：《人论》，上海译文出版社 1985 年版，第 63 页。
② 李燕：《文化释义》，人民出版社 1996 年版，第 95 页。

传才能成为传统，但传统不等同于历史，传统的承继并非简单重复历史上遗留下来的文化，它同时是一种选择和创造。每一代人都在继承传统基础上开始自己的活动与发展，都对既定传统根据时代需要进行新的解释与理解，赋予传统以新的意义。这种新的解释和理解，既包含着对历史的否定与超越，也包含着对传统的发展与创新，"尽管传统作为整体可以看成是不言而喻地正确的，而且一旦需要，就可以得到证明，但具有批判眼光者会对传统精益求精，不断地试图改进传统。这种精益求精包括公开作出微小的重新阐述，澄清定义，分化或概括各种范畴性概念，解决明显的矛盾，恢复因批判分析而受损的信仰的统一"①。因此，传统的延传绝不是对历史的简单重复，而是对它的扬弃和综合创造。传统并不意味着把人们局限在历史的既定框架之中，而是为人们提供一个继续发展的范式和基础。

传统源于历史但高于历史，是对历史的超越和发展。传统是由诸多要素构成的一个有机系统，只有当一种文化具有较为完整的、独立自组织的发展过程，并且在其文化生命体中具有主导和显著地位时，才能被称为传统。传统是一个民族精神价值的凝聚，它在文化的长期发展演变中逐渐形成、发展和变异，传统是发生于过去、存在于现在、传递到未来的一个动态过程。传统是多变的，是对过去一切文化经历与文化创造的累积和总结，并随着现实环境的变化而具有不确定性的发展。相对历史而言，传统更具有动态性、有机性和复杂性。因此，对待传统我们要谨慎，因为传统就是文化本身，而文化又是人的存在方式，人如何对待传统直接反映人对待自身的态度和方式，在文化演进过程中，对待文化传统应以人的方式，根据变化的环境作出抉择，有的传统需要精心保存，有的传统需要鼎力拥护，有的传统需要尽量克服。正是基于这一点，在对文化传统深入研究和剖析

---

① ［美］E.希尔斯：《论传统》，上海人民出版社1991年版，第288页。

之后，希尔斯语重心长地指出："我们对待传统应该相当慎重，传统不应该仅仅被当作是障碍或不可避免的状况。抛弃传统应该看成是新事业的一种代价；保留传统则应算作是新事业的一种收益。"①那种蔑视、无视、忽视、否定传统的做法，无形中割裂和破坏了文化内在的时间性联系，是对文化根基的否定和动摇，必然导致文化的退化和衰落。"对待传统，可以有两种不同的文化态度。一种是将传统视为人的传统，视为人的生命表现和生命的存在形式，这是一种'人的态度'；另一种态度是将传统看作人的传统，在此，传统成为外在于人的规范，成为异在于人的生命之外的东西，这则是一种'物化态度'。'人的态度'成为主体与传统的纽带，使传统成为主体的确证对象；'物化态度'则导致人与传统的疏远，传统成了外在于人的简单物。显然，哲学对传统的解释只能立足于'人的态度'之上。"②

3. 民族时间：一个民族特有的意义空间

时间是人的发展的空间，民族不同、社会性质不同、时代不同，人们的时间观念也不相同，人的存在和发展的空间也不相同。前现代的社会，"特征在于它充满着各种各样的物质匮乏，让人手足难伸：由于技术不发达，也就意味着大多数的生活时光必须持续与大自然及物质匮乏的情况作战；正因为抗争时光占去了大多数人的一生，他们的文化经验也就相当狭窄，自求发展的可能性也就受到了限制；人们陷入迷魅魍魉的世界，执迷在教条或迷信的宗教信仰；市民及政治权利几乎不存在，专制权威是一切的规范"③。而在现代社会，人类的虚拟实践正制造着社会现实、文化现实，正全方位地改变着人类的存在方式，正创生着一个崭新的"世界图景"。伴

---

① [美] E. 希尔斯：《论传统》，上海人民出版社 1991 年版，第 440 页。
② 邹广文：《当代文化哲学》，人民出版社 2007 年版，第 240 页。
③ [英] 汤林森：《文化帝国主义》，上海人民出版社 1999 年版，第 268—269 页。

随着电脑、网络的进一步推广和普及，人的视野大大拓展，人的能动性、自由度大大提高，人类获得前所未有的发展空间，人的主体能动性进一步提升。许多千百年来人类的梦想正变成活生生的文化现实，虚拟实践不断打破各种自然和人为的限制。"信息社会""网络空间""虚拟世界"已不仅仅是现实社会的延伸和补充，不可否认，虚拟生活已成为独立于现实社会的一种新的文化存在，虚拟文化已从边缘走向中心，正部分地取代现实社会生活的功能，而且现实社会生活也在很大程度上越来越依赖于虚拟空间。

民族时间是一个民族特有的意义空间。中国人的时间是和中华文化内在一致的，生肖计岁，把人的年龄与十二种动物联系起来，每十二年一个周期，反映着中国人的周期性、循环性的时间观念，有别于西方的线性时间观念。中国人年龄的增长与其文化生成同步，孔子说："吾十有五，而志于学。三十而立，四十而不惑，五十而知天命，六十而耳顺，七十而从心所欲，不逾矩。"[1] 随着年龄的增长，人的阅历会随之丰富，看问题的视界和方式也就不同，从而形成丰富多彩的人生境界。因此中国人认为人的年龄越大，越有智慧，越有文化，当然也应越受尊敬。在中国由于人们持一种圆式的时间理念，不会出现西方线式时间理念下人们对死亡来临的痛苦，因为在线式思维下，出生即是死亡的开始，生命会越来越接近死亡，这样就带来无尽的痛苦，不得不求救于上帝，而中国人认为随着时间的循环，人们的生命会越来越丰富，人会变得更加智慧，人生变得更有意义，所以中国人产生的是祖先崇拜，是对年长者的尊敬，人们往往解决的是眼前的现实问题，而不是涉及终极关怀的问题。

民族节日是民族时间的一个重要形式。节日因其蕴涵着一定的习俗而具有深刻的文化内涵，因与人的文化生活密切相连，而具有丰富的人学意

---

① 王仁明：《四书五经》，远方出版社 2004 年版，第 40 页。

蕴。一般而言，节日是与文化习惯、文化习俗以及人的健康和幸福生活联系在一起的，它是基于人的文化需要和利益而形成的一种民族特有的文化时间。自然时间以自然的方式对时间的流逝进行刻度，节日则以文化的方式划分和量度时间。作为文化时间及其度量尺度，节日反映和形成民族生活的基本节奏。民族往往依据节日去设计和规划生活，调节文化生活的节奏，调适文化个体的身心。共度节日是文化认同的表现，也就是对文化同一性的认可。因而，文化个体对某一重大节日的认同，意味着其接受这个节日的度量标准和由这个节日划分的生活节奏。其实，任何一个民族或群体对时间的感知总是基于文化的逻辑和脉络的，在全球化的今天，作为自觉的文化主体，无论是文化个体还是文化共同体，都应该重视时间背后的文化含义，以及时间与文化之间内在联系的文化寓意。

当今时代，各文化共同体时间的确定，多半放弃或改变以往文化传统的时间认定，而主要参照穿过英国格林尼治天文台的本初子午线，计算出其所在位置的经度，由此约定各自的标准时间。从表面上看，这是一个时间的标准化、全球化过程，但如果从文化哲学的角度审视，这无疑也是文化帝国主义扩张的一种表现。唯物史观告诉我们，社会存在决定社会意识，社会意识又反作用于社会存在，生产方式的现代化变革，必然对传统文化造成影响和冲击，改变人们的文化观念，而文化观念的改变又导致文化的程序和取向的改变，进而使人们的行为和认识与传统文化发生某种程度的疏离，这是不以人的意志为转移的，但人是自觉意识的存在，能够对自己的思想和行为进行反思，从而达到对自身的控制和管理。我们必须正视和推动全球化，但绝不能在全球化的过程中迷失自己。因此，在由民族历史走向世界历史的过程中，任何民族都必须加快文化创造，推动社会的发展，促进文化自觉的生成。尤其是发展中国家绝不能消极地等待文化进化，而应该积极地去净化文化、催化文化、优化文化，帮助人们树立文化自信心，增强文化自觉保护意识，提升文化自主创新能力，从而实现人及其文化的现代化。

（二）文化空间：人的现实世界

人是自然的存在，更是文化的存在，人不仅生活在现存的自然世界中，而且更生活在现实的文化世界中，因而人不断地将现存的自然世界变成现实的文化世界。自然的物理空间构成人的现实存在的前提，属人的文化空间才是人的存在的现实，只有以人的发展标准和尺度来重新安排周围世界，"使现存的世界革命化"，把人的世界和人的关系还给人自己，建构一个真正的属人的文化空间，才能使人日益生活在人的现实世界中。

1. 文化空间：人的世界的一种基本存在形式

文化哲学视野下的空间，不是物理空间、自然空间，而是文化空间。"人创造了一个新的空间，文化的空间。不过，人与其文化空间的关系是一种人与其环境共同参与相互塑造的一种关系。文化是人的媒介，在人类生活中已没有哪个方面没有被文化触及、被文化改观的了。"[1] 文化空间是人的世界的空间维度，是从空间角度考察的人的世界，是人的世界的一种基本的存在形式。进一步说，文化空间是人及其文化赖以生存和发展的场所，是文化的空间性和空间的文化性的统一。文化空间是与文化时间相对称的，"文化空间必须通过文化时间得以纵向的延续和发展，文化时间必须通过文化空间得以横向的展开和延伸"[2]。文化空间和文化时间作为人的

---

[1]　［美］洛雷塔·A.马兰德罗、拉里·巴克：《非语言交流》，北京语言学院出版社1991年版，第322页。

[2]　邹广文：《当代文化哲学》，人民出版社2007年版，第146页。

世界的基本存在形式，二者的耦合共同构成文化时空环境。

文化创造是人猿揖别的标志。文化的产生，构成了一个属人的意义世界，逐渐把人从自然界中提升出来；文化的发展，丰富着人的世界的形式和内容，逐步完成了人的生成。文化塑造着人的意志、情感、兴趣、爱好、世界观、人生观、价值观、生活方式、生产方式、思维方式，人的方方面面无不是文化赋予的，同时文化世界包括的物质文化、制度文化、精神文化，又都是由人创造的，文化世界的一点一滴都是人类智慧的结晶。"'人学的世界'是由人类自己所创造的文化世界，它有着最丰富的内涵和广阔的疆域。但它不是观念和知识的堆积物，而是意义和价值的世界。它首先是人类自我创造的心路历程的展示，是人类在对社会和自身双向性创造中生存和发展的依据，是人类精神形成、发展的历史见证。同时，它作为文化层岩而积淀于现代人的性格和心理之中，……人们必须了解自己存在的真相，树立理想目标，确立生活的意义和价值，才能创新和完善自己。"[1] 文化世界是人的实践过程及其结果的一种确证，它蕴含着人的理想、信念、价值以及一切美好的意愿，表达着人的实践创造的生动性和丰富性。在解释学大师伽达默尔看来，文化世界乃是"人最内在地理解的、最深层地共有的，由我们所有人分享的信念、价值、习俗，是构成我们生活体系的一切概念细节之总和"。[2]

2. 文化空间的人文意义

文化空间与物理空间、自然空间不同，文化空间是一种意义空间。文化空间内蕴着丰富的关系，家不仅是一套公寓或房子，校园不只是教学设

---

① ［英］莱士列·斯蒂文森：《人学的世界》中译本序，中国人民大学出版社1992年版，第3—4页。

② 贺来：《边界意识与人的解放》，上海人民出版社2007年版，第249页。

施，企业也不只是几台机器和厂房，而是一个生成、创造和获得价值与意义的领域，是人们情感发生、寄予和表达的场所，在其中人们可以经历并感受到最有意义的文化生活和文化体验。"建筑物不再被看作是一个自在的目的，像实体主义倾向所认为的那样，而是被视为意在表现人的生活和工作的'一种空间结构'。建筑物和城镇房屋显示了人的世界、人类生活的整个活动场所的意义，并且在这种功能的范围里实现它们的恰当作用。"① 因此，一种文化空间的丧失，也是一种意义的丧失。在现代化进程中，文化空间被大幅度破坏，原有的人与环境的有机联系被切断，由于缺少过渡和整合的空间，导致许多人出现严重的心理和精神问题。目前，中国城市中的自杀率越来越高，而人们不约而同地选择跳楼，这是中国现代化发展中的一个很突出的反文化现象，追本溯源，这固然与现代社会的生活压力大，人们变得非常脆弱，经不起压力和打击，丧失对自己和社会的信心，有很大的关系，但一个很重要的因素是，传统文化向现代文化转型过程中，人们的生活方式转变过快，生活的文化空间的改变，使人们和自然、社会的有机联系割断，对高楼大厦这种异己的文化客体有着无意识的文化排斥、厌恶，对于新的文化空间下的单面的、紧张的人际关系有一种强烈的陌生感，最后走向精神崩溃的边缘，用死亡这一"在者的最后能在"向社会传达对异己的文化空间的不满。

文化空间作为人的活动的广延性，规定着人生存和发展的阈限。就群体或社会的文化环境而言，一个社会文化空间的大小，文化空间内人们权利分配与制衡是否合理，直接决定这个社会下人的思维方式、行为方式、价值取向，进而决定这个文化中人的自由程度。私人的文化空间与公共的文化空间，二者是相互制衡的关系，不同时期应具体对待。一般来说，文

---

① ［荷］冯·皮尔森：《文化战略》，中国社会科学出版社 1992 年版，第 92 页。

化空间越大，人们的文化活动范围越广、文化的形式越多、文化内容越丰富，人们的生活维度也就越多，越有利于开发人的潜能，促进人的自由全面发展，增强人的幸福指数，转移、缓解甚至消除人的社会压力。与此相反，一个社会的文化空间越小，人们的文化活动范围越窄、文化的形式越少、文化内容越贫乏，文化权利分配也很难合理，往往导致人们的价值取向单向化、平面化、功利化，也就不利于文化从传统向现代的转型。

从某种意义上说，文化空间决定人和文化的命运。文化空间包括器物层面的文化空间、心理精神层面的文化空间和制度层面的文化空间等多个维度。作为具体的文化空间，对人们的心理状态的影响是实在的、深刻的。一定文化空间的变化，必然影响到人和文化的存在状态，随之而来的很可能是人们风俗习惯、价值取向、生活理念等的改变。特别值得强调的是，许多文化空间是在历史中积存下来的，它们凝结着人们生活的智慧和力量，其中包括很多复杂、精致、实用的空间，它们快速地、大面积地、大规模地消失，不仅是对古人文化创造的不尊重，同时也伤害了生活在那里的居民的感情，更严重的是造成人们对文化空间记忆的消失，使共同体失去了它的本体，丧失了文化的积淀，虽然文化空间的消失并不一定导致文化的彻底消失，但是空间的消失通常便是文化消失的过程。[①] 作为根基的文化空间的改变和消失，必然影响人及其文化的命运。现代社会生活中的空间随时都在改变、消失，尤其是文化空间的改变直接影响着人的生存状态、生活质量和生活意义。伴随着现代化和全球化的进程，人的生活节奏加快，文化的空间也发生巨变，城市化和快节奏的生活以及繁重的生活压力，这种单向度的文化空间把人与人之间的关系割断、把人与自然之间的关系割断、把人与自身之间的关系割断。人与人之间变得越来越陌生，

---

① 参见沈克宁：《消失的空间》，《建筑师》2003 年第 12 期。

人离自然越来越远，对自己越来越不了解，对于我是谁、我从哪里来、要到哪里去、人生的意义是什么，全然不知。人变得越来越盲目、不知所措，人的包容性越来越小、越来越自私，人变成自己对象物的奴隶，成为房奴、财奴、网奴、车奴。物质生活水平的提高，并没有提高人的幸福指数，反而使人越来越压抑、郁闷、无奈、无助，人成了孤立无援的单子，生活变成了一个平面，人越来越异化。

3. 文化空间的特性

文化空间具有动态性。文化空间和文化时间联系密切，这决定文化空间随文化时间迁移的动态性。文化空间是人和文化存在的重要场所，随着社会历史的变迁，文化空间也在发生着巨大变化，历史上大量的文化空间已经消失，成为过去，阿房宫被一把大火毁灭，圆明园只剩下废墟，唐朝时的繁荣景象，只能在史籍、文献、古迹、文物中去揣摩，古罗马的庞贝城、南美的玛雅古城、爱琴海岸的亚特兰底斯城、楼兰古城，无不让人扼腕。在中国，过去那种"三亩地，一头牛，老婆孩子热炕头"的男耕女织的文化模式、文化场景，已经消失，"大帮轰"的热闹的文化场面，也已经不见，留给我们的是忙忙碌碌的人群，高楼大厦林立的现代化都市。由此可见，文化空间不是一成不变的，随着文化时间的绵延，文化空间不断地变化。基于此，文化空间的分析，离不开文化时间的维度，一定文化空间的形成当然依赖于当下的文化创造，但它同样需要从文化时间中获得支持，"如果各国想要促进人的全面发展，他们就必须清楚他们过去是谁，现在如何，最后变成什么样子，并在此基础之上设计他们的未来。每一个民族都有它的根，它的物质和精神上的渊源可以一直追溯到历史蒙昧时期，每一个社会都要尊重它的传统。一个民族必须了解自己的价值系统、信仰和其他文化元素，这些文化元素对于各民族成员认识自己、彼此相互交流至关重要。所谓交流不仅是指日常生活,更是指关乎民族生存发展大计的商讨。我们希望,当每个民族的成员在深入了解本民族的历史和文化传统之后,他们会发现,那里分明留有普遍人性的痕迹"①。

文化空间具有不可逆性。大规模的城市空间的变化和消失必然导致文化的变迁。可以说,现代化城市建设的过程,也是传统文化毁灭的过程,北京城作为历朝历代的政治经济文化中心,其中的文明古迹数不胜数,这些都是中华文化的瑰宝,更是古人智慧的结晶和见证,当然也是开启后人智慧的钥匙,但现在破坏非常严重,"文化大革命"期间在红卫兵小将封、堵、拆、焚、砸、抢的破坏行为中,一些已经被破坏殆尽,现在为了发展经济、拓展城市空间,又开始新的破坏,由于文化空间具有不可逆性,一旦破坏便是毁灭性的,因此需要人们放弃眼前利益,把目光投向未来,与此同时要不断提高文化保护方面的知识,提高人们的素质。有时不当的保护也是一种破坏,山东曲阜的"三孔"是世界文化遗产和受国家一级保护的文化空间,当地政府为了开发旅游资源,扩大经济效益,对"三孔"进行大规模的维修、粉刷,结果事与愿违,造成这些古建筑的严重破坏。文化空间的保护与人的素质、意识、知识水平即文化是分不开的,只有提高人的文化水平,才能使这些文化遗产得到真正保护,才能给子孙后代留下一点文化的记忆。

文化空间具有时代性。任何文化空间都是具体的,都与一定的时代、社会和民族相联系。时代不同、社会性质不同、民族不同,人们的时间观念存在差异,人的存在和发展的空间也不相同。从男耕女织的生活模式到各民族的原始闭关自守状态,可以窥见农业社会束缚下古代文化空间的特质;从城乡对立的二元结构乃至东方从属于西方的历史进程中,

---

① 联合国教科文组织:《文化多样性与人类全面发展》,广东人民出版社 2006 年版,第 34 页。

能够看出工业革命支配下文化空间的现代性；从电脑、网络的虚拟文化空间以及文化全球化的趋势中，不难发现信息技术推动下文化空间的当代性。文化空间总是打上属于它的那个时代的特色，因此一个活的文化空间，一个健康的、合理的、有机的文化空间，绝不只是一维的存在模式，也绝不仅仅是属于当代人的，而是一个多维度、多层次的存在，其中既有古代的创造，又有现当代的拓展，更有属于后代的发挥余地。人们从这样的文化空间中，能够解读出这个民族的过去、现在和未来，能够感觉到文化的变迁、发展和传承。只有这样的文化空间才能够反映这个民族在不同历史时期的文化创造，生活在其中的人们就不会感到孤寂、空虚，因为他们不仅仅和当代人交流，更是和先人、传统进行交流，他们就不会那么孤傲、狂妄，因为从过去的文化空间中，更能直觉出古人的智慧、理念和价值，同样他们也不会感到绝望，因为这种发展不是"空前绝后"的发展，而是"后继有人"的可持续发展。

文化空间具有意识形态性。文化空间并不是简单的空间存在形式，而是一种意义的象征。道观、寺院、庙宇，不仅仅是一些古建筑，它还向人们传达一种文化理念、价值取向、审美旨趣。大街小巷的肯德基、麦当劳，不仅仅是简单的连锁店，更向人们输出一种生活方式、一种价值观；天安门广场、人民英雄纪念碑、人民大会堂，也不仅仅是人民集会的场所，而且还象征着人民当家做主的地位和尊严。文化空间作为人的一种对象性存在，在文化向人而化的非对象化过程中，扮演着极其重要的角色，文化空间的断裂、消失，同样意味着一种文化的毁灭。就此意义而言，要想保护中国传统文化，实现中华文化的伟大复兴，除了在文化时间上采取措施，诸如传统节日放假等，还要在文化空间方面下功夫，那就是要把老祖宗留给我们的文物古迹保存下来，因为这些作为客体形式的文化遗存，直接与民族文化的生存根基相连。同时，在社会主义现代化建设过程中，要创造表征时代特色、反映中国气派而又符合世界潮流的文化空间样式，但决不能盲目地追求现代化的高楼大厦，因为任何创造只有立足于文化创造的根基，才能成为人们欣然接受的生命的一部分。

三、文化环境的效应：文化环境的功能论探析

文化环境是一种效应环境，它不是僵化的、枯死的，而是变化的、鲜活的，和人发生互动作用的效应场。"文化是包括一套工具及一套风俗——人体的或心灵的习惯，它们都是直接地或间接地满足人类的需要。一切文化要素，若是我们的看法是对的，一定都是在活动着，发生作用，而且是有效的。"① 文化环境的效应是对人的效应，因为任何文化创造、文化抉择乃至文化优化，无不围绕人的存在和发展而展开，无不以人的解放、自由、幸福和价值实现为最终目标。文化环境与人类的前途、民族的命运、社会的发展、国家的利益、个人的幸福息息相关，是与人类存在和发展的方方面面都密切相连的社会历史现象，因此，关注文化环境，也就是关注人自身。文化环境的效应具有二重性：

（一）文化环境的积极效应

文化环境是人赖以存在和发展的根基，对人的生存与发展极为重要。文化一旦形成就成为一种具有客观力量的模式和生存环境，文化环境"将

---

① ［英］马凌诺夫斯基：《文化论》，华夏出版社 2002 年版，第 15 页。

动物的人变成创造的人、组织的人、思想的人、说话的人及计划的人"①。
如前所述，每一个文化个体都是被"抛入"到文化世界中来的，其生长和
发展都以文化环境的存在为前提和依托，以被迫接受文化环境的熏陶、塑
造为起点，通过与文化环境间的相互作用，生成中的文化个体逐渐理解、
适应、掌握、驾驭、超越文化环境，最终完成从自然人向文化人的转化和
生成。

　　文化环境对于人的生成具有重要的人文意义。文化是人类社会遗传的
一种独特形式，它借助非生物性手段传播。"文化的一切方面，其物质的、
社会的和意识形态的方面。可以经由社会机制，从一个人到另一个人，从
一个世代到另一个世代，从一个民族到另一个民族，以及从一个地区到另
一个地区进行传播。"② 文化通过语言文字以及其他物质载体，把个人意识
变成普遍的社会意识，使主观精神变成客观精神，从而形成一种人类自我
创造而又生活其中的社会文化环境。从古至今，人类世界的每一文化个体
无不生活在某一特定的社会文化环境中，接受文化的培育、教化和熏陶，
所谓人的社会化的过程，就是由自然人、生物人向文化人、社会人的转化
过程。文化环境的教化来源于日常的文化生活，它不仅仅指狭隘的正规教
育，而主要指家庭环境、民族习惯、社会风气等对人的塑造和熏陶，通过
耳濡目染的过程，人逐渐形成特有的思维模式、价值观念和行为规则，人
类社会日益变成某种占主导地位的文化体系的社会。正是通过文化环境对
人的教化，人类文化的发展才能以加速度的方式远离自己的初始状态。

　　文化环境是人发展的空间和场所。"人创造了文化，文化帮助人完成
了自己本质的实现，在这个过程中人一刻也没离开过文化。人类从作为猿

①　庄锡昌等：《多维视野中的文化理论》，浙江人民出版社1987年版，第107页。
②　[美] L. A. 怀特：《文化的科学》，山东人民出版社1988年版，第350—351页。

群赤手空拳地生活在地球上到创造出第一根木棍、第一个石器文化，经过了一两千万年的进化，他们是怎样在饥寒交迫中忍受过来的，我们无法想象。但是，自从人类创造了文化之后，就为自己从自然界通向人类社会架起了一座文化桥梁。"① 人在文化环境中存在，人的成长在一定的文化环境中进行。文化环境构成对人类的一种保护，借助于文化环境，人的本质得以确立。只有在文化环境中人才能成长为人，一旦脱离文化环境，人就丧失发展的根基和土壤，也就失去人性生成和提升的社会条件，从而必然扼杀人之为人的可能性。由此可见，人的发展离不开一定的文化环境。

文化环境有助于人格的塑造和养成。影响和制约人格形成的因素十分复杂，但对于文化人来说，文化环境对人格的塑造和养成具有决定性的作用，"文化的存在乃是某特定时期个人心中文化精神的外化及实践的总和，也就是说文化依靠着个人而存在。脱离了人类生活环境的人谈不上人格，人格是非自然的、非遗传的，它只能在后天习得，但又不纯粹是外在文化的机械复制"②。文化人类学家认为文化环境与人格相互影响：一方面，文化环境是人格的放大，是人格的外化和投射；另一方面，文化环境通过濡化影响和塑造着人格。当然，个人先天特质以及自我内省活动对文化的选择、解释和创造，也是人格形成的重要力量，正如基辛所言："即使因纽特人的行为真是由其文化所塑造出来的，也是经由个人心灵，并在其心灵中塑造而成的。个人主动的角色仍然不可忽视。"③ 但毫无疑问，文化环境对人格的形成具有先在的作用，是任何人无法逾越的，"人格是每个带有特殊遗传特征的个人所经历的濡化的产物"④。文化环境对人进行价值观

---

① 司马云杰：《文化价值论》，陕西人民出版社 2003 年版，第 53 页。

② 杨善民：《文化哲学》，山东大学出版社 2002 年版，第 136 页。

③ ［美］罗杰·M. 基辛：《当代文化人类学概要》，浙江人民出版社 1986 年版，第 87—88 页。

④ ［美］威廉·A. 哈维兰：《当代人类学》，上海人民出版社 1987 年版，第 300 页。

念、社会角色意识、个人社会生活技能等方面的教化，提供着人们关于对错、善恶、美丑、真假、是非、好坏等的判断标准，使人们认识到在特定的社会位置上所应享有的权利和所应尽的义务，把以往人类社会中总结和积淀的经验知识和技能传承下去，从而把文化的精华凝结成个个相似而又极为不同的个体人格，实现人的社会化。

文化环境为人的发展提供价值指向。任何文化环境都是以某种占主导地位的价值体系为导向，黄克剑教授指出："大凡一种文化模态的成型，固然须有一定的生产力状况作前提，也须有相应的社会政治秩序提供客观化定在，但它却终在于一种价值或意义认同系统向着民族心理的内化。价值或意义系统的内化一经完成，便具有相当大的稳定性或惯性，并且它作为一种文化形态的神经，始终控摄或制约着社会政治秩序和生产力的变迁。"① 文化核心价值体系的确立，使整个社会形成统一的价值指向和归宿，通过社会共同理想的制约，规约人的发展的路径和方向，为人的发展提供精神动力和智力支持。

（二）文化环境的消极效应

然而，正如任何事物都有两面性一样，文化环境又可以成为制约人及社会进步的强大力量，这主要表现在以下几个方面：

文化环境中落后保守方面往往扼杀人的创造力。人的文化创造性是人高于环境的地方，正因为人有创造性，才保证人能不断地改变环境、创造历史，从而推动文化和社会的进步。文化创造是一种自由创造，而不是一种先验的定在，因而我们应该把文化理解为自由创造的过程，而不能把文

---

① 黄克剑：《东方文化——两难中的抉择》，江西人民出版社 1992 年版，第 11 页。

化的无限可能性变成有限的先验规定，那样就会束缚文化的创造力。但这并不是说人的创造力不受限制。其实，人的创造性的发挥自始至终受到来自环境尤其是文化环境的制约。在谈及文化境遇对人的影响时，兰德曼指出，在某种文化的开始阶段，由于受守旧势力的限制，很难找到充分的创造时机和创造活动，但在文化的成熟阶段，由于创造的材料过多，也会引起创造力的降低，在文化的中期，个体创造力有最大的自由度。转变时期是最有利的时期，因为旧的社会秩序崩塌，新的生活轨道尚未铺设，个体获得反传统的余地和创造新传统的空间。① 因此，要针对不同的文化阶段，实施不同的文化策略，减轻文化环境中消极因素对人的文化创造力的影响。

恶劣的文化环境是病态人格的温床。优质文化环境有利于良好、健康、高尚人格的塑造和养成，但落后保守的、甚至是反动的文化环境或者是文化环境中某些腐朽的方面，以及文化环境的失调，往往制约人们的日常思想和行为，给人的进步和发展带来障碍，造成人格发展的内在不协调，从而容易形成病态人格。虽然人格发展的内在不协调状况或病态人格的产生有遗传和病理、生理方面的因素，但某种片面的、特殊的社会文化环境潜移默化的影响，却是关键性因素。恶劣的社会文化环境是造成病态人格的温床。"文化大革命"时期恶劣的文化环境，造就各种各样畸形的、变态的和扭曲的人格，而时至今日，伴随越来越高的犯罪率、自杀率、离婚率等社会及家庭的不良现象的迸发，形形色色的病态人格在各国日益多见，就是明证。

文化环境扼杀人的本质的丰富性，阻止人的潜能的全面实现。人的本质具有无限的丰富性，但文化环境作为一种客观性的力量，往往规定人的

---

① 参见［德］米切尔·兰德曼：《哲学人类学》，贵州人民出版社 2006 年版，第 220 页。

价值选择的范围、方向，使人的潜能的实现受到限制。因为某种文化模式、文化规范一经形成，对人便具有客观强制性，这种客观强制性在确证文化主体的本质力量的同时，又造成对人的束缚和限制。在人类个体没能达到文化自觉以及人类文化整体水平较低的情况下，人类本质的各种丰富性潜能被规定于某种既定的文化形式中，这种非自主的价值选择构成对人的丰富本质的否定，导致对人的创造性的剥夺。

文化环境异化为文化困境，从而阻碍人的发展。就整个社会文化环境而言，任何社会和文化都是人类依据自身的生存目的和需要而创造的。但是，当文化累积到一定程度而趋至稳定乃至僵化时，当文化愈来愈模式化时，尤其是文化成为一部分阶级、阶层和社会集团维护其自身利益的手段时，文化就不再是人自由发展的因素，而是控制和压抑人的异己力量。"从事非生产性的、无益的、甚至对社会有害的各种活动是文化衰落的特征。官方科学研究对谁也不需要的问题，艺术宣传虚伪的臆造的理想，道德方面灌输假仁假义和虚伪，人们的相互关系建立在与人的天性和利益相乖离的不正常的原则基础之上。总而言之，人成了他们制定的限制、禁忌、规则和礼仪的奴隶。……异化排挤了素质和天赋，程序和形式成为比本质更重要的东西。"[①] 特别是在私有制的社会文化环境下，人的物欲愈来愈发展为人的奴役形式，从而扭曲人的自我存在，文化愈来愈成为人无法控制的力量，人在文化面前也愈来愈感到迷惘而不知所措。这样，文化环境异化为文化困境，文化缺位导致人学空场，文化非人化，自我变成非我，自我价值意识彻底淹没在社会文化存在的汪洋大海之中。人创造的服务于人的文化，反而成为奴役、束缚、压制人的异己力量，而人则在这种社会文化环境中不能自拔，丧失存在的价值和意义。

---

① ［苏］尼·瓦·贡恰连科：《精神文化进步的源泉和动力》，求实出版社1988年版，第227页。

文化环境有时甚至剥夺人的生命。在人类文化史上，伽利略和布鲁诺因追求真理而受到迫害，商鞅和谭嗣同为变法救世而被处死，岳飞和文天祥由于精忠报国而遇难……这样的例子在古今中外的历史上不胜枚举。此外，文化环境对人的生命的剥夺还包括那些拒绝接受文化塑造的自杀行为。"应该承认，自杀是主体的一种喜剧行为，因为它保持了主体自身人格的高尚和纯洁；但它却是文化的悲剧，因为它充分暴露了文化的残酷、荒谬和非目的性。自杀作为主体的喜剧值得同情，但却不值得赞扬。因为自杀不符合自杀的目的、主体的目的，自杀保持了自身的高尚却同时又使高尚变得毫无意义，一切文化的目的都应该是维持和发展主体的生命，失却了生命的文化是毫无价值的。自杀的惟一真正的意义是在于促进悲剧性文化的崩溃——以反文化的行为取得文化的进步。"① 恶劣的文化环境不但不给人带来安全和幸福，反而给人带来危机，是对人的文化创造的解构和人的生命的扼杀，马克思援引法国人珀歇这样一句话："一个人生活在千百万人之中竟感到极端孤独，一个人竟能被不可动摇的自杀念头所征服而无人察觉，像这样的社会实际上是个什么东西呢？这种社会不是个社会，正如卢梭所说，它是野兽栖身的荒漠。"②

正因为文化环境对人具有双重效应，努力创造一个良好的、进步的文化环境，对人的健康发展至关重要，而人的进步、发展、提高又可以创造更好的文化环境，从而实现人与文化环境的良性循环。因此，需要通过各种创造性实践不断地改变、更新、优化文化环境，充分发挥文化环境的积极效应，遏制、转移甚至消除其消极效应，使人更好地存在与发展。

① 杨善民：《文化哲学》，山东大学出版社 2002 年版，第 141 页。
② 《马克思恩格斯全集》第 42 卷，人民出版社 1979 年版，第 305 页。

四、文化环境优化的内在逻辑：人与环境相互作用的优化

如前所述，在人与文化环境的关系中，人是文化环境的主体，具有最大限度的创造性、能动性，在文化环境面前，人通过文化认识和文化创造活动，不断对文化环境进行创造和优化，对人自身进行反思和提升，对人与文化环境的关系进行调节和控制，充分表现出人的主体性。文化环境是文化的现实存在，是人直接面对的文化境遇，对人的存在和发展具有规范性和制约性，它既是人现存生存状态的反映和综合素质的整体展示，又是人进一步发展的逻辑起点，文化环境与人的前途和命运内在一致。人的主体性的特质以及文化环境与人的效应性关系，为文化环境优化准备了主体能动性的前提和客观依据，作为主体存在的人必须担负文化环境优化的使命，通过优化文化环境，去除文化环境中背离人的因素，通过人的自我反思、自我革命提升主体的素质、人格和境界，通过建立人与文化环境之间良性互动关系，从而优化人生、优化社会，使人过上幸福生活，使文化环境发挥最大效应，为人的发展提供物质和精神的支持。

（一）优质文化环境的建构

人从未满足于现实的状态，不断地对自身提出更高的要求和理想，从而向更好、更优、最好、最优的目标努力，这是人的主体性在价值效益取向上的表征。但人的效益的最大化，离不开优质文化环境的形成和确立，正如马修·阿德诺所言："能否提炼出最优秀的自我，能否让理想人性的内在力量占绝对优势，在很大程度上取决于周遭的环境是否适宜，是否有

助于引发其成长和发展。……在这样的时刻，看看周围形势总的是否有助于引发最优秀的自我，假如形势不适宜又是何以至此，并想出最为有效的办法来进行补救，这些问题就变得极其重要了。"① 由此可见，通过对文化环境的改造、调节、设计等优化行动，建构优质文化环境，对于人的存在和发展十分必要。

1. 文化环境的优与劣

文化环境具有优劣之分，人的文化主体性和文化环境对人的效应性，决定人对文化环境的价值评价。当文化环境对人主要起到积极效应，为人的存在和发展提供有利条件时，这种文化环境就是优质的文化环境；反之，当文化环境对人主要起到消极效应，破坏人的存在和发展时，这种文化环境就是劣质的文化环境。文化环境的优劣是相对的，随着时间的推移，好的文化环境如果不注重维护，会逐渐变得不适合人的生存和发展；坏的文化环境如果经过改造和重新设计，也会成为人的存在和发展的有利条件。

文化环境的优劣对人的影响是不同的。文化是人的生存和发展的方式，人的任何文化活动，从最终的目标指向上看，都是以人为本的，"透过文化，我们可以看到人的存在和映像，文化环境与人是具有同一性的，人们与文化环境的千回百转，却殊途同归于一个方向和目的：创造人，促使人生存发展，获得幸福和自由"②。因此，优质文化环境是与人的价值效益取向相契合的，"良好的环境作为人的活动对象性的产物，它反映着真正主体的本质力量，也是对人类生存的保障"③。而劣质的文化环境与人的

---

① ［英］马修·阿德诺：《文化与无政府状态》，三联书店 2002 年版，第84—85 页。
② 李燕：《文化释义》，人民出版社 1996 年版，第 123 页。
③ ［英］莱士列·斯蒂文森：《人学的世界》中译本序，中国人民大学出版社 1992 年版，第6页。

需要和利益是相悖的，它反映着文化环境对人的规范与制约作用以及人对文化环境的失控，是对人的文化存在的解构，不利于人的发展。

就个人而言，文化环境是由文化生成的人之存在与发展的境遇和氛围，作为一种效应环境，文化环境的优劣直接决定人生存和发展的状态，影响人类生活的质量和水平。恶劣的文化环境会压抑和束缚人的个性，导致人的心理的不平衡，使人丧失对生活的兴趣。而优质的环境会使人感到非常幸福、充实、快乐、健康、自由和充满活力，它是一个天人合一的"人间乐园"，在其中人们得以经历人生中痛苦、快乐、幸福和不幸的最有意义的经验。从整个社会角度看，优质的文化环境能最大限度地挖掘主体的文化创造力，为最广范围的文化主体提供最好的物质、制度和精神条件，使整个社会处于积极向上、充满活力的状态，"当一个国家出现全民性的生命和思想的闪光时，当整个社会充分浸润在思想之中，具有感受美的能力，聪明智慧，富有活力——这便是人类最幸运的时刻，是一个民族生命中的标志性时代，是文学艺术繁荣发达、天才的创造力流光溢彩的时代。"[①] 劣质的文化环境往往扼杀人的文化创造力，把少数人的利益凌驾于集体利益之上，为极少部分人的利益服务，使整个社会处于压抑和恐怖之中。在中国古代历史上，就有"周厉王杀人止谤"的史实。据记载，当时出现"国人莫敢言，道路以目"的荒唐局面，在这种恶劣的社会文化环境中，人们说话的权利都被剥夺，不可能有任何真正意义上的文化创造。

总之，恶劣的文化环境破坏人的文化创造，不利于人的自由和全面发展，消解文化的价值和意义，破坏文化关系，颠覆价值体系，扼杀人的创造力，阻碍社会的进步和发展。优质文化环境对人具有十分重要的意义，幸福生活是人类永恒追求的目标，正如亚里士多德所说："城邦的长成出

---

① ［英］马修·阿德诺：《文化与无政府状态》，三联书店 2002 年版，第 31 页。

于人类'生活'的发展，而其实际的存在却是为了'优良的生活'。"① 而优质的文化环境是良好生活的重要方面，人类的良好生活需要营造良好的氛围，需要优质文化环境的滋养。

2. 优质文化环境的标志

优质文化环境有以下几个标志：

第一，物质财富的丰富。物质文明是优质文化环境的最基本的标志，一个社会的文化环境的好与坏、优与劣，首先要看这个国家人的物质生活水平，生产力发展水平和生产关系的状况，"个人怎样表现自己的生命，他们自己就是怎样。因此，他们是什么样的，这同他们的生产是一致的——既和他们生产什么一致，又和他们怎样生产一致。因而，个人是什么样的，这取决于他们进行生产的物质条件"②。一种社会制度、社会形态、一个民族国家、地区、企业、社区和家庭，对其文化环境的评价，首先要看其生产力的发展水平和人们物质生活水平，只有社会的物质财富丰富，人们的物质生活富足，才能保证社会秩序的安定有序，满足人的生存和发展的需要，从而为进一步提升其精神文化水平奠定物质基础。正所谓"仓廪实而知礼节，衣食足而知荣辱"，物质文明是优质文化环境的必要条件。

第二，社会制度的合理。社会制度的合理与否，表征着人类社会的文明程度，合理的社会制度，意味着社会的公平、公正、正义，这种合理的社会制度，既是人们以往改造社会关系实践的结果，也是进一步文化创造的必要前提，同时它也为人的有序的文化生活提供有力保障。此外，社会制度的合理还是社会秩序完善与和谐的内在机制，只有建立一个适合现代

---

① [古希腊]亚里士多德：《政治学》，商务印书馆 2009 年版，第 7 页。
② 《马克思恩格斯选集》第 1 卷，人民出版社 2012 年版，第 147 页。

社会发展要求的合理合法的公共秩序，才能使整个社会摆脱无序状态，实现社会的和谐与进步。制度文明是优质文化环境的重要内容。

第三，人文精神的充实。人文精神是文化环境的精髓，一个文化环境的优劣，当然要看它能不能给我们提供物质、技术和制度的保障，但更重要的是，要看这种文化环境，有没有给人提供理想、精神动力和智力支持的文化精神。优质的文化环境必然是充满人文关怀、理想指向的。当今世界物质不可谓不丰富，技术不可谓不发达，制度不可谓不完善，但人们的幸福指数很低，甚至大大低于几十年甚至几百年以前的时代，这说明我们当今缺少人文精神，"人类受到了自己创造性行为和行为后果的惩罚。造成这种后果的显然是简单的哲学文化观念，以及人类追求物欲的渴望，形成了人与世界、人与自然的对立状态，于是原有的价值观念和行动目标，在人们的颓丧、恐惧和消沉情绪的感染下，失去了以往的感召力。世界处在一种无序状态中，它需要一种新的精神价值和控制力量"①。人文精神的匮乏，是当今世界文化环境恶化的重要原因。可见，只有充实的人文精神，才能构成优质的文化环境。

以上三点无疑是优质文化环境的标志，但其中的每一方面都不是自足的，仅就一个方面而言，很难说它能构成优质的文化环境，物质文明以及物质财富的极大丰富，无疑给人类带来良好的生存环境，但也引起生态危机，物质文明只有与生态文明相结合才能发挥对人持久有益的效应。制度文明及大量社会制度的确立，虽然使人类生活变得有序，但也造成人与人之间关系的疏离，致使人成为制度的附庸，制度文明只有与际态文明相联系，才能产生对人更大的效益。精神文明同样需要辩证地看待，过分强调外在的精神文明，其实对人的心理是巨大的压抑和摧残，只有将精神文明

---

① 李燕：《文化释义》，人民出版社 1996 年版，第 30 页。

与心态文明相统一，才能形成内外的合力。

除此之外，优质文化环境还意味着文化环境内部层次、要素之间的协调以及自然环境、人和文化环境相互之间关系的全方位协调。中国古代有女娲"抟土造人"的传说，西方也有普罗米修斯"以土造人"的神话。人之质是自然，人之文是文明，过于质朴，就会显得野蛮；过于文雅，往往让人感到迂腐。只有文治平衡、协调、合理的搭配，才会产生一种良好的文化效应、人的效应，才能塑造出彬彬有礼的文明人，中国古人把这一理想的人之感性形象和理性人格的完美结合称之为"君子"。人之为人乃自然与文明的二元统一，然而，现代文明却把二者的对立作为逻辑起点，将它们的分离以至敌对看成存在和发展的基本取向，掠夺自然、征服自然，向自然进攻，成为现代文明的生长点和发展逻辑，使人类越来越远离自然、背离自然，成了自然的敌人。事实上，人不可能征服自然，人也不应该成为自然的征服者，而应该走向荒野，去回报自然、美化自然，作为自然的管理者、守望者。自然—人—文明之间并不是必然的冲突关系，作为中介与核心，人有责任也有义务去协调三者之间的相互关系，使自然变得更加文明，使文明变得更加自然，使自然与文明不至于脱离人性的轨迹。

3. 优质文化环境形成的途径

"一般意义上，我们可以说，高质量的文化总是显得开放、进取、流动、透明、兼容、科学、民主、善治、俭朴、务实、厚德……相反，劣质文化总是显得封闭、保守、僵化、神秘、排异、迷信、独裁、恶治、奢靡、形式、浮夸……这就使得文化的再造、重塑、整合、创新既显得迫切又具有实践意义。"① 人的生存发展的确须臾离不开环境，但是，人在环境

---

① 天河水：《文化全面质量管理》，中国社会科学出版社 2006 年版，第 5 页。

面前并不是完全消极被动的，人具有能动性，可以而且必须改变环境，否则，人的本质力量就不能对象化，人的价值就不会形成和实现。优质文化环境的形成离不开以下途径：

文化创造是优质文化环境形成的根本途径。文化创造的过程也是人的本质现实展现的过程，文化是人的本质的现实化和对象化，是人自己的作品和自画像。在文化创造活动中，人不仅确证人的本质在自身中的存在，并且把这种本质在自己创造的文化世界中变成现实，从而实现人的本质二重化，产生对象化、外在化、现实化的人的本质，这样，人能够在文化世界中直观自身、确认自己的本质。同时，正是通过文化创造的实践活动，人不但巩固和增强已有的本质力量，而且为其进一步丰富、发展和完善提供现实基础。

优质文化环境形成需要文化主体对现有文化环境进行重新设计。良好的文化环境是人类追求的目标，但良好文化环境的形成，并不意味着对现实文化环境的颠覆和破坏，因为那样势必造成人及文化成本的浪费，"为使社会环境尽可能消除令人生厌的刺激，并不需要我们去破坏这一环境或逃避它，而仅仅是重新设计它"①。新的文化环境的形成并不会使人丧失文化功能，相反，优质文化环境会成为人积极进取的动力，"在每一种文化中，人的确倾向于遵循一种一贯的生活方式，但他并未被限制在这些行为方式中的任何一种；像他自己设计了这些行为方式一样，他也能重新设计它们。所以，人没有单一的、只适合于他的环境，在每一种新的环境中，他都能发展出适合于环境的行为，并以此保护自己"②。在原有的文化环境基础上的改良，是优质文化环境形成的重要途径之一。在当今社会，面对

---

① ［美］B. F. 斯金纳：《超越自由与尊严》，贵州人民出版社 1988 年版，第 41 页。
② ［德］米切尔·兰德曼：《哲学人类学》，贵州人民出版社 2006 年版，第 169 页。

现代人类生存的困境，必须对人类生存的现状进行哲学的和历史的反思，重新改造人类文化，重新确定人类生存价值追求的方向，明确人的生存目的，寻找一种更加合理的生存方式。

优质文化环境的形成离不开文化革命。文化改良的前提是现有文化环境的主流是好的，当一个社会的文化环境已经不可救药时，必须通过革命的方式，彻底地"洗牌"，打破原有的文化困境。从整个社会的大文化环境角度看，文化革命往往发生在社会变革、转型的时期，通过这种激进方式促进腐朽文化或落后文化的消亡，实现文化环境的变革，然后，在新的基础上进行文化重建，文化革命必须伴随文化建设，没有文化建设的革命是没有根基的，最终只能回到原地，十年"文化大革命"期间，一味进行革命、斗争，而没有文化建设作保障，其失败是必然的，当然"文化大革命"不是真正意义上的文化革命，其失败有更重要的原因。文化革命是优质文化环境形成的最激进的方式，其付出的代价是比较大的，从革命后的现实情况看，一般只是解决眼前问题，往往不会促进社会进步，甚至会导致倒退，但从长远看，可能会有利于社会整体的进步和发展。文化革命是要付出代价的，这就像为提高计算机的运行速度或是杀掉系统中的病毒，而对其格式化后又系统重装一样，确实带来高效益，但它同时也损失了长时间积累的重要信息，而文化作为人这一有机体的生命系统，要比计算机复杂得多，彻底革掉已有的文化环境，会造成文化传统和文化积淀的丧失，这意味着人的文化生命的死亡，人变成无所依托、无所适从的人，其危害是深远的，因此文化革命并不总是优化的抉择。

优质文化环境的形成必须依托传统文化根基。文化母体是文化创造力的源头活水，文化发展需要通过对轴心文明的高层次回归、复兴，重新发现其尚未开掘的意义与价值，作出具有时代意义的转化和阐扬。雅斯贝尔斯在《历史的起源与目标》中说："直到今日，人类一直靠轴心时代所产生的思考和创造的一切而生存。每一次新的飞跃都回顾这一时期，并被它重燃火焰。自那以后，情况就是这样。轴心期潜力的苏醒和对轴心期潜力的回忆，或曰复兴，总是提供了精神动力。对这一开端的复归是中国、印度和西方不断发生的事情。"① 一种新文化尤其高于原有文化的所谓"优质文化"的生成，绝不是空穴来风、生编硬造，它需要对原有文化环境的掌握和超越，正如列宁在谈论无产阶级文化时所讲的那样："应当明确地认识到，只有确切地了解人类全部发展过程所创造的文化，只有对这种文化加以改造，才能建设无产阶级的文化，没有这样的认识，我们就不能完成这项任务。无产阶级文化并不是从天上掉下来的，也不是那些自命为无产阶级文化专家的人杜撰出来的。如果硬说是这样，那完全是一派胡言。无产阶级文化应当是人类在资本主义社会、地主社会和官僚社会压迫下创造出来的全部知识合乎规律的发展。"② 而抛弃传统文化的根基，势必给发展带来不必要的曲折。毛泽东曾用浪漫的笔调写道："一张白纸，没有负担，好写最新最美的文字，好画最新最美的画图。"③ 从当时社会文化环境看，打破传统文化的桎梏非常必要，但彻底抛弃中国传统文化，必然带来无可挽回的后果，近年来的许多社会问题，已经充分暴露出缺乏传统文化根基的弊端。当今世界，不同层面、不同类型的文化并存，矛盾丛生，多元文化思想资源一方面创造和丰富着现代人的本质和现实，另一方面也造成现代人文化认同的危机。因此，重新拥有各民族自己的文化认同，以多维的视域诠释和转化文化传统，消解传统文化腐化和僵化的消极作用，克服现代社会人文沦丧、价值旁落、生命钝化的病症，摆脱工业文化造成人性的贫弱化、单面化、物化的危机，是未来文化环境建设的重大课题

---

① ［德］卡尔·雅斯贝尔斯：《历史的起源与目标》，华夏出版社 1989 年版，第 14 页。

② 《列宁全集》第 39 卷，人民出版社 2017 年版，第 334 页。

③ 《建国以来重要文献选编》第 11 册，中央文献出版社 1995 年版，第 323 页。

之一。

优质文化环境的形成离不开文化间的交流与对话。当今世界是一个开放的世界，只有通过与其他文化进行不断冲突与融合，借鉴其他文化的先进经验，才能加速自身文化发展的速度，提高文化水平，仅靠保护传统无法保持自己的文化身份，也无法改变自己的命运。只有走向世界，才是本土文化生存发展的必由之路。任何伟大的文明的形成，无不是多种文化相互碰撞、综合创新而成的，2004 年召开"二〇〇四文化高峰论坛"，通过的《甲申文化宣言》指出："应当认识，中华文化五千年生生不息、绵延不断的重要原因，在于她是发生于上古时代多个区域、多个民族、多种形态的文化综合体。她不但有自强的力量，而且有兼容的气度、灵变的智慧。"古老中华民族的和谐与繁荣是建立在汉民族与少数民族团结和睦基础上的，未来中华文化的大发展大繁荣也必然依靠中外文化的碰撞和融通，正如英国哲学家罗素所说："在往昔，不同文化的接触曾是人类进步的路标。希腊曾经向埃及学习，罗马曾经向希腊学习，阿拉伯人曾经向罗马帝国学习，中世纪的欧洲曾经向阿拉伯人学习，文艺复兴时期的欧洲曾向拜占庭学习。在那些情形之下，常常是青出于蓝而胜于蓝的。就中国而论，假如我们把中国视为学生，情形也可能一样。"①

（二）主体性自觉意识的形成

主体性不是人性的一般表现，而是具体的人性在具体的主客体关系中的特殊表现，特指人在建立和推进一定的对象性关系时所表现出来的人性方面。只有在人确立与对象的主客体关系中，人性才表现为主体性。在实

① [英] 罗素:《一个自由人的崇拜》，时代文艺出版社 1988 年版，第 8 页。

践活动之外，并不存在先定的抽象的关系。马克思指出，人"正如任何动物一样，他们首先是要吃、喝等等，也就是说，并不'处在'某一种关系中，而是积极地活动，通过活动来取得一定的外界物，从而满足自己的需要"①。没有人的实践，一切关系都是虚无，人通过有目的地、主动地、能动地、自由地活动确立创造者和主导者的地位，成为一切主客体关系中的主体。但人的主体性并不总是被人所拥有，在人类发展史上，绝大部分时间，人的主体性是以异化、片面化、极端化的形式出现的，由于受到社会历史条件的限制以及人类认识和实践水平的制约，人类的主体性常常被一少部分人所拥有，人的世界处在人少为患的近乎空场的状态。这时的文化环境只是为少部分人服务的，是以绝大多数人的主体"缺位"为前提的，这种环境的优化对大多数人而言是劣化和非人化。事实上，真正的文化环境的优化是为绝大多数人的利益和需要服务的，对于作为文化主体的人而言，既需要对自身主体地位的确立和自觉，又需要对客观的文化环境进行充分的认识，促进主体性自觉意识的回归和形成。

1. 文化主体自觉

人是文化环境的主体，没有人的文化环境，是文化的"空场"，文化环境优化呼唤人的回归，但人的主体性也并不总是具有积极意义，在文化环境面前，人既可以表现为积极的建设者，也可以成为消极的破坏者。"人的世界不是一成不变的，而是既能被重新解释和更新的，也能被错误理解和打乱的。"②人的主体性只是文化环境优化的必要条件，没有人的主体性，人处在缺位状态，文化环境的优化就无从谈起，但有了人的主体性，

---

① 《马克思恩格斯全集》第 19 卷，人民出版社 1963 年版，第 405 页。
② ［荷］冯·皮尔森：《文化战略》，中国社会科学出版社 1992 年版，第 256 页。

也不必然导致文化环境优化，在某种情况下，由于人的主体性过分张扬，很可能造成文化环境的破坏和恶化。

要正确实现人的主体性的功能和价值，必须有主体自觉，恩格斯说："人离开动物越远，他们对自然界的影响就越带有经过事先思考的、有计划的、以事先知道的一定目标为取向的行为的特征。"[①] 人的意识是人相对动物而言的优势，是人进行主体自觉的内在原因，人只有不断提高主体自觉性，才能更好地进行文化创造，真正实现人作为主体的价值。盲目的主体向自觉的主体生成，必须首先成为客体，文化主体自觉也就是人的自觉，就是人对自身的使命、地位、责任、前途和命运的正确认识和掌握。人的自觉是人的解放和发展的前提，是文化的繁荣和昌盛的主体性条件，历史上任何真正意义上的人的自觉，都带来人类的巨大进步和发展。雅斯贝尔斯这样描写"轴心期"人的自觉："这个时代的新特点是，世界上所有三个地区的人类全部开始意识到整体的存在、自身和自身的限度。人类体验到世界的恐怖和自身的软弱。他探询根本性的问题。面对空无，他力求解放和拯救。通过在意识上认识自己的限度，他为自己树立了最高目标。他在自我的深奥和超然存在的光辉中感受绝对。"[②]

当今世界，人类对自然界进行无情的征服和践踏，对自然界的认识也已经达到相当高的水平，但是人对自身的认识，尤其是人类的使命、职责，人类活动的阈限，人在整个世界中的位置等一系列关系人的生死存亡的问题，却非常有限，人们对自然科学顶礼膜拜，对人文社会科学却嗤之以鼻，自然科学越来越不为人所控制，成为目中无"人"的脱缰野马，不断给人类带来各种各样的危机，人被物役的现象屡见不鲜，这一切都来源

---

① 《马克思恩格斯选集》第 3 卷，人民出版社 2012 年版，第 996 页。

② ［德］卡尔·雅斯贝尔斯：《历史的起源与目标》，华夏出版社 1989 年版，第 8—9 页。

于人的不自觉。可以说，目前人类正处在生死存亡的历史转变时期，人类走到自我毁灭的边缘，要么灭亡，要么自我觉醒、自我拯救。

就中国而言，中国人的文化创造和文化管理一直缺少自主性，这种缺少自主性的实践不仅体现在外在统治中，也体现在自我控制和自我约束的"慎独"中，这必然造成国民人格的异化和扭曲。梁启超先生说："吾中国所以不成为独立国者，以国民乏独立之德而已：言学问则依赖古人，言政术则依赖外国；官吏依赖君主，君主依赖官吏；百姓依赖政府，政府依赖百姓；乃至一国之人，各自放弃其责任，而惟依赖之是务。究其极也，实则无一人之可依赖者。譬犹群盲偕行，甲扶乙肩，乙牵丙袂，究其极也，实不过盲者依赖盲者。一国腐败，皆根于是。"① 因此，他提倡国人要"自除心中之奴隶"。在当今社会生活中，我们更需要把人从"非人"状态中解放出来，完成人之文化主体性的当代转化和生成，从而自觉承担起认识、理解、创造和优化文化的任务。文化环境的优化，无非是为人的回归和完善、解放与发展、自由与幸福创造前提和基础，使人摆脱"无我""非我"的状态，进而实现主体性自觉意识的真正回归与超越。

德裔美籍思想家弗洛姆写道："（人要）认识到自己的生存的孤独，以及世界对人的命运的漠不关心，认识到没有任何外在于人自身的力量能解决人自己的问题。人必须对自己负责，必须承认，只有靠自己的力量才能使自己的生存有意义。……只有当人认识到自己的情境，认识到根植于人的存在中的两重性，认识到自己所具有的拓展人的力量的能力，他才能完成如下任务：成为自在自为的人，并通过充分实现人的潜在的诸能力——理性、爱、生产性劳作——而达到幸福。"② 作为万物之灵长的人类，需要

---

① 夏晓虹：《梁启超文选》，中国广播电视出版社 1992 年版，第 92 页。
② ［美］马斯洛等：《人的潜能和价值》，华夏出版社 1987 年版，第 107—108 页。

自我觉醒，实现人的主体意识的自觉，重新认识自己，把人从无我状态中解放出来，进行人的自我革命，改造自己的认识能力，改造主观世界同客观世界的关系，实现人自身的自由解放。可以预见，人类社会"将向着那种以人自身能力发展为目标的时代发展，在那里，人们的职责、使命和任务就是全面地发展自己的一切能力。自觉地改造自己的认识能力，改造主观世界同客观世界的关系"①。

2. 文化环境自觉

人与文化环境的效应性关系，要求人对文化环境的自觉。一方面，要正确识别文化环境的优与劣，从而趋利避害。如中国古代"孟母三迁"的故事，讲的就是在正确识别文化环境优劣的前提下，文化主体通过发挥人的主观能动性，自觉避开对人成长不利的恶劣文化环境的一个范例。另一方面，要积极面对文化环境优与劣，事实上，对于一个成熟的文化主体来说，恶的文化环境并不是一无是处，没有任何积极作用，司马迁在《报任安书》中列举许多圣贤在艰苦的文化环境下创造文化上品、文化精品的例子："盖文王拘而演《周易》，仲尼厄而作《春秋》；屈原放逐，乃赋《离骚》；左丘失明，厥有《国语》；孙子膑脚，兵法修列；不韦迁蜀，世传《吕览》；韩非囚秦，《说难》《孤愤》；《诗》三百篇，大抵贤圣发愤之所为作也。"②不管是好的文化环境还是坏的文化环境，主要看文化主体对待文化和文化环境的态度，好的文化环境如果不能充分利用，可能会变成人们不思进取的理由，恶的文化环境如果积极利用，亦能成就伟大的事业，在环境面前，人要发挥人的主体性优势，对文化环境进行优化和改造，使其更能为

---

① ［英］莱士列·斯蒂文森：《人学的世界》中译本序，中国人民大学出版社 1992 年版，第 7 页。

② 吴楚材、吴调侯：《古文观止》，中国社会科学出版社 2005 年版，第 434—435 页。

人类造福。

文化环境的自觉不是思想活动，它离不开变革文化环境的实践活动。从客观上讲，人的文化环境，就是人的社会环境的集中表现，是生产力、生产关系、经济基础、上层建筑相互作用的现实境遇。因此，优化文化环境，必须通过革命的实践，通过解放和发展文化生产力，实施优化的文化政策，树立正确的文化价值观。人不是被动地适应环境，而是主动地改变环境。变革环境的实践是推动人类文明产生、发展和进步的动力。面对环境的挑战，能否充分利用环境中的有利因素，克服或转化其不利因素，提出有效的文化应对机制，实现文化环境的优化和文化自身的转型，关系文化的命运。汤因比通过对 26 种文明兴衰存亡的比较，提出一个挑战——应战的文化生长和延续模式，他指出：人类文化创造力的产生并不是其自身的生物天赋，不是由于地理环境，也不是由于技术进步，而是由于人类对于一种特别困难的挑战进行了应战，因此人类才奋起表现了空前的努力。汤因比把环境挑战分成若干类，它包括困难地方的刺激、新地方的刺激、打击的刺激、压力的刺激和遭遇不幸的刺激。正是在对挑战的不同的应战中，造成了文明的起源，同时也成了文明从生长走向衰落和解体的动因。[1]

此外，人对文化环境自觉的一个重要方面是，对人的文化创造与发明的自觉。人类的文化创造、科技发明，解开了自然之谜，刷新了世界图景，改善了人类的生活境遇，使人类日益生活在一个安全、便利、舒适的文化世界。然而，并不是所有的创造发明都符合人的根本利益和为人类造福，从对生命关照和天人合一的整体视野看，许多发明创造正在破坏已有文化成果和秩序，破坏人类赖以生存的生态、伦理、道德的文化环境，造成人类文化的困境和危机，严重威胁人与文化的安全。艾柯尔和

---

① 参见黄万盛：《危机与选择》，上海文艺出版社 1988 年版，第 133—134 页。

马克在《人类最糟糕的发明》中，举出大量恶性发明的例证，有百年难解的白色恐慌——塑料，城市生活的流动杀手——汽车，臭氧层空洞的幕后元凶——氟利昂，诺贝尔奖的无穷尴尬——滴滴涕，地球污染的超级公害——电池，咀嚼而出的肮脏世界——口香糖，身心麻醉的罪魁祸首——香烟，祸福未卜的午夜凶铃——手机，口腹之欲下的冷枪暗箭——味精，网络世界的海洛因——电子游戏，正邪莫辨的虚拟空间——互联网，伦理底线的终结者——克隆技术，魔鬼签订的未来契约——转基因，人类家园的地狱使者——毒品，运动场上的癫狂恶魔——兴奋剂，回天乏力的万用灵药——抗生素，不夜神背后的无尽隐患——不眠药，引爆人类的恐怖炸弹——核武器，流氓国家的恶魔之舞——生化武器，绽然开启的潘多拉魔盒——炸药，等等。① 这些科技发明及其滥用对人类造成极大危害，有些发明甚至成为文化中的反序和逆流，破坏人与自然间的良性循环和平衡，颠覆人类几千年形成的核心价值体系，事实上，人类文化史上的一些文化创造和发明，并不总是具有积极意义的，在极端的情况下，它们不是推动人类的进步与发展，相反会导致人类的落后和倒退。因此，急需人类对其文化创造和发明进行反省和批判，实现文化环境自觉。

（三）人与文化环境之间良性互动关系的创建

人与文化环境共同构成人类的文化现实，人与文化环境关系优劣直接影响人及其文化的命运和走势，"我们发现文化含有两大主要成分——物质的和精神的，即已改造的环境和已变更的人类有机体。文化的现实即存在于这两部分的关系中，偏重其一，都会成为无谓的社会学的玄学。一种

---

① 参见艾柯尔、马克：《人类最糟糕的发明》，新世界出版社 2003 年版，第 1—6 页。

器物的同一性并不在于它的特有形式，一个观念或风俗的同一性也不在于它的形式。器物的形式始终为人类行动所决定、所关联，或为人类观念所启发。信仰、思想和意见也是始终表现于被改造的环境中，要认识文化的现实，只有从此着眼"①。因此，只有从人与文化环境之间关系的分析入手，才能找到文化环境优化的命脉所在。

如前所述，人与文化环境不是孤立的存在物，二者之间是相互影响、相互作用、相互制约、相互塑造的辩证统一的互动关系。伴随人类社会的发展，人与文化环境会呈现两种态势，一种是良性循环，良好的环境为人提供更好的发展平台，创造更有利的发展空间，从而使人的素质越来越高，文化意识、文化水平不断提升，在此基础上，人类更加有效地进行文化和价值创造，实现更高的文化与价值目标，当然也使文化环境越来越优化，这是一个良性的循环过程；另一种是恶性循环，恶劣的文化环境，使人的发展受到种种限制，人受制于极小的选择空间，甚至失去发展的权利，人变得越来越愚昧、野蛮、无知，文化创造力也越来越低，导致文化环境进一步劣化，人与文化环境陷入恶性的循环之中。

从历时性上看，人类每一次文化创造的结果、积淀都成为再一次文化创造的前提条件，因此文化创造活动及其结果的文化创造物不是孤立的，而是具有前后相继的连续性，上次文化创造活动与下次文化创造活动、上代文化创造活动与下代文化创造活动之间，以及人类历史上发生过的文化积淀对正在和即将发生的人的文化行为都发生着影响，希特勒和他的法西斯已成为历史，但这恶劣的反文化因子并没有消失，土壤一旦适合就会萌发。文天祥、史可法的爱国行为，教育着一代又一代的中国人。文化的传承性、教化性使我们意识到，必须规范人的文化行为，自主管理文化发展

---

① ［英］马凌诺夫斯基：《文化论》，华夏出版社 2002 年版，第 104—105 页。

的道路，提高对文化的认识，促进文化的创新，为未来文化创造奠定良好的基石，这是关涉人类永续的福祉，是人类的终极关怀，是造福千秋万代的事业。从共时性上看，人与文化共时、同构、互通，文化的发展状况、存在状态，直接反映、影响乃至决定着人的发展状况、存在状态。生活在劣质文化环境中的人，精神冲突严重，幸福感降低，创造力下降，生活生存压力大，从而引起人畸形片面发展以及人与人之间关系恶化。这样，无疑会进一步导致文化价值和意义的丧失，造成文化资源的浪费，引发文化创意的枯竭和衰亡，当然文化潜能也就不能得到应有的挖掘。文化是有机体，只有不断地与人进行信息交流，不断进行双向适应，才能获得更新和发展。也只有在人与文化互通、互动中，文化才是活文化。两种不同循环的不同效应告诉我们，只有破解人与文化环境的"恶性下旋"密码，打开其"良性上旋"按钮，创建人与文化环境的良性互动关系，才能达致人与文化环境相互作用的优化。

那么，究竟是什么使人与文化环境处于不同的关系状态呢？如前所述，在人与文化环境关系分析中，既不能离开人去看待人的文化环境，因为文化环境是人的作品，是人塑造的成果，是人的世界；又不能离开现实文化环境去空谈人，因为人是现实文化环境的产物，是文化环境的结晶，是生活在文化环境中的人。可以说，现实的人同现实的文化环境具有内在的统一性。现实的人和现实的文化环境分别从各自的对方中获得生命、本质和意义，从而实现了两者的内在一致和高度相关，而产生和完成这一逻辑序构的机制、过程和根据，则是现实的人与现实文化环境之间的交叉点、界面处、结合部，即人类的实践创造活动。正是在实践活动的双向对象化的过程中，人创造一个属人的文化环境，同时又创造作为人的人。马克思的高明之处，就在于遵循着唯物主义基本原则，并进而紧紧抓住人的实践创造活动，用人的尺度审视人周围的文化环境，又从人周围的文化环境反观人自身，既寄希望于人类去能动地创造一个更加美好的外部的人的世界，又寄希望于人类不断塑造和完善人自身，即实现人的解放和自由全面发展。①

"革命的实践"及其批判是人类改变环境和改造自我的秘密。"关于环境和教育起改变作用的唯物主义学说忘记了：环境是由人来改变的，而教育者本人一定是受教育的。因此，这种学说必然会把社会分成两部分，其中一部分凌驾于社会之上。环境的改变和人的活动或自我改变的一致，只能被看做是并合理地理解为革命的实践。"② 人的实践，也就是人的行为，最终决定事物发展的走势，因此要改变人的文化环境，确立人与文化环境的良性互动关系，最根本的途径是实践，通过革命的实践和实践的革命，实现改造、创新从而优化人的世界的目的。实践的批判是消解实践本身负面效应的必然选择，人的实践既可以使环境变好，也可以使环境变坏，因此，需要人的反思、反省，进行自我批判，扩大人类实践的正效应，减小甚至消除其负效应。文化环境是实践及实践的批判的指示器，它表征着人的实践的是非优劣，"实践的历史告诉我们，人类的行为并没有走向主观化和随意化的失控，其根本原因，就在于客体始终起着对主体的制约、他律作用。当人处于主体地位上时，他只有通过客体即从对象身上才能直观自己的行为及其后果；并且，客体对于主体来说也不仅仅是一面镜子，它还以自己的客观作用直接给主体带来实际后果，迫使主体调节其行为。可以说，客体对主体的他律作用，最直接、最现实地体现了世界对人、存在对思维的制约作用"③。

人与文化环境关系的特殊性在于，人既是主体又是客体，这就决定了

---

① 参见王永昌：《走向人的世界》，中国工人出版社1991年版，第1—2页。
② 《马克思恩格斯选集》第1卷，人民出版社2012年版，第134页。
③ 李德顺：《价值论》，中国人民大学出版社2007年版，第56页。

环境的改变与人的行为的改变的一致性，改变环境就是改变人自身。"当一个人是在'有意'地改变自己的物质环境或社会环境时，也就是说，当他为了改变人的行为而着手改变环境时，他起着双重的作用：一是起着控制者的作用，即起着对控制性文化进行设计的作用；一是受控者的作用，即充当文化的产物。不论一种文化是自然形成的还是有意设计的，人都必须扮演这双重角色，其间没有任何不一致的地方。文化演进的性质就决定了这一点。"[1] 因此，人类优化环境的目的是优化自身，优化自身需要从优化环境开始，"行为不过是环境条件的功能，因此，要改变行为，我们必须首先改变环境"[2]。 如果文化是什么样，人就成为什么样，那么人和动物无异，人之贵在于人有自觉意识，能够对文化进行选择、反省、创新等文化认识和文化创造活动，从而自己创造出自己的本质。因此，人之存在先于本质，"人是什么"不是先天规定好的，而是未完成的，只有通过人自己的创造来塑造自己的本质，当然，人可以选择没有追求，也可以选择盲从，还可以选择积极进取。在这一过程中，人的历史现实境遇，即文化环境，从本体上规定着人选择的限度，但对于这一文化环境，具有文化自觉的人能够主动地通过革命实践，去优化、革新这一环境。马克思一生奋斗和追求的目标是人类的解放和自由全面发展，所谓人类解放指政治解放、社会解放和人的解放，也就是从根本上把人从束缚人的枷锁中解脱出来，不断优化文化环境，使人与自然、人与人、自由与必然全面和解。

文化环境优化的提出，表明人们开始把人与周围环境的良性循环，当成人自己生存发展的内容和标志、权利和责任之一，当作人的全面健康发展的目的之内的一个有机成分。如何保护和优化人的生存发展环境以保护

---

① 〔美〕B. F. 斯金纳：《超越自由与尊严》，贵州人民出版社 1988 年版，第 209 页。

② 〔美〕B. F. 斯金纳：《超越自由与尊严》，贵州人民出版社 1988 年版，第 150 页。

人自身，已成为人类主体性活动的一个重要内容。文化危机来自人、文化环境，以及二者关系的处理，今天当务之急就是人类必须彻底觉悟，认清累积起来的文化弱点之威胁性，并设法加以改正，以求社会文化关系的协调、文化秩序的稳定。恶性循环也有它的对立面，那就是良性循环，优良的文化教育、合理的文化制度、积极的文化精神，其中每一方面的改善，无不是实现优质文化环境的重要步骤，"良性循环以良性的回馈运作"，优化文化环境通过对文化环境不同方面的改善，以此实现整体文化环境优化。

　　总之，文化环境的优劣已成为判断一个社会文明程度的标志，直接影响这个国家或地区社会经济发展的效益，良好的文化环境是社会持续健康发展的前提和条件，恶劣的文化环境是社会走向衰亡的土壤和基础。文化就是符号，文化就是价值，文化就是力量，谁的文化能得到世界的认同，谁的文化就有影响力、说服力和吸引力，谁就在文化竞争中处于有利位置。因此，优化文化环境，实现人与文化环境之间的良性互动，在当今世界人类文化生活中，具有举足轻重的作用。

参 考 文 献

论著部分：

[1] 《马克思恩格斯全集》第 1 卷，人民出版社 1956、1995 年版。

[2] 《马克思恩格斯全集》第 2 卷，人民出版社 1957 年版。

[3] 《马克思恩格斯全集》第 3 卷，人民出版社 1960、2002 年版。

[4] 《马克思恩格斯全集》第 19 卷，人民出版社 1963 年版。

[5] 《马克思恩格斯全集》第 30 卷，人民出版社 1995 年版。

[6] 《马克思恩格斯全集》第 32 卷，人民出版社 1974 年版。

[7] 《马克思恩格斯全集》第 35 卷，人民出版社 2013 年版。

[8] 《马克思恩格斯全集》第 42 卷，人民出版社 1979 年版。

[9] 《马克思恩格斯全集》第 46（上）卷，人民出版社 1979 年版。

[10] 《马克思恩格斯全集》第 46（下）卷，人民出版社 1980 年版。

[11] 《马克思恩格斯全集》第 47 卷，人民出版社 1979 年版。

[12] 《马克思恩格斯选集》第 1、2、3、4 卷，人民出版社 2012 年版。

[13] 《马克思恩格斯文集》第 1、3、7、10 卷，人民出版社 2009 年版。

[14] 《列宁选集》第 1、2、3、4 卷，人民出版社 2012 年版。

[15] 《毛泽东选集》第 1、2、3、4 卷，人民出版社 1991 年版。

[16] ［德］黑格尔：《哲学史讲演录》第 1 卷，商务印书馆 1959 年版。

[17] ［德］恩斯特·卡西尔：《人论》，上海译文出版社 1985 年版。

[18] [德] 马尔库塞:《现代文明与人的困境》,三联书店 1989 年版。

[19] [德] 卡尔·雅斯贝尔斯:《历史的起源与目标》,华夏出版社 1989 年版。

[20] [德] 卡尔·雅斯贝尔斯:《当代的精神处境》,三联书店 1992 年版。

[21] [德] 特奥多·阿尔多诺:《否定的辩证法》,重庆出版社 1993 年版。

[22] [德] H. 李凯尔特:《文化科学和自然科学》,商务印书馆 1996 年版。

[23] [德] 米切尔·兰德曼:《哲学人类学》,贵州人民出版社 2006 年版。

[24] [德] 奥斯瓦尔德·斯宾格勒:《西方的没落》,上海三联书店 2006 年版。

[25] [德] 黑格尔:《历史哲学》,上海书店出版社 2006 年版。

[26] [苏] 尼·瓦·贡恰连科:《精神文化进步的源泉和动力》,求实出版社 1988 年版。

[27] [苏] 弗·让·凯勒:《文化的本质与历程》,浙江人民出版社 1989 年版。

[28] [美] 托马斯·哈定等:《文化与进化》,浙江人民出版社 1987 年版。

[29] [美]菲利普·巴格比:《文化:历史的投影》,上海人民出版社 1987 年版。

[30] [美] B. F. 斯金纳:《超越自由与尊严》,贵州人民出版社 1988 年版。

[31] [美] 本尼迪克特:《文化模式》,三联书店 1988 年版。

[32] [美] 莱斯利·A. 怀特:《文化科学——人和文明的研究》,浙江人民出版社 1988 年版。

[33] [美] C. 恩伯、M. 恩伯:《文化的变异——现代文化人类学通论》,辽宁人民出版社 1988 年版。

[34] [美] P. K. 博克:《多元文化与社会进步》,辽宁人民出版社 1988 年版。

[35] [美] 丹尼尔·贝尔:《资本主义文化矛盾》,三联书店 1989 年版。

[36] [美] 爱尔乌德:《文化进化论》,上海文化出版社 1989 年版。

[37] [美] E. 希尔斯:《论传统》,上海人民出版社 1991 年版。

[38] [美] E. 拉兹洛:《系统哲学讲演集》,中国社会科学出版社 1991 年版。

[39] [美] 詹明信:《晚期资本主义的文化逻辑》,三联书店 1997 年版。

[40] [美] 塞缪尔·亨廷顿:《文明的冲突与世界秩序的重建》,新华出版社 1999 年版。

[41] [美] 克利福德·格尔茨:《文化的解释》,译林出版社 1999 年版。

[42] [美] 塞缪尔·亨廷顿、劳伦斯·哈里森:《文化的重要作用——价值观如何影响人类进步》,新华出版社 2002 年版。

[43] [美] 爱德华·W. 赛义德:《文化与帝国主义》,三联书店 2003 年版。

[44] [美] 克拉克·威斯勒:《人与文化》,商务印书馆 2004 年版。

[45] [德] 恩斯特·卡西尔:《文化哲学·哲学知识》,吉林大学出版社 2004 年版。

[46] [美] 罗伯特·路威:《文明与野蛮》,三联书店 2005 年版。

[47] [美] 本尼迪克特:《菊与刀》,商务印书馆 2005 年版。

[48] [美] 赫伯特·马尔库塞:《单向度的人》,上海译文出版社 2006 年版。

[49] [美] 简·雅各布斯:《集体失忆的黑暗年代》,中信出版社 2007 年版。

[50] [英] 雷蒙德·威廉斯:《文化与社会》,北京大学出版社 1991 年版。

[51] [英] 诺曼·丹尼尔:《文化屏障》,浙江人民出版社 1992 年版。

[52] [英] 马凌诺夫斯基:《科学的文化理论》,中央民族大学出版社 1999 年版。

[53] [英] 汤林森:《文化帝国主义》,上海人民出版社 1999 年版。

[54] [英] 马凌诺夫斯基:《文化论》,华夏出版社 2002 年版。

[55] [英] 马修·阿德诺:《文化与无政府状态》,三联书店 2002 年版。

[56] [英] 特瑞·伊格尔顿:《文化的观念》,南京大学出版社 2003 年版。

[57] [英] 爱德华·泰勒:《原始文化》,广西师范大学出版社 2005 年版。

[58] [法] 孔多塞:《人类精神进步史表纲要》,三联书店 1998 年版。

[59] [法] 昂利·柏格森:《创造进化论》,华夏出版社 2000 年版。

[60] [法] 埃德加·莫兰:《反思欧洲》,三联书店 2005 年版。

[61] [日] 池田大作:《展望二十一世纪》,国际文化出版公司 1985 年版。

[62] 联合国教科文组织:《文化的多样性、冲突与多元共存》,北京大学出版社 2002 年版。

[63] 联合国教科文组织:《文化多样性与人类全面发展》,广东人民出版社 2006 年版。

[64] 梁漱溟:《东西方文化及其哲学》,商务印书馆 2000 年版。

[65] 梁漱溟:《中国文化要义》,上海人民出版社 2005 年版。

[66] 贺麟:《文化与人生》,商务印书馆 1999 年版。

[67] 张岱年:《文化与哲学》,中国人民大学出版社 2006 年版。

[68] 张岱年、方克立:《中国文化概论》,北京师范大学出版社 1994 年版。

[69] 张岱年、程宜山：《中国文化与文化论争》，中国人民大学出版社 1990 年版。

[70] 冯天瑜、何晓明、周积明：《中国文化史》，上海人民出版社 2005 年版。

[71] 冯天瑜：《文化守望》，武汉大学出版社 2006 年版。

[72] 陈序经：《文化学概观》，中国人民大学出版社 2005 年版。

[73] 夏甄陶：《人是什么》，商务印书馆 2002 年版。

[74] 郭湛：《主体性哲学——人的存在及其意义》，云南人民出版社 2002 年版。

[75] 李燕：《文化释义》，人民出版社 1996 年版。

[76] 中国人学学会：《人学与现代化》，广西人民出版社 2001 年版。

[77] 李鹏程：《当代文化哲学沉思》，人民出版社 1994 年版。

[78] 邹广文：《人类文化的流变与整合》，吉林人民出版社 1998 年版。

[79] 邹广文：《当代文化哲学》，人民出版社 2007 年版。

[80] 何萍：《马克思主义哲学与文化哲学》，武汉大学出版社 2002 年版。

[81] 何萍：《人类认识结构与文化》，武汉出版社 1991 年版。

[82] 邴正：《马克思主义文化哲学》，吉林人民出版社 2007 年版。

[83] 邴正：《当代人与文化——人类自我意识与文化批判》，吉林教育出版社 1998 年版。

[84] 司马云杰：《文化社会学》，山东人民出版社 1987 年版。

[85] 司马云杰：《文化价值论》，陕西人民出版社 2003 年版。

[86] 欧阳康：《哲学研究方法论》，武汉大学出版社 1998 年版。

[87] 衣俊卿：《文化哲学》，云南人民出版社 2005 年版。

[88] 衣俊卿：《现代化与文化阻滞力》，人民出版社 2005 年版。

[89] 衣俊卿：《20 世纪的文化批判》，中央编译出版社 2003 年版。

[90] 牛龙菲：《人文进化学》，甘肃科学技术出版社 1988 年版。

[91] 李丽：《扰动文化的逆流》，中央社会科学出版社 2007 年版。

[92] 李德顺：《价值论》，中国人民大学出版社 2007 年版。

[93] 黄力之：《马克思主义文化哲学与现代性》，上海人民出版社 2006 年版。

[94] 黄力之：《先进文化论》，上海三联书店 2002 年版。

[95] 张瑞甫：《社会最优化原理》，中国社会科学出版社 2000 年版。

[96] 邱耕田：《低代价发展论》，人民出版社 2006 年版。

[97] 庄锡昌、顾晓鸣、顾云深：《多维视野中的文化理论》，浙江人民出版社 1987 年版。

[98] 刘进田：《文化哲学导论》，法律出版社 1999 年版。

[99] 萧扬、胡志明：《文化学导论》，河北教育出版社 1989 年版。

[100] 许苏民：《文化哲学》，上海人民出版社 1990 年版。

[101] 杨善民、韩锋：《文化哲学》，山东大学出版社 2002 年版。

[102] 周晓阳、张多来：《现代文化哲学》，湖南大学出版社 2004 年版。

[103] 许明、花建：《文化发展论》，北京大学出版社 2005 年版。

[104] 傅铿：《文化：人类的镜子》，上海人民出版社 1990 年版。

[105] 赵常林、林娅：《马克思主义文化学》，中国文化书院 1988 年版。

[106] 魏波：《环境危机与文化重建》，北京大学出版社 2007 年版。

[107] 龚书铎：《中国近代文化概论》，中华书局 2002 年版。

[108] 苏国勋、张旅平、夏光：《全球化：文化冲突与共生》，社会科学文献出版社 2006 年版。

[109] 赵林：《赵林谈文明冲突与文明演进》，东方出版社 2006 年版。

[110] 尹继佐：《当代文化论稿》，上海社会科学院出版社 2006 年版。

[111] 王政挺：《传播：文化与理解》，人民出版社 1998 年版。

[112] 王凤才：《批判与重建》，社会科学文献出版社 2004 年版。

[113] 潘一禾：《文化安全》，浙江大学出版社 2007 年版。

[114] 武安隆：《文化的抉择与发展》，天津人民出版社 1993 年版。

[115] 田丰、肖海鹏、夏辉：《文化竞争力研究》，中国社会科学出版社 2007 年版。

[116] 王德军：《中国现代化进程中的人与文化》，人民出版社 2007 年版。

[117] 王永昌：《走向人的世界》，中国工人出版社 1991 年版。

[118] 高静文、雷念曾：《社会主义市场经济的人文精神》，北京出版社 2005 年版。

[119] 魏宏森、曾国屏：《系统论》，清华大学出版社 1994 年版。

[120] 黄小寒：《世界视野中的系统哲学》，商务印书馆 2006 年版。

[121] 黄淑娉、龚佩华：《文化人类学理论方法研究》，广东高等教育出版社

2004 年版。

[122] D. Paul Schafer: Culture: Beacon of the Future, Adamantine Press Limited, 1988.

[123] Akira Iriye: Cultural Internationalism and World Order, The Johns Hopkins University Press, 1977.

[124] Worsley, Peter: Knowledge: Culture, Counterculture, Subculture, New Press, 1977.

论文部分：

[1] 陈先达：《中国特色社会主义理论与历史周期率问题》，《马克思主义研究》2008 年第 1 期。

[2] 夏甄陶：《自然与文化》，《中国社会科学》1999 年第 5 期。

[3] 夏甄陶：《论人与自然界之间的适应关系》，《中国人民大学学报》2003 年第 6 期。

[4] 李燕：《文化管理：精神实质与现实模式》，《新视野》1997 年第 2 期。

[5] 李燕：《文化创造与文化管理的战略思维》，《管理世界》1997 年第 5 期。

[6] 李燕：《人类文化的原创精神》，《哲学研究》2002 年第 7 期。

[7] 李燕：《论"以人为本"之"文化本体"》，《晋阳学刊》2007 年第 2 期。

[8] 郭湛、田建华：《理解文化及其可持续发展》，《中国人民大学学报》2002 年第 5 期。

[9] 郭湛：《文化：人为的程序和为人的取向》，《中国人民大学学报》2005 年第 4 期。

[10] 郭湛：《从主体性到公共性——当代中国马克思主义哲学的走向》，《中国社会科学》2008 年第 4 期。

[11] 安启念：《和谐马克思主义：一个被长期遮蔽的视域》，《中国人民大学学报》2006 年第 3 期。

[12] 李鹏程：《论文化转型与人的自我意识》，《哲学研究》1994 年第 6 期。

[13] 李鹏程：《"资本"的文化哲学反思》，《深圳大学学报》2007 年第 5 期。

[14] 邹广文：《文化哲学视野中哲学与人的关系》，《社会科学战线》2005 年第 3 期。

[15] 邹广文：《关注整体性：文化哲学的重要问题》，《河北学刊》2007 年第 2 期。

[16] 陈新夏：《马克思哲学的人文意义》，《北京师范大学学报》2006 年第 4 期。

[17] 陈新夏：《可持续发展论域的公平探析》，《学习与探索》2007 年第 1 期。

[18] 韩庆祥：《论以人为本的深层意蕴》，《中共中央党校学报》2006 年第 1 期。

[19] 韩庆祥：《关于以人为本的若干重要问题》，《哲学研究》2005 年第 2 期。

[20] 方克立：《关于和谐文化的几点看法》，《高校理论战线》2007 年第 5 期。

[21] 乐黛云：《文化自觉与文明冲突》，《文化研究》2003 年第 8 期。

[22] 丁立群：《文化进步主义：全球化时代的哲学理念》，《求是学刊》2001 年第 5 期。

[23] 何萍：《马克思"实践唯物主义"的文化哲学品格》，《求是学刊》2007 年第 3 期。

[24] 孙美堂、杜中臣：《文化即"人化"》，《中国人民大学学报》2004 年第 6 期。

[25] 许嘉璐：《中华文化的过去、现在和未来》，《文史哲》2004 年第 2 期。

[26] 马志政：《论文化环境》，《浙江大学学报》1999 年第 2 期。

[27] 王泽峻：《文化环境及其对人的影响》，《北京师范大学学报》1992 年第 1 期。

[28] 朱人求：《文化环境研究的多维透视》，《学术月刊》2002 年第 3 期。

[29] 董丁诚：《略论文化环境》，《西北大学学报》1986 年第 4 期。

[30] 王安：《文化环境的塑造功能及其再营造》，《新长征》2007 年第 9 期。

[31] 苗伟：《文化优化：一种自觉的文化管理》，《上海交通大学学报》2008 年第 2 期。

[32] 苗伟：《马克思人学视野下的人之文化本体依据》，《甘肃理论学刊》2008 年第 2 期。

[33] 苗伟：《中国女性发展与中华文化本体》，《天府新论》2008 年第 2 期。

[34] 苗伟：《走向文化哲学：马克思主义哲学当代发展的文化逻辑》，《实事求是》2008 年第 5 期。

[35] 苗伟：《〈1844 年经济学哲学手稿〉的文化哲学意蕴》，《唯实》2009 年第 1 期。

[36] 吴宁：《在虚拟生存与现实生存之间》，《天津社会科学》2001 年第 4 期。

[37] 刘本锋：《论增强我国文化竞争力》，《求实》2003 年第 8 期。

[38] 张一平：《论世界历史的进化与退化》，《海南师范学院学报》2004 年第 2 期。

[39] 王文兵：《走向文化自觉的哲学思考》，《贵州社会科学》2007 年第 9 期。

[40] 王国炎：《"文化"概念界说新论》，《南昌大学学报》2003 年第 2 期。

[41] 贺善侃：《社会发展代价的实质及支付原则》，《学术月刊》2000 年第 8 期。

[42] 沈克宁：《消失的空间》，《建筑师》2003 年第 6 期。

后　记

　　人和文化有着不可分割的内在联系，在某种程度上，文化就是人的本质，就是人的世界。米兰·昆德拉在《小说的艺术》一书中说："人和人的世界的关系，就像蜗牛和它的壳，二者不是主体和客体的关系，甚至不是演员和舞台的关系，世界是人的一部分。"其实，文化就是我们身体的一部分，是我们的眼睛，是我们的耳朵，是我们的大脑，是我们的血液，我们借它看到，凭它听到，用它思考，靠它存活下去。文化就是我们的生命，是我们生命的内容，也是我们生命的形式，更是我们生命的意义所在。我们用文化去感知世界、认识世界、创造世界。我们用文化去了解过去、建设现在、引导未来。能够有幸从事文化研究，这是人生的幸运。

　　这部著作是在我的博士论文基础上修改而成的。我的导师李燕教授在博士论文选题、写作、定稿过程中给予了大力指导，尤其在文化哲学课堂上，每每讲到与文化优化相关问题时，李老师更是将其对文化优化的思考和理解倾囊相授。生活上李老师对我关怀备至，在我迷茫和困惑时，给予了最大的精神鼓励和支持，使我信心倍增、走出困境。李老师治学严谨、因材施教，给学生最宽松的环境，但同时也给学生定最高的标准、最严格的要求。李老师的课堂是同学们进行学术研讨、博士沙龙的平台，其充满智慧闪光的语言，面向文化世界的批判，完全自由开放式的教学，将使我终身受益。

在博士论文开题、评阅和答辩过程中，中国人民大学哲学院吴定求教授、杨焕章教授、郭湛教授、安启念教授，中国社会科学院陈中立研究员、吴元梁研究员，中国劳动关系学院赵健杰编审，芬兰土尔库大学罗桂芬教授对论文给予点评和指导。我的硕士生导师曲阜师范大学张瑞甫教授，当年鼓励我立志考博，推荐我报考中国人民大学，彻底改变了我的命运，这些年来对我的学习、生活和工作予以极大关心和帮助。我的家人对我的学业和工作一直默默支持，这是砥砺我前行的不竭动力。

这部著作的出版标志着阶段性研究的结束，但也意味着新的研究的开始。古语云："周虽旧邦，其命维新。"作为新时代的学者，更应当"不待扬鞭自奋蹄"。文化创造世界，优化引导未来！

苗 伟

2020 年 5 月 15 日

于天津社会科学院 2 号楼 A314 室

责任编辑：夏　青

封面设计：徐　晖

图书在版编目（CIP）数据

文化优化论 / 苗伟 著 . —北京：人民出版社，2020.12

ISBN 978－7－01－022410－7

I. ①文… II. ①苗… III. ①文化哲学－研究 IV. ① G02

中国版本图书馆 CIP 数据核字（2020）第 149861 号

文化优化论
WENHUA YOUHUA LUN

苗 伟 著

人民出版社 出版发行

（100706　北京市东城区隆福寺街 99 号）

北京汇林印务有限公司印刷　新华书店经销

2020 年 12 月第 1 版　2020 年 12 月北京第 1 次印刷

开本：710 毫米 ×1000 毫米 1/16　印张：19.75

字数：260 千字

ISBN 978－7－01－022410－7　定价：55.00 元

邮购地址 100706　北京市东城区隆福寺街 99 号

人民东方图书销售中心　电话（010）65250042　65289539